ELEMENTOS AUTORITÁRIOS EM CARL SCHMITT

CONTRACORRENTE

Rômulo Monteiro Garzillo

ELEMENTOS AUTORITÁRIOS EM CARL SCHMITT

SÃO PAULO
2022

CONTRACORRENTE

Alameda Itu, 852 | 1º andar |
CEP 01421 002
www.loja-editoracontracorrente.com.br
contato@editoracontracorrente.com.br

EDITORES
Camila Almeida Janela Valim
Gustavo Marinho de Carvalho
Rafael Valim
Walfrido Warde
Silvio Almeida

EQUIPE EDITORIAL
Coordenação de projeto: Juliana Daglio
Revisão: Carla Carreiro
Revisão técnica: Amanda Dorth
Diagramação: Pablo Madeira
Capa: Gustavo André

EQUIPE DE APOIO
Fabiana Celli
Carla Vasconcelos
Fernando Pereira
Valéria Pucci
Regina Gomes

Dados Internacionais de Catalogação na Publicação (CIP)
(Câmara Brasileira do Livro, SP, Brasil)

Garzillo, Rômulo Monteiro
Elementos autoritários em Carl Schmitt / Rômulo Monteiro Garzillo. -- São Paulo : Editora Contracorrente, 2022.
Bibliografia
ISBN 978-85-69220-95-4
1. Autoritarismo 2. Ciência política - Filosofia 3. Constitucionalismo 4. Filosofia política 5. Schmitt, Carl, 1888-1985 I. Título.

22-100948 CDD-320.01

Índices para catálogo sistemático:
1. Ciência política : Filosofia 320.01
Maria Alice Ferreira - Bibliotecária - CRB-8/7964

@editoracontracorrente
Editora Contracorrente
@ContraEditora

À minha mãe e minhas avós.

Aquele que luta contra monstros deve
acautelar-se para não se tornar também um monstro.
Quando se olha muito tempo para o abismo,
o abismo olha de volta para você.

FRIEDRICH NIETZSCHE[1]

Mandado de despejo aos mandarins do mundo!
Sim, todos vós que representais a Europa,
Todos vós que sois políticos em evidência em todo o mundo,
Passai por baixo do meu Desprezo!
Passai, frouxos
Passai, radicais do Pouco
Quem acredita neles?
Homens, nações, intuitos, está tudo nulo!
Falência de tudo por causa de todos!
Falência de todos por causa de tudo!

ÁLVARO DE CAMPOS[2]

---

1 NIETZSCHE, Friedrich. *Além do bem e do mal*. São Paulo: Companhia de Bolso, 2005.

2 PESSOA, Fernando. *Ultimatum Alvaro de Campos sensacionista*. Lisboa: Fernando Pessoa, 1917.

SUMÁRIO

PREFÁCIO

O estudo da obra de Carl Schmitt é indispensável para a compreensão do atual cenário em que vivemos, no qual novas formas de autoritarismo ameaçam as democracias liberais no ocidente, incluindo o Brasil. Os debates travados por este autor, sobretudo durante as graves crises institucionais da República de Weimar, continuam sendo uma inesgotável fonte para a análise do fenômeno político do totalitarismo, das ditaduras e das ideologias reacionárias.

Nesse sentido me aproximo do pensamento do jusfilósofo brasileiro, Roberto Bueno, que sem dúvidas é dos maiores especialistas em Carl Schmitt no mundo. Assim como Bueno, creio que o pensamento de Schmitt tem uma origem totalitária, de modo que o seu apoio político ao Terceiro Reich não deve ser encarado como uma mera coincidência das circunstâncias históricas, como importantes pesquisadores apontam. Seguindo a linha de raciocínio de Bueno, entendo que Carl Schmitt tenha sido muito influenciado por autores assumidamente reacionários, autoritários e avessos às revoluções liberais, como é o caso de Donoso Cortés, De Bonald e De Maistre.

Portanto, o posicionamento de Carl Schmitt em favor da implementação de um estado de exceção, por meio da utilização do artigo 48 da Constituição de Weimar, não possuía uma finalidade meramente constitucional, de "salvar a Constituição".

A partir desse ponto de vista, verificamos em Schmitt um desejo reacionário de promover um retorno a um passado idílico da história alemã. Passado, este, livre dos elementos da modernidade e do liberalismo, que contaminavam a realidade moral da Alemanha vivida pelo autor, embalada num sentimento de "decadência ocidental" já anunciada por Oswald Spengler.

Somente seguindo essa rota conseguimos compreender, substancialmente, no que constitui a figura do "inimigo", elaborada pelo autor no clássico *O conceito do Político*. Nesse sentido, como afirma o professor e amigo Gilberto Bercovici, "o inimigo não é um oponente pessoal, mas um adversário público, que desafia a existência da unidade política, ou seja, é uma ameaça real à existência continuada do povo concreto". Assim, eliminando-se o inimigo, preserva-se a homogeneidade do povo, ideia essa que vai muito ao encontro das barbáries do Estado nazista.

Com efeito, é possível verificar, seja pelo aspecto político, jurídico e até mesmo moral, que a ideia essencial de Schmitt é construir a arquitetura de um Estado totalitário. Embora o autor escreva de uma forma bastante complexa – e por vezes, com um tom provocativo –, o estudo de sua obra nos revela o núcleo dos estados de exceção do século XX. Não por outro motivo, a utilização de ideia nucleares desse autor foi de suma importância para o desenvolvimento do nosso grupo de estudos *Sistema de Justiça e Estado de exceção* da PUC/SP.

Embora nosso interesse seja desvendar as novas formas de autoritarismo, fato é que a estrutura do pensamento schmittiano foi incorporada por nós na elaboração do conceito de "medidas de exceção", que nada mais é que a expressão do "estado de exceção" schmittiano dentro da lógica neoliberal, característica do final do século XX até os dias de hoje.

É aí que entra a importância do livro de Rômulo Garzillo.

Esta obra decorre da dissertação de mestrado defendida pelo autor pela PUC/SP e orientada por mim, entre 2018 e 2020. Em essência, Rômulo Garzillo realiza uma sistematização do pensamento schmittiano, tendo como finalidade destacar seus elementos antidemocráticos. No entanto, mais do que um trabalho puramente jusfilosófico, o livro de

Rômulo Garzillo tem componentes também biográficos e históricos, apresentando um detalhado diálogo entre os escritos de Schmitt e o avanço do movimento nazifascista na Alemanha da primeira metade do século XX. Ressalto que Rômulo Garzillo preocupa-se menos em defender um ponto de vista pessoal sobre Carl Schmitt e mais em apresentar os escritos sobre o constitucionalista alemão, apontando para as eventuais divergências e diferentes linhas acadêmicas. Portanto, podemos afirmar que este livro é um guia de pesquisa para aqueles que queiram conhecer e se aprofundar na obra de Carl Schmitt.

Ademais, o livro em questão também pode ser visto como um material de consulta sobre o fenômeno do autoritarismo enquanto contraface do Estado de Direito. As relações dicotômicas entre norma e exceção, Constituição e política, bem como as diferenças cruciais entre o pensamento decisionista e o positivista, estão bem alinhadas no segundo capítulo.

Em suma, Rômulo Garzillo é um jovem jurista muito qualificado, criativo e erudito. Sua obra supre uma lacuna inegável na análise do pensamento de Carl Schmitt, pois apresenta uma perspectiva crítica que já nasce indispensável. Não obstante, é um livro muito bem escrito e teoricamente bem estruturado, de modo que o leitor terá a oportunidade de degustá-lo em todas as suas dimensões.

PEDRO ESTEVAM SERRANO

Professor de Direito Constitucional e de Teoria Geral do Direito da Faculdade de Direito da PUC/SP.

INTRODUÇÃO

O objeto do presente estudo são as obras produzidas pelo constitucionalista alemão Carl Schmitt, entre os anos de 1919 e 1932, durante o período conhecido como República de Weimar. O corte temporal do objeto foi feito por se tratar do período de maior produção acadêmica de Carl Schmitt, época em que o autor escreveu seus livros e estudos mais célebres e influentes. Outrossim, o estudo dos textos posteriores a 1933, período em que Schmitt ingressou como membro do Terceiro Reich, estaria afetado em razão das contínuas ameaças que o autor passou a sofrer da SS que, como será visto mais adiante, cobrava do jurista a produção de escritos em apoio ao regime. Desse modo, a fim de resguardar maior cientificidade ao presente estudo, já que resta incerto saber se Schmitt realmente conseguia escrever o que pensava, é que se optou por não analisar tais textos.

A justificativa deste trabalho é compreender os elementos *autoritários* da obra de Schmitt, com vistas a entender o fenômeno jurídico-político do *autoritarismo* (*lato sensu*), bem como o próprio funcionamento dos regimes democráticos constitucionais. A escolha do autor se deu em razão de sua biografia que, sabidamente, caminhou lado a lado com a crise da República de Weimar e a subida do Terceiro Reich ao poder. Busca-se, desse modo, conhecer o fenômeno do *autoritarismo* a partir dos escritos de um dos autores mais *antidemocráticos* do século XX.

Poder-se-ia, é claro, entender a natureza da democracia e das ditaduras pela leitura de grandes democratas, como John Rawls, Ronald Dworkin, Hans Kelsen, entre tantos outros. Mas preferiu-se beber diretamente da fonte do *autoritarismo*, ouvir da voz do próprio autor, este que foi um dos formuladores teóricos de um dos Estados *totalitários* mais violentos de toda a história.

O *autoritarismo* é um tema sedutor, não podemos negar isso.

Falar sobre *autoritarismo* desperta sempre mais atenções do que fazer elogios às virtudes da democracia. Estudar o próprio fenômeno da democracia a partir de um ângulo *autoritário* – considerando-a como um tipo de regime que se opõe ao *arbítrio* dos tiranos – é sempre mais interessante. Não à toa é comum que bancas de jornais estejam repletas de revistas e livros sobre grandes ditadores – Hitler, Mussolini e Stalin –, ao passo que pouco se fala sobre Konrad Adenauer, grande democrata que reconstruiu a Alemanha no pós-Segunda Guerra.

Nesse sentido é que vem a dúvida de Fiódor Dostoiévski: "como explicar que o homem, um animal tão predominantemente construtivo, seja tão apaixonadamente propenso à destruição?".

Talvez por questões de ordem moral, psicológica ou espiritual haja certa curiosidade pelo *mal*, pela *violência* e pela *barbárie*. Quem sabe não teria sido essa sombria curiosidade que tenha impulsionado a realização do presente estudo? Quem sabe ainda não seja em razão do mesmo motivo que o leitor tenha se debruçado sobre estas páginas? De todo modo, a relação de Carl Schmitt com o *autoritarismo* e com a *violência* em larga escala é intensa: decorre de sua biografia.

Entretanto, há também outro ponto de interesse pelo estudo de Carl Schmitt, o qual decorre da crise da democracia constitucional que o mundo vem sofrendo desde os anos 80. Em estudo sobre o tema, o professor Pedro Estevam Serrano identificou um novo tipo de *autoritarismo*, o *autoritarismo líquido*, que opera mesmo no interior das democracias constitucionais, esvaziando seu conteúdo democrático.[3] Serrano chama atenção para o fato de que diversos autores importantes têm identificado esse fenômeno. Nas palavras de Pedro Serrano:

> De alguma forma, vários autores nacionais e estrangeiros perceberam esse fenômeno que pesquisamos desde 2007 e que temos denominado de medidas de exceção adotadas como técnicas de governo no interior das sociedades democráticas. Norberto Bobbio chama de novos despotismos, que apesar de tratar da Itália na sua fase Berlusconista, é uma forma que se universaliza; Luigi Ferrajoli descreve o processo de esvaziamento da Constituição e da crise democrática italiana como "poder desconstituinte", conceito que também pode ser partilhado entre os países de constituições rígidas adotadas no pós-segunda guerra; Ronald Dworkin aponta a perda do "*common ground*" da sociedade; Boaventura de Souza Santos fala de "democracia de baixa intensidade"; Claus Roxin chama de "populismo penal"; Rubens Casara de "Estado Pós-Democrático" e, finalmente, "Estado de exceção" em Giorgio Agambem, conceito que adotamos e estudamos nesse livro em capítulo anterior, e que também é utilizado por diversos autores, tais como: Carpentier, Codaccioni, Goupy, Rafael Valim, Georges Abboud, Lenio Luiz Streck, Fernando Hideo I. Lacerda, Gilberto Bercovici, entre tantos outros que tratam do tema. Talvez por essa razão que o tema do *autoritarismo* e das *crises democráticas* tenham ganhado fôlego ao longo das últimas décadas.[4]

É provável que, por essa razão, o tema do *autoritarismo* e das *crises democráticas* tenham ganhado fôlego ao longo das últimas décadas. De todo o modo, Carl Schmitt foi um constitucionalista que, desde o início, estudou de que modo situações extremas e caóticas poderiam

---

3 Cf. Sobre o estudo do novo autoritarismo feito pelo Professor Pedro Estevam Serrano, vide SERRANO, Pedro Estevam Alves Pinto. *Autoritarismo e golpes na América Latina*: breve ensaio sobre jurisdição e exceção. 2ª ed. São Paulo: Alameda, 2016.

4 SERRANO, Pedro Estevam Alves Pinto. *Autoritarismo e golpes na América Latina*: breve ensaio sobre jurisdição e exceção. 2ª ed. São Paulo: Alameda, 2016.

afetar o Estado de Direito. Crítico das democracias constitucionais liberais – por considerá-las incapazes de reagir diante de momentos de grave dificuldade nacional – Carl Schmitt buscou elaborar outras propostas e modelos de Estado. Compreender este autor é, de algum modo, adestrar-se na arte de identificar os sinais de alerta de um regime democrático à beira do abismo.

Seus conceitos sobre o *estado de exceção*, suas críticas ao parlamentarismo, bem como seu conceito de *inimigo* causaram – e ainda causam – grande perplexidade há mais de um século. Pode-se imaginar o espanto de Hans Kelsen ao ler suas críticas ao positivismo jurídico, bem como suas teses contra a Jurisdição Constitucional.[5] Além de Hans Kelsen, grandes nomes contemporâneos ao autor – como, Rudolf Smend,[6] Hermann Heller,[7] Ernst Fraenkel,[8] Franz Neumann[9] e Leo Strauss[10] – ficaram intrigados com o pensamento schmittiano.

---

5 Sobre o debate travado entre Carl Schmitt e Hans Kelsen, cf. MAIA, Paulo Sávio N. Peixoto. *O guardião da Constituição na polêmica Kelsen-Schmitt*: Rechtsstaat como referência semântica na memória de Weimar. Dissertação (Mestrado). Faculdade de Direito da Universidade de Brasília, 2007; BUENO, Roberto (Coord.). *Sonhos e pesadelos da democracia de Weimar*: tensões entre Carl Schmitt e Hans Kelsen. São Paulo: Liber Ars, 2017, pp. 33-43; GODOY, Paulo Véspoli. *Hans Kelsen e Carl Schmitt*: o debate entre o normativismo e o decisionismo. Dissertação (Mestrado). Faculdade de Direito da Pontifícia Universidade Católica de São Paulo, 2010.

6 Cf. MEHRING, Reinhard (Coord.). *Auf der gefahrenvollen Straße des öffentilichen Rechts*: Briefwechsel Carl Schmitt - Rudolf Smend (1921 – 1961). Mit ergänzenden Materialien. Berlin: Duncler & Humblot, 2012.

7 Cf. HELLER, Hermann. *Teoria do Estado*. Trad. Lycurgo Gomes da Motta. São Paulo: Mestre Jou, 1968, pp. 323-327.

8 Cf. FRAENKEL, Ernst. *The Dual State*: a contribution to the Theory of Dictatorship. Nova York: Oxford University Press, 1941, pp. 198-226.

9 Cf. NEUMANN, Franz. *O Império do Direito*: Teoria Política e Sistema Jurídico na sociedade moderna. São Paulo: Quartier Latin, 2013; NEUMANN, Franz. *Estado Democrático e Estado Totalitário*. Trad. Luiz Corção. Rio de Janeiro: Zahar, 1969; NEUMANN, Franz. *Behemoth*: the structure and practice of National Socialism, 1933-1944. Nova York: Oxford University Press, 1967.

10 Cf. STRAUSS, Leo. "Notes on Carl Schmitt, The concept of the Political". *In*: SCHMITT, Carl. *The concept of the Political*. Londres: The University of Chicago Press, 2007, pp. 99-122; MEIER, Heinrich. *Carl Schmitt, Leo Strauss und "Der*

Nas miúdas notas de rodapé de *Origens do Totalitarismo*, a cientista política Hannah Arendt escreveu, em 1949, ter achado *interessantíssima* a obra "do jurista Carl Schmitt, cujas engenhosas teorias acerca do fim da democracia e do governo legal ainda constituem leitura impressionante".[11] E, mesmo décadas após o fim da Segunda Grande Guerra, muitos foram os que se debruçaram sobre seus escritos, o que ainda ocorre e com cada vez mais intensidade.

Muito foi escrito a respeito. Muitos, ao longo de décadas, tentaram desvendar o conteúdo de suas estranhas ideias, sejam elas jurídicas, políticas ou culturais. Autores como Joseph Bendersky[12] e Roberto Bueno[13] percorreram páginas e mais páginas em busca da origem histórica e biográfica do pensamento schmittiano, na tentativa de responder sobre as reais intenções do jurista. Assim, pode-se afirmar ainda hoje – e sobretudo hoje – que se estuda a obra de Carl Schmitt com muito afinco. Tais pesquisas percorrem o mundo, da Argentina[14] à Coreia do Sul,[15] de modo que a quantidade de escritos sobre Schmitt – ou que

---

Begriff des Politischen": zu einem Dialog unter Abswesnden. 2ª ed. Alemanha: J. B. Mertzlershe und Carl Ernst Poeschel, 1998; VEGA, Facundo. "On the tragedy of the Modern Condition: the 'Theologico-Political Problem' in Carl Schmitt, Leo Strauss, and Hannah Arendt". *The European Legacy*, Nova York: College of Arts & Sciences of Cornell University, 2017. Disponível em: http://dx.doi.org/10.1080/10848770.2017.1334987/. Acessado em: 02.06.2020.

11 ARENDT, Hannah. *Origens do Totalitarismo*. Trad. Roberto Raposo. São Paulo: Companhia das Letras, 2012, p. 726.

12 Cf. BENDERSKY, Joseph W. *Carl Schmitt*: theorist for the Reich. Nova Jersey: Princeton University Press, 1983.

13 Cf. BUENO, Roberto. *Uma interpretação conservadora revolucionária do político e da ditadura*: o potencial totalitário de Carl Schmitt. Tese (Doutorado). Faculdade de Direito da Universidade do Paraná, 2011.

14 Cf. DOTTI, Jorge E. Prólogo. "Teología política y excepción". *Daimon - Revista de Filosofia*, nº 13, 1996, pp. 129-140. Disponível em: http://revistas.um.es/daimon/article/viewFile/8351/8121. Acessado em: 21.06.2020.

15 Cf. YANG, Chun-soo. "Legality and Legitimacy: the example of the Theory of Carl Schmitt". *Yeung Nam Law Journal*, vol. 25, 2007; KIM, Ju-yeong Kim. *The influence of Carl Schmitt's Legal Philosophy thought on Fundamental Rights Theory*. Dissertação (Mestrado). Chungnam National University, 2006; YANG, Yong.

utilizam elementos do seu pensamento para a construção de novos conceitos em diversos campos do saber – é praticamente inesgotável.

Carl Schmitt foi um autor polêmico. Reuniu, em torno de seus escritos, desde severos críticos – como Jürgen Habermas,[16] Eric Peterson[17] e Hans Blumenberg[18] – a admiradores – Schwab,[19] Ulmen[20] e Dotti[21] – cada qual representando as mais diversas linhagens ideológicas, sejam elas liberais, conservadoras, marxistas e até fascistas, como é o caso de Alexander Dugin.[22]

Diante de tanto material produzido, busca-se reunir os principais estudos sobre Carl Schmitt – feitos no Brasil e no mundo – com o fito de sistematizar os elementos *autoritários* de seu pensamento. Nessa esteira, o *objetivo geral* da presente obra é compreender o fenômeno do *autoritarismo* e da própria democracia constitucional à luz de seus escritos.

A study on the reception of Carl Schmitt's Constitutional Theory in Korea. Dissertação (Mestrado). Chungnam National University, 1991.

16 Cf. GRUJIC, Vanja. *Jürgen Habermas and Carl Schmitt in the paradigm of modernity*: for a critique of the Modern Law. Tese (Doutorado). Faculdade de Direito da Universidade de Brasília, 2017.

17 Cf. CERDEIRA, Ivo Sanches. *O debate teológico-político entre Carl Schmitt e Eric Peterson*: considerações sobre a teologia política contemporânea. Dissertação (Mestrado). Universidade da Beira Interior, 2012.

18 Cf. BLUMENBERG, Hans. *The Legitimacy of the Modern Age*. Trad. inglesa de Robert M. Wallace. 7ª ed. Cambridge: MIT Press, 1999, cap. 8; IFERGAN, Pini. "Cutting to the chase: Carl Schmitt and Hans Blumenberg on Political Theology and Secularization". *New German Critique*, vol. 37, nº 3, 2010.

19 Cf. SCHWAB, George. "Introduction and translation". *In*: SCHMITT, Carl. *The concept of the Political*. Chicago: The University of Chicago Press, 2007; SCHWAB, George. "Introduction". *In*: SCHMITT, Carl. *Political Theology*: four chapters on the concept of Sovereignty. Chicago: University of Chicago Press, 2006.

20 Cf. ULMEN, Gary L. "American Imperialism and International Law: Carl Schmitt on the US in world affairs". *Telos*, nº 72, Summer, 1987.

21 Cf. DOTTI, Jorge E. Prólogo. "Teología política y excepción". *Daimon - Revista de Filosofía*, nº 13, 1996, pp. 129-140. Disponível em: http://revistas.um.es/daimon/article/viewFile/8351/8121/. Acessado em: 21.06.2020.

22 Cf. DUGIN, Alexander. *A quarta Teoria Política*. Trad. Fernando Fidalgo, Gustavo Bodaneze e Raphael Machado. Curitiba: Austral, 2012.

Por seu turno, os *objetivos específicos* são (i) *identificar*; (ii) *descrever* e (iii) *sistematizar* os elementos *autoritários* de Carl Schmitt, os quais podem ser extraídos de sua obra produzida entre os anos de 1919 e 1932.

Para tanto, será empregado o método *dialético*, por meio do confronto entre *tese* e *antítese*, com vistas à obtenção de uma *síntese*.[23] Tal confrontação é realizada a partir da comparação dos elementos essenciais da obra de Schmitt, em contraste com os fundamentos do *autoritarismo* e do *Constitucionalismo*. O resultado desse embate *dialético* – que coloca em situação de estresse (i) as ideias de Carl Schmitt, de um lado e (ii) as características basilares do *autoritarismo* e da *democracia constitucional*, do outro – é a concretização dos objetivos ora perseguidos.

Seguindo a lógica do método *dialético* aqui exposto, é que o presente trabalho se organiza em cada uma de suas partes. O primeiro capítulo, que constitui a *tese* do método *dialético*, refere-se ao estudo da obra de Carl Schmitt durante o período da República de Weimar. Tal análise será realizada na esteira dos eventos históricos e biográficos do autor. No segundo capítulo, caracterizada como a *antítese* do método *dialético*, realiza-se uma análise geral dos elementos fundamentais do *autoritarismo* e do *Constitucionalismo*. No terceiro e último capítulo, ocorre a *síntese* dos dois capítulos anteriores. A partir da *síntese*, poder-se-á afirmar *quais são os elementos autoritários no pensamento schmittiano*, de modo a cumprir cada um dos *objetivos específicos* supramencionados, ou seja, *identificar* os elementos *autoritários* na obra weimariana de Carl Schmitt, bem como

---

23 Nesse sentido, Miguel Reale (REALE, Miguel. *Filosofia do Direito*. 20ª ed. São Paulo: Saraiva, 2002, pp. 152/153) explica: "como se desenvolve o pensamento? Segundo Hegel, através de três fases, que ele denomina tese, antítese e síntese, ou seja: posição, contraposição e conciliação, pois todo finito põe o seu oposto, implicando seu 'superamento' que se realiza graças à identidade dos opostos. Segundo Hegel, é da essência do pensamento a existência dessas três fases. Toda vez que nosso espírito afirma A, implica, necessariamente, a posição de não-A. Essa contraposição assinala o dinamismo do espírito e representa a força intrínseca de seu processo. Do embate dos opostos, surge a sua conciliação numa síntese que os integra em si e supera, síntese essa que, por sua vez, já faz surgir uma outra negação, de maneira que o espírito se desenrola através de um processo trifásico: - 'a Dialética', diz Hegel, 'constitui, pois, a alma motriz do processo científico'".

descrevê-los e *sistematizá-los*. Na conclusão, verifica-se se o alcance dos *objetivos específicos* resultou na concretização do *objetivo geral*, que é o de simplesmente compreender a essência das ideias *autoritárias*, bem como entender *de que forma* o *autoritarismo* se manifesta e se relaciona com os fundamentos das democracias constitucionais liberais.

Mas antes de passar ao texto, vale um breve registro.

Durante a qualificação da dissertação de mestrado que deu origem a este livro, o professor Willis Santiago Guerra Filho relatou um fato por ele presenciado em uma palestra do saudoso constitucionalista espanhol, Pablo Lucas Verdú, no curso de mestrado da Universidade Federal do Ceará (UFC). Segundo Willis, após terminar suas explanações sobre Direito Constitucional – e já preparando-se para partir – Pablo Lucas Verdú teria sido surpreendido por uma "pergunta final". À ocasião, uma jovem questionou-lhe: "mas professor, e quanto a Carl Schmitt?". Verd*ú* então, sem muita cerimônia, assim lhe respondeu: "h*á* autores que, para serem lidos, deveriam ser acompanhados por aqueles avisos que encontramos na caixa de remédios controlados: *mantenha fora do alcance de crianças*".

Do evento narrado por Willis, tira-se um valioso conselho: o estudo do pensamento de Carl Schmitt deve ser feito sem paixões. Deve-se enfrentar suas ideias sem amor ou ódio, evitando-se que a leitura busque uma "confirmação" de eventuais interesses políticos de qualquer tipo, ainda que haja a melhor das intenções. A vida de Schmitt se deu no interior de um dos movimentos mais violentos da história. Como diz o próprio autor em um poema autobiográfico escrito após a Segunda Guerra Mundial: "eu conheço as caras do Poder e do Direito/ os propagandistas e falsificadores do regime/as listas negras com muitos nomes e os cartões dos perseguidores".[24]

---

24 SCHMITT, Carl. *Ex captivitate salus*: experiencias de los años 1945/1946. Trad. Anima Schmitt de Otero. Argentina: Struhart & Cia, 1950.

CAPÍTULO I

O PENSAMENTO DE CARL SCHMITT EM PERSPECTIVA HISTÓRICA

Eu tenho conhecido muitas formas de Terror,
O Terror de cima, o Terror de baixo,
Terror na terra, Terror no ar,
Terror legal e extralegal,
E o perverso, a quem ninguém ousa nomear.
Eu os conheço e sei de suas garras.
CARL SCHMITT[25]

1.1 Os primeiros passos de Carl Schmitt

Carl Schmitt nasceu em 11 de julho de 1888 – na pequena cidade alemã de Plettenberg, localizada no coração da região de Sauerland[26]

25 SCHMITT, Carl. *Ex captivitate salus*: experiencias de los años 1945/1946. Trad. Anima Schmitt de Otero. Argentina: Struhart & Cia, 1950, p. 80.

26 BENDERSKY, Joseph W. *Carl Schmitt*: theorist for the Reich. Nova Jersey: Princeton University Press, 1983, p. 3.

–, cerca de um mês após a chegada do Kaiser Guilherme II ao poder, num momento caracterizado por grande agitação política.[27]

Desde[28] sua unificação, ocorrida em 1871 – catalisada pelo "punho de aço" do chanceler Otto Von Bismarck[29] –, a Alemanha já vinha experimentando um processo de desenvolvimento político, econômico, educacional e cultural, tornando-se protagonista industrial no continente europeu.[30] Ao assumir o comando em 1888 – pressionado pelos

---

27 BENDERSKY, Joseph W. *Carl Schmitt*: theorist for the Reich. Nova Jersey: Princeton University Press, 1983, pp. IX-XI.

28 Como explica Eric Hobsbawm (HOBSBAWM, Eric. *A era do Capital*. Trad. Luciano Costa Neto. 23ª ed. São Paulo: Paz e Terra, 2015, p. 77) o crescimento econômico e industrial alemão já era uma realidade desde a década de 1850, ou seja, cerca 20 anos antes da unificação.

29 Sobre a unificação alemã, cf. HOBSBAWM, Eric. *A Era dos Impérios*. Trad. Sieni Maria Campos e Yolanda Steidel de Toledo. Rio de Janeiro: Paz e Terra, 1988, cap. 3; STEINBERG, Jonathan. *Bismarck*: uma vida. Trad. Mauricio Tamboni. Barueri, SP: Amarilys, 2015, pp. 329-387.

30 Sobre a situação econômica da Alemanha após a unificação, Norbert Elias (ELIAS, Norbert. *Os Alemães*: a luta pelo poder e a evolução do habitus nos séculos XIX e XX. Rio de Janeiro: Zahar, 1996, p. 67) leciona que: "no curto prazo, estas últimas foram reconhecidamente fortalecidas por sua vitória sobre a França e o novo status de 'grande potência' do império unificado durante o governo do Kaiser. Além disso, o crescente potencial de poder da força de trabalho industrial, a par das concomitantes exigências de poder por parte daqueles que a representavam, empurrou gradualmente uma parcela significativa da burguesia alemã para o lado dos aristocratas. Entre 1871 e 1914, a maioria das classes médias alemãs fez a paz com o grupo privilegiado de *status* elevado. Os porta-vozes do comércio e da indústria, como eram chamados, sofreram, sem dúvida, com o tradicional desprezo de um *establishment* cujos membros somente consideravam de alta qualidade a riqueza adquirida através de herança ou casamento, ao passo que a riqueza obtida pelo suor do próprio rosto era inferior. Comércio e indústria, comerciantes e fabricantes, certamente resmungavam suas queixas e, de tempos em tempos, o jornal *Vossische Zeitung* protestava ruidosamente contra os privilégios dos nobres. Mas vastos setores da alta burguesia, com os escalões superiores do funcionalismo civil e os bacharéis na liderança, submeteram-se prazerosamente e, muitas vezes, com entusiasmo à liderança política e militar da corte e da nobreza. Aqueceram-se no intenso e fulgurante calor do novo império e contentavam-se com a posição de parceiros mais novos de segunda classe. Uma classe média que tinha, como o próprio nome indica, duas frentes, uma acima e a outra abaixo, tornou-se de facto um estrato de uma só frente. Seu grupo do topo sobressaía nas regiões inferiores do estrato superior. Aí, a frente sumia da vista.

interesses econômicos da Liga Pangermânica, e almejando ombrear a Inglaterra e a França no movimento *imperialista*[31] – Guilherme II lançou a Alemanha rumo a uma política armamentista expansionista, para dominar novas colônias.[32] No plano interno, a Alemanha vivia dias

---

Todas as energias estavam então concentradas ainda mais na luta que se travava na outra direção, e nesse ponto coincidiam os interesses das classes média e superior. Isso significou um fortalecimento da corte e da nobreza". Também afirma o professor brasileiro Paulo G. Fagundes Vizentini que: "as unificações alemã e italiana alteraram o equilíbrio europeu, ao forjar duas novas potências no centro da Europa, cujo desenvolvimento viria a desequilibrar a balança de poder, na medida em que o *Segundo Reich* se tornava a potência dominante no centro e depois no conjunto do continente". VIZENTINI, Paulo G. Fagundes. *Primeira Guerra Mundial*: relações internacionais do século 20. 2ª ed. Porto Alegre: Editora da UFRGS, 2006, p.16. Ver ainda: SILVA, Felipe Alves da; LOPES, Paulo Cézar Leal. "'E tudo que era efêmero se desfez': uma leitura do colapso econômico e social da República de Weimar". *In*: BUENO, Roberto (Coord.). *Sonhos e pesadelos da democracia de Weimar*: tensões entre Carl Schmitt e Hans Kelsen. São Paulo: Liber Ars, 2017, pp. 44-48.

31 Sobre o *imperialismo* Cf. HOBSBAWM, Eric. *A era dos Impérios*. Trad. Sieni Maria Campos e Yolanda Steidel de Toledo. Rio de Janeiro: Paz e Terra, 1988, cap. 3; ARENDT, Hannah. *Origens do Totalitarismo*. Trad. Roberto Raposo. São Paulo: Companhia das Letras, 2012, pp. 181-412.

32 Para Richard Evans (EVANS, Richard. *A chegada do Terceiro Reich*. Trad. Lúcia Brito. São Paulo: Planeta, 2010, p. 43), "Tanganica, Namíbia, Togo, Camarões, Nova Guiné, algumas ilhas do Pacífico e o porto livre chinês de Jiaozhou eram virtualmente todos os territórios que compunham o império ultramarino da Alemanha às vésperas da Primeira Guerra Mundial. Bismarck os considerava pouco importantes e deu o consentimento para sua aquisição com grande relutância. Mas seus sucessores vieram a adotar um ponto de vista diferente. O prestígio e posição da Alemanha no mundo exigiam, como colocou Bernhard von Bülow, secretário de Relações Exteriores no final da década de 1890, depois chanceler do *Reich* até 1909, 'um lugar ao sol'. A largada foi dada com a construção de uma imensa frota de guerra, cuja meta a longo prazo era conquistar concessões coloniais dos britânicos, senhores do mais vasto império ultramarino, ameaçando, ou mesmo levando a cabo, a danificação ou destruição da força principal da Marinha britânica em uma confrontação titânica no mar do Norte. Esses sonhos cada vez mais ambiciosos de poder mundial eram articulados sobretudo pelo Kaiser Guilherme II, homem bombástico, presunçoso e extremamente loquaz que não perdia uma oportunidade de expressar seu desprezo pela democracia e direitos civis, seu desdém pelas opiniões dos outros e sua crença na grandeza da Alemanha. O Kaiser, como muitos daqueles que o admiravam, havia crescido após a Alemanha ser unificada. Tinha pouca percepção da rota precária e aventureira através da qual Bismarck havia efetuado a unificação em 1871. Seguindo os historiadores prussianos de sua época, ele via todo o processo como

de permanente tensão social,[33] cada vez mais inflamada pelo acirrado antagonismo que dividia diversas linhagens ideológicas, como os nacionalistas, marxistas, liberais, conservadores, católicos e protestantes.[34] Foi com a junção desses acirramentos, internos e externos, que a Alemanha do jovem Schmitt ingressou na Primeira Guerra Mundial, em 1914.[35]

Mas mesmo em meio a toda a combustão de fatos que efervesciam os dias da velha Europa, a pequena Plettenberg, cidade natal de Carl Schmitt, via-se isolada da guerra e de todo o dinamismo político-econômico que emanava dos grandes centros urbanos.[36] Com efeito, a infância de Schmitt pode ser vista como um período de íntimo e bucólico contato com a natureza.[37]

---

historicamente predeterminado. Nada sabia da nervosa apreensão sobre o futuro da Alemanha que havia levado Bismarck a adotar uma política exterior tão cautelosa nas décadas de 1870 e 1880".

33 EVANS, Richard. *A chegada do Terceiro Reich*. Trad. Lúcia Brito. São Paulo: Planeta, 2010, p. 45.

34 BENDERSKY, Joseph W. *Carl Schmitt*: theorist for the Reich. Nova Jersey: Princeton University Press, 1983, p. 4.

35 Cf. EVANS, Richard. *A chegada do Terceiro Reich*. Trad. Lúcia Brito. São Paulo: Planeta, 2010, pp. 63-78; HOBSBAWM. Eric. *Era dos Extremos*: o breve século XX. Trad. Marcos Santarrita. 2ª ed. São Paulo: Companhia das Letras, 1995, pp. 29-61; CLARK, Christopher M. *Os sonâmbulos*: como eclodiu a Primeira Guerra Mundial. 1ª ed. São Paulo: Companhia das Letras, 2014; ENGLUND, Peter. *A beleza e a dor*: uma história intima da Primeira Guerra Mundial. 1ª ed. São Paulo: Companhia das Letras, 2014; FROMKIN, David. *O último verão europeu*: quem começou a Grande Guerra de 1914? Rio de Janeiro: Objetiva, 2005. HENIG, Ruth Beatrice. *As origens da Primeira Guerra Mundial*. São Paulo: Ática, 1991.WINTER, Jay M. *The experience of World War I*. Londres: Papermac, 1989.

36 BENDERSKY, Joseph W. *Carl Schmitt*: theorist for the Reich. Nova Jersey: Princeton University Press, 1983, p. 3.

37 Sobre a região de Sauerland, localizada no sudeste do estado de Renânia do Norte-Vestfália, o biógrafo de Carl Schmitt, Joseph W. Bendersky (BENDERSKY, Joseph W. *Carl Schmitt*: theorist for the Reich. Nova Jersey: Princeton University Press, 1983, p. 3) descreve que: "*with the Rhine valley to the west and the highly industrialized Ruhr Basin to the north, the Sauerland protected its small towns and villages within the bosom of its mountain forests. A glance at the beautiful countryside in which Plettenberg is situated would prompt the most convinced materialist to reflect upon the romantic perception of life. Even today the town's halcyon environs instill a sense of nostalgia for a simpler age*".

Nascido em uma família católica e da baixa classe média alemã, Schmitt levou consigo as influências do pensamento religioso até o fim de seus dias.[38] Segundo o biógrafo Joseph Bendersky, o fato de a Alemanha ser um país de maioria protestante teria feito com que Schmitt experimentasse, desde muito cedo, um sentimento de rejeição social.[39] Para Bendersky, tal experiência foi fundamental para que Schmitt viesse a conceber, anos mais tarde, a questão política como uma relação *antagônica* entre *amigos* e *inimigos*.[40] No mais, o próprio processo de modernização e industrialização alemão – que se expressava por um materialismo cientificista tanto de matiz liberal quanto marxista – figurava como uma ameaça aos rígidos dogmas da fé católica.[41]

Aos doze anos de idade, após severos anos de estudos de gramática, Schmitt entrou no ginásio na cidade de Attendorn,[42] onde deu início a um profundo contato com disciplinas humanísticas, indispensáveis para o adensamento de seu imaginário intelectual.[43] Sete anos mais tarde, em 1907, o ambicioso Carl Schmitt realizou algo incomum para alguém da baixa classe média alemã: ingressou na Faculdade de Direito da Universidade de Berlim.[44]

---

38 BENDERSKY, Joseph W. *Carl Schmitt*: theorist for the Reich. Nova Jersey: Princeton University Press, 1983, p. 4. Por outro lado, firmado em vasta pesquisa e com certa desconfiança da real lealdade de Schmitt ao catolicismo, vide: MEHRING, Reinhard. "A 'catholic layman of german nationality and citizenship'? Carl Schmitt and the Religiosity of Life". *In*: MEIERHENRICH, Jens; SIMONS, Oliver (Coord.). *The Oxford handbook of Carl Schmitt*. Nova York: Oxford University Press, 2016, pp. 73-95.

39 BENDERSKY, Joseph W. *Carl Schmitt*: theorist for the Reich. Nova Jersey: Princeton University Press, 1983, p. 5.

40 BENDERSKY, Joseph W. *Carl Schmitt*: theorist for the Reich. Nova Jersey: Princeton University Press, 1983, p. 6.

41 BENDERSKY, Joseph W. *Carl Schmitt*: theorist for the Reich. Nova Jersey: Princeton University Press, 1983.

42 BENDERSKY, Joseph W. *Carl Schmitt*: theorist for the Reich. Nova Jersey: Princeton University Press, 1983.

43 BENDERSKY, Joseph W. *Carl Schmitt*: theorist for the Reich. Nova Jersey: Princeton University Press, 1983.

44 BENDERSKY, Joseph W. *Carl Schmitt*: theorist for the Reich. Nova Jersey: Princeton University Press, 1983, pp. 7/8.

Após dois semestres em Berlim, Schmitt transferiu-se para Munique e, em seguida, para a Universidade de Estrasburgo,[45] cujo reitor era o importante filósofo neokantiano da Escola de Baden – duro crítico do pensamento positivista –, Wilhelm Windelband (1848-1915).[46] Como afirma Bendersky, a influência neokantista da Universidade de Estrasburgo teria permitido, a Schmitt, um meio de conciliar sua busca por um absolutismo moral, avesso ao relativismo liberal e cosmopolita.[47]

---

45 BENDERSKY, Joseph W. *Carl Schmitt*: theorist for the Reich. Nova Jersey: Princeton University Press, 1983, p. 9.

46 Para José de Resende Júnior (RESENDE JUNIOR, José. "A crítica metodológica das ciências de Wilhelm Windelband". *Problemata: Revista Internacional de Filosofia*, vol. 6, nº 2, 2015, pp. 381-404), o pensamento neokantista visou estabelecer "um diálogo produtivo com as ciências, os primeiros pensadores neokantianos buscavam na filosofia crítica de Kant um porto seguro que os permitisse escapar dos exageros especulativos do idealismo alemão e, ao mesmo tempo, fornecer reflexões sobre problemas científicos, dos quais o positivismo cientificista não dava conta, redundando sempre em alguma forma de ceticismo ou de metafísica".

47 Nas palavras de Bendersky (BENDERSKY, Joseph W. *Carl Schmitt*: theorist for the Reich. Nova Jersey: Princeton University Press, 1983, pp. 9/10), "Neo-Kantianism offered Schmitt a means of synthesizing the dichotomous sympathies he felt as a German nationalist and as a Catholic. The dictates of universal moral principles could be reconciled with the authority of the state; morality and power, religious conviction and nationalism, could be harmoniously integrated". Em semelhante posicionamento, o professor Ronaldo Porto (MACEDO JÚNIOR, Ronaldo Porto. *Carl Schmitt e a fundamentação do Direito*. Trad. Peter Naumann. 2ª ed. São Paulo: Saraiva, 2011, p. 22) afirma que: "nesta primeira fase de seu pensamento, Schmitt compartilhava o sentimento de exaltação do Estado presente entre seus colegas de universidade. A sua ideia de finalidade moral do Estado nada tinha em comum com o individualismo liberal. Para Schmitt, o Estado, ao estabelecer o direito, não poderia admitir a oposição e nenhum indivíduo poderia dentre dele ter autonomia. Schmitt acreditava que o mundo ocidental estava vivendo a era do anti-individualismo, tema que retomaria em seus escritos na década de 1920 e 1930". Por seu turno, como exemplo do posicionamento positivista, basta analisar os escritos de Hans Kelsen que, sendo o principal nome dessa corrente – ao menos no âmbito do Direito –, é um declarado defensor do relativismo filosófico. Para Kelsen, a democracia seria o regime que levaria em conta o caráter heterogêneo da sociedade, composta por indivíduos com diferentes crenças e valores. Dor outro lado, segundo Kelsen, estaria o 'absolutismo' – que seria a visão que acredita na possibilidade de uma sociedade homogênea, pautada por valores objetivos – corrente ligada a regimes autocráticos e, logo, antidemocráticos. Sobre o tema, vide KELSEN, Hans. *A Democracia*. 3ª ed. São Paulo: Martins Fontes, 2019, pp. 345-357.

Embora com poucas informações documentais sobre este período, sabe-se que Schmitt graduou-se na Universidade de Estrasburgo no ano de 1910, começando, no mesmo ano, a trabalhar como advogado para o serviço público prussiano de Düsseldorf, onde ficou até 1915.[48]

A essa altura, Schmitt já havia publicado três livros e quatro artigos, dentre os quais destaca-se o texto *Direito e Julgamento: uma investigação sobre o problema da práxis jurídica*,[49] de 1912, "em que o autor faz uma análise sistemática acerca do tema da 'decisão judiciária' enquanto elemento referente à *práxis* jurídica".[50] Tal publicação não passou despercebida, tendo sido elogiada pelo notável Walter Jellinek, que qualificou a obra como um trabalho "bastante elevado".[51] A importância dessa publicação é fulcral para sua obra, já que revelava a natureza e a direção daquilo que, uma década depois, daria luz ao seu *decisionismo*.[52]

Em fevereiro de 1916, Carl Schmitt habilitou-se como professor na Universidade de Estrasburgo,[53] ano em que se travava a batalha de Verdun.[54] O período da Primeira Guerra Mundial influenciou não apenas Carl Schmitt, mas toda a sua geração. Segundo Bendersky, os

---

48 BENDERSKY, Joseph W. *Carl Schmitt*: theorist for the Reich. Nova Jersey: Princeton University Press, 1983, p. 11.

49 SCHMITT, Carl. *Gesetz und Urteil*: eine Untersuchungzum Problem der Rechtspraxis. Berlim: Otto Liebmann, 1912.

50 MACEDO JÚNIOR, Ronaldo Porto. *Carl Schmitt e a fundamentação do Direito*. Trad. Peter Naumann. 2ª ed. São Paulo: Saraiva, 2011, p. 33.

51 BENDERSKY, Joseph W. *Carl Schmitt*: theorist for the Reich. Nova Jersey: Princeton University Press, 1983, p. 11.

52 MACEDO JÚNIOR, Ronaldo Porto. *Carl Schmitt e a fundamentação do Direito*. Trad. Peter Naumann. 2ª ed. São Paulo: Saraiva, 2011, p. 33. Sobre o tema, ver também: SÁ, Alexandre Franco de. "O ficcionalismo na emergência do decisionismo schmittiano". *In*: MORAIS, Carlos Blanco de; COUTINHO, Luís Pereira (Coord.). *Carl Schmitt revisitado*. Lisboa: Instituto de Ciências Jurídico-Políticas da Faculdade de Direito da Universidade de Lisboa, 2014, pp. 6-8.

53 BENDERSKY, Joseph W. *Carl Schmitt*: theorist for the Reich. Nova Jersey: Princeton University Press, 1983, p. 16.

54 BENDERSKY, Joseph W. *Carl Schmitt*: theorist for the Reich. Nova Jersey: Princeton University Press, 1983. Sobre a batalha de Verdun, vide HOBSBAWM. Eric. *Era dos Extremos*: o breve século XX. Trad. Marcos Santarrita. 2ª ed. São Paulo: Companhia

quatro anos de combate que resultaram na trágica derrota alemã na Primeira Guerra teriam aguçado o pensamento político e jurídico de Schmitt, principalmente no que tange a questões relativas ao poder e suas intempéries.[55] De todo o modo, é indispensável ter em vista que o contato de Carl Schmitt com a temática do *estado de sítio* e da *lei marcial* não ocorreu estritamente pela via teórica. Isso porque, além de presenciar a decretação da lei marcial logo no início dos conflitos da Primeira Guerra Mundial,[56] Schmitt fora designado para trabalhar na seção de "Estado de guerra", envolvida diretamente com a administração da lei.[57] Nessa fase, Carl Schmitt vivenciou uma série de fatos históricos que orbitavam a temática das soluções jurídicas para a manutenção do Direito perante a instabilidade da Grande Guerra.[58] Dois outros importantes artigos resultaram desse momento de substanciosa vivência prática. Dentre eles, destaca-se *Ditadura e Estado de Sítio*,[59] que debatia os problemas práticos da lei marcial declarada pela Alemanha, no início da Primeira Grande Guerra.[60] Como afirma Roberto Bueno, seria este "o texto no qual o autor demarca os primeiros limites do que viria a ser o tom de sua *Die Diktatur* (*A Ditadura,* de 1921), ou seja, a ocorrência de uma situação cuja urgência reclame a suspensão do direito".[61] Com

---

das Letras, 1995, p. 33; GILLET, Louis. *La bataille de Verdun*. Paris-Bruxelles: G. Van Oest, 1921; PETAIN, Philippe. *La Bataille de Verdun*. Paris: Payot, 1929.

55 BENDERSKY, Joseph W. *Carl Schmitt*: theorist for the Reich. Nova Jersey: Princeton University Press, 1983, p. 19.

56 BENDERSKY, Joseph W. *Carl Schmitt*: theorist for the Reich. Nova Jersey: Princeton University Press, 1983.

57 BENDERSKY, Joseph W. *Carl Schmitt*: theorist for the Reich. Nova Jersey: Princeton University Press, 1983.

58 BENDERSKY, Joseph W. *Carl Schmitt*: theorist for the Reich. Nova Jersey: Princeton University Press, 1983.

59 Cf. SCHMITT, Carl. "Diktatur und Belagerungszustand. Eine staatsrechtlicheStudie". *In*: MASCHKE, Günter (Coord.). *Staat, ro raum, Nomos*: Arbeitenaus den Jahren 1916-1969. Berlim: Duncker & Humblot, 1995.

60 BENDERSKY, Joseph W. *Carl Schmitt*: theorist for the Reich. Nova Jersey: Princeton University Press, 1983, p. 19.

61 BUENO, Roberto. *Uma interpretação conservadora revolucionária do político e da ditadura*: o potencial totalitário de Carl Schmitt. Tese (Doutorado). Faculdade de Direito da

o final da guerra e a assinatura do Tratado de Versalhes, a Constituição da República de Weimar foi assinada no dia 11 de agosto de 1919. A partir daí, dá-se início à fase de maior desempenho intelectual de Carl Schmitt, cujo cerne constitui o objeto de estudo do presente livro.

1.2 Carl Schmitt e a República de Weimar

Os escritos de Carl Schmitt realizados no período da República de Weimar compõem, como já afirmado, o objeto material de análise do presente trabalho, de tal forma que serão analisados de modo sistemático, à luz de seu contexto e circunstâncias históricas. Nesse sentido, pode-se mencionar, como seus textos de maior importância do período weimariano: *Romantismo Político* (1919), *A Ditadura* (1921), *Teologia Política* (1922), *Catolicismo Romano e Forma Política* (1923), *Crise da Democracia Parlamentar* (1923), *O Conceito do Político* (1927), *Teoria da Constituição* (1928), *O guardião da Constituição* (1929) e *Legalidade e Legitimidade* (1932).

1.2.1 A Constituição de Weimar e seu contexto histórico

O período em questão inicia-se com a derrota alemã na Primeira Guerra Mundial, com o fim do Segundo *Reich*, com os duros impactos do Tratado de Versalhes e, ainda, com a promulgação da Carta Constitucional de 11 de agosto de 1919, cujo teor suscitaria importantes discussões entre os juristas daquele período, dentre os quais, e com muito vigor, Carl Schmitt.

A Carta Política de Weimar foi promulgada em 1919 e a forma final de seu texto, arquitetada pelo jurista Hugo Preuss (1860-1925),[62]

Universidade do Paraná, 2011, p. 1016.

62 BUENO, Roberto. *Uma interpretação conservadora revolucionária do político e da ditadura*: o potencial totalitário de Carl Schmitt. Tese (Doutorado). Faculdade de Direito da Universidade do Paraná, 2011, p. 1016.

deu início ao chamado *Constitucionalismo social*,[63] modelo constitucional que veio a ser comum após a Primeira Grande Guerra.[64] Escrita em um período de grave instabilidade e incerteza política,[65] a Constituição de Weimar tinha como característica a busca pela proteção do direito à igualdade – em seu sentido material (econômico)[66] –, já que estabelecia uma série de direitos programáticos[67] que visavam "a incorporação das classes trabalhadoras no Estado com base na emancipação política completa e na igualdade de direitos".[68] Sua estrutura normativa foi dividida em duas partes. A primeira, dirigia-se à organização jurídica do Estado

---

63 Cf. SCHIOPPA, Antonio Padoa. *História do Direito na Europa*: da Idade Média à Idade Contemporânea. Trad. Marcos Marcionilo. São Paulo: Martins Fontes, 2014, p. 420; BERCOVICI, Gilberto. *Entre o Estado Total e o Estado Social*: atualidade do debate sobre Direito, Estado e Economia na República de Weimar. Tese de Livre-Docência. São Paulo: Universidade de São Paulo, 2003, pp. 11-35, p. 11.

64 BERCOVICI, Gilberto. *Entre o Estado Total e o Estado Social*: atualidade do debate sobre Direito, Estado e Economia na República de Weimar. Tese (Livre-Docência). Universidade de São Paulo, 2003, p. 11. Sobre o Constitucionalismo social, CANOTILHO, J. J. Gomes. *Direito Constitucional e Teoria da Constituição*. 7ª ed. Coimbra: Edições Almedina, 2003, pp. 335-354; SILVA. José Afonso da. *Teoria do Conhecimento Constitucional*. São Paulo: Malheiros, 2014, pp. 68-72; SCHIOPPA, Antonio Padoa. *História do Direito na Europa*: da Idade Média à Idade Contemporânea. Trad. Marcos Marcionilo. São Paulo: Martins Fontes, 2014, p. 420.

65 BERCOVICI, Gilberto. *Entre o Estado Total e o Estado Social*: atualidade do debate sobre Direito, Estado e Economia na República de Weimar. Tese (Livre-Docência). Universidade de São Paulo, 2003, p. 11.

66 O termo *igualdade material* se contrapõe à *igualdade formal*. Enquanto essa pressupõe uma igualdade em sentido jurídico, isto é, que "todos são iguais perante à lei", aquela trata de uma igualdade *real, de fato,* isto é, de natureza econômica, "não apenas" jurídica. Sobre o tema, cf. CANOTILHO, J. J. Gomes. *Direito Constitucional e Teoria da Constituição*. 7ª ed. Coimbra: Edições Almedina, 2003, pp. 427/428.

67 Direitos programáticos podem ser vistos como "direitos de segunda geração", sendo aqueles que demandam uma ação positiva das instituições estatais para concretizá-los. Cf. SILVA, José Afonso da. *Teoria do Conhecimento Constitucional*. São Paulo: Malheiros, 2014, pp. 516-537. Sobre o tema, vide ainda: BERCOVICI, Gilberto. "A problemática da constituição dirigente: algumas considerações sobre o caso". *Revista de Informação Legislativa*, ano 36, nº 142, Brasília, abr. 1999.

68 BERCOVICI, Gilberto. *Entre o Estado Total e o Estado Social*: atualidade do debate sobre Direito, Estado e Economia na República de Weimar. Tese (Livre-Docência). Universidade de São Paulo, 2003, p. 14.

de Direito, com divisão do poder governamental entre um Parlamento democraticamente eleito (dirigido pela figura do chanceler) e o Presidente da República.[69] Na segunda parte – essa elaborada pelo jurista Friedrich Naumann[70] –, encontrava-se um rol de direitos e garantias individuais em conjunto com uma série de direitos sociais positivos, que representavam um certo grau de *dirigismo econômico*.[71] Outro elemento central da Constituição de Weimar estava no teor de seu artigo 48, que conferia plenos poderes ao Presidente da República de editar decretos de emergência que pudessem *suspender* determinados artigos do texto normativo, dentre eles os direitos fundamentais insculpidos nos artigos 114, 115, 117, 118, 123, 124 e 153.[72]

---

69 BERCOVICI, Gilberto. *Entre o Estado Total e o Estado Social*: atualidade do debate sobre Direito, Estado e Economia na República de Weimar. Tese (Livre-Docência). Universidade de São Paulo, 2003.

70 BERCOVICI, Gilberto. *Entre o Estado Total e o Estado Social*: atualidade do debate sobre Direito, Estado e Economia na República de Weimar. Tese (Livre-Docência). Universidade de São Paulo, 2003, p. 15.

71 BERCOVICI, Gilberto. *Entre o Estado Total e o Estado Social*: atualidade do debate sobre Direito, Estado e Economia na República de Weimar. Tese (Livre-Docência). Universidade de São Paulo, 2003, p. 15.

72 Texto do artigo 48 da Constituição de Weimar: "*Artikel 48. Wennein Land die ihm nach der Reichsverfassung oder den Reichsgesetzen obliegen den Pflichten nicht erfüllt, kann der Reichspräsident es dazu mit Hilfe der bewaffneten Macht anhalten. Der Reichspräsident kann wenn im Deutschen Reiche die öffentliche Sicherheit und Ordnung erheblich gestört oder gefährdet wird, die zur Wiederherstellung der öffentlichen Sicherheit und Ordnung nötigen Maßnahmen treffen, erforderlichenfalls mit Hilfe der bewaffneten Macht einschreiten. Zu diesem Zwecke darf er vorübergehend die in den Artikeln 114, 115, 117, 118, 123, 124 und 153 festgesetzten Grundrechte ganz oder zum Teil außer Kraft setzen. Von allen gemäß Abs. 1 oder Abs. dieses Artikels getroffenen Maßnahmen hat der Reichspräsident unverzüglich dem Reichstag Kenntnis zu geben. Die Maßnahmen sind auf Verlangen des Reichstags außer Kraft zu setzen. Bei Gefahr im Verzuge kann die Landesregierung für ihr Gebiet einstweilige Maßnahmen der in Abs. 2 bezeichneten Art treffen. Die Maßnahmen sind auf Verlangen des Reichspräsidenten oder des Reichstags außer Kraft zu setzen. Das Nähere bestimmt ein Reichsgesetz*". Disponível em: https://www.verfassungen.de/de19-33/verf19-i.htm. O professor Gilberto Bercovici (BERCOVICI, Gilberto. *Entre o Estado Total e o Estado Social*: atualidade do debate sobre Direito, Estado e Economia na República de Weimar. Tese [Livre-Docência]. Universidade de São Paulo, 2003, p. 67, itálico nosso) traduziu para português o artigo 48 com o seguinte texto: "quando um Estado (Land) não cumpre os deveres que lhe são impostos pela Constituição ou pelas leis do Reich, o Presidente do Reich pode obrigá-lo com

Embora o regime nazista (o Terceiro Reich)[73] apenas tenha subido ao poder em janeiro 1933, fato é que a República de Weimar já padecia, desde seu nascimento, de grave caos político, econômico e social, de modo que seu fim já era visto como uma mera questão de tempo.[74] Não à toa o artigo 48 da Carta Política já era utilizado de maneira abusiva desde os primeiros anos da jovem República. Para se ter ideia, de 1919 a 1925, período correspondente ao mandato do primeiro Presidente da República Friedrich Ebert, foram expedidos nada menos que 136 (cento e trinta e seis) decretos com força de lei, com fulcro no artigo 48, seja para viabilizar a aprovação de leis sem as devidas formalidades do processo legislativo, seja para reduzir a instabilidade política via repressão dos partidos de oposição.[75] Nas palavras de Richard Evans,

---

ajuda da força armada. Quando, no Reich alemão, a ordem e a segurança públicas estão consideravelmente *alteradas* ou *ameaçadas*, o Presidente do Reich pode adotar as *medidas necessárias* para o *reestabelecimento* da *segurança* e *ordem públicas*, inclusive com ajuda da força armada caso necessário. Para tanto, *pode suspender temporariamente, em todo ou em parte, os direitos fundamentais consignados nos artigos 114, 115, 117, 118, 123, 124 e 153*. De todas as medidas que adote com fundamento nos parágrafos 1° e 2° deste artigo, o Presidente do Reich deverá dar conhecimento ao Parlamento. A pedido deste, tais medidas se tornarão sem efeito. O Governo de um Estado poderá aplicar provisoriamente as medidas expressas no parágrafo 2° deste artigo quando o atraso em adotá-las implique perigo. Tais medidas se tornarão sem efeito a pedido do Presidente do Reich ou do Parlamento. Os pormenores serão regulamentados por uma lei do Reich".

73 Sobre o Terceiro Reich, vide item 2.4 dessa obra, *infra*.

74 EVANS, Richard. *A chegada do Terceiro Reich*. Trad. Lúcia Brito. São Paulo: Planeta, 2010, pp. 95-115.

75 Segundo Richard Evans (EVANS, Richard. *A chegada do Terceiro Reich*. Trad. Lúcia Brito. São Paulo: Planeta, 2010, pp. 96/97): "o poder de governar por decreto foi planejado apenas para emergências excepcionais. Mas Ebert, como primeiro presidente da República, fez uso muito extensivo desse poder, empregando-o nada menos do que em 136 ocasiões diferentes. Depôs governos legitimamente eleitos na Saxônia e Turíngia quando, em sua opinião, ameaçaram fomentar a desordem. De modo mais perigoso ainda, emitiu um decreto antedatado durante a guerra civil de 1920 no Ruhr aplicando a pena de morte para ofensas à ordem pública e legitimando retrospectivamente muitas das execuções sumárias que já haviam sido praticadas contra membros do exército vermelho por unidades das Brigadas Livres e do Exército regular. É significativo que, em ambas as ocasiões, os poderes foram usados para reprimir ameaças percebidas à república a partir da esquerda, ao passo que virtualmente não foram

"no fim, o uso excessivo e o ocasional mau uso do artigo por Ebert ampliaram sua aplicação – do artigo 48 – a ponto de se tornar uma ameaça em potencial às instituições democráticas".[76]

Em fevereiro de 1925, com a morte de Ebert, o militar Paul Von Hindenburg foi eleito para o cargo de Presidente, sob a esperança de restauração da ordem social e jurídica.[77] Com perfil conservador,[78] que remetia à ideia de *retorno* ao antigo império guiado por Otto Von Bismarck,[79] Hindenburg, diferentemente de Ebert, buscou cumprir a Constituição à risca.[80] Com efeito, o intervalo compreendido entre a sua posse (1925) e a depressão econômica (1929) foi considerado como o período de maior estabilidade da República de Weimar.[81] Entretanto, após o colapso financeiro de 1929 e a consequente subida vertiginosa

---

usados contra o que muitos viam como uma ameaça muito maior representada pela direita. Não havia virtualmente nenhuma salvaguarda efetiva contra o abuso do artigo 48, uma vez que o presidente podia ameaçar usar o poder a ele conferido pelo artigo 25 para dissolver o Reichstag se este rejeitasse um decreto presidencial. Além disso, os decretos podiam ser usados em qualquer caso para criar um fato consumado ou provocar uma situação na qual o Reichstag tivesse poucas opções a não ser aprová-los (embora jamais se tivesse pretendido, os decretos podiam ser usados para, por exemplo, intimidar e suprimir a oposição ao governo no poder). Em algumas circunstâncias, sem dúvida é provável que houvesse poucas alternativas a algum tipo de governo por decreto. Mas o artigo 48 não incluía cláusulas adequadas para a reafirmação última do poder do Legislativo em tal eventualidade; e Ebert usou-o não só para emergências, mas também em situações não emergenciais em que dirigir a legislação por meio do Reichstag teria sido difícil demais".

76 EVANS, Richard. *A chegada do Terceiro Reich*. Trad. Lúcia Brito. São Paulo: Planeta, 2010, p. 97.

77 EVANS, Richard. *A chegada do Terceiro Reich*. Trad. Lúcia Brito. São Paulo: Planeta, 2010, p. 98.

78 EVANS, Richard. *A chegada do Terceiro Reich*. Trad. Lúcia Brito. São Paulo: Planeta, 2010, p. 98.

79 EVANS, Richard. *A chegada do Terceiro Reich*. Trad. Lúcia Brito. São Paulo: Planeta, 2010, p. 98.

80 EVANS, Richard. *A chegada do Terceiro Reich*. Trad. Lúcia Brito. São Paulo: Planeta, 2010.

81 EVANS, Richard. *A chegada do Terceiro Reich*. Trad. Lúcia Brito. São Paulo: Planeta, 2010, p. 110.

do desemprego – o que também afetou outros países[82] – as novas circunstâncias do processo político resultaram na subida de Adolf Hitler ao poder no dia 30 de janeiro de 1933,[83] o que será mais bem analisado a seguir.

No plano internacional, o Tratado de Versalhes, assinado em 1919, acentuava o drama alemão, gerando um profundo sentimento de humilhação em relação aos demais países europeus – sobretudo à França –, bem como face ao seu próprio passado de conquistas gloriosas, levadas a cabo pela unificação de 1871. Dentre suas cláusulas, o Tratado de Versalhes previa desde significativas perdas territoriais[84] até a obrigação da Alemanha arcar com os custos da Primeira Guerra.[85]

Se houvesse uma palavra capaz de traduzir o sentimento daquela geração – a qual Carl Schmitt pertencia – essa palavra seria: *decadência*.[86]

---

82 Cf. HOBSBAWM, Eric. *Era dos Extremos*: o breve século XX. Trad. Marcos Santarrita. 2ª ed. São Paulo: Companhia das Letras, 1995, pp. 90-112.

83 Cf. EVANS, Richard. *A chegada do Terceiro Reich*. Trad. Lúcia Brito. São Paulo: Planeta, 2010, pp. 293-308.

84 Cf. SILVA, Felipe Alves da; LOPES, Paulo Cézar Leal. "'E tudo que era efêmero se desfez': uma leitura do colapso econômico e social da República de Weimar". *In*: BUENO, Roberto (Coord.). *Sonhos e pesadelos da democracia de Weimar*: tensões entre Carl Schmitt e Hans Kelsen. São Paulo: Liber Ars, 2017, pp. 49-55. Nesse sentido, por exemplo, são os dispositivos 33, 34, 35, 45, 51, 102, 119 do Tratado de Versalhes, que cedem territórios a Bélgica e a França. Disponível em: https://avalon.law.yale.edu/imt/partviii.asp. Acessado em: 22.06.2020.

85 É o que diz o artigo 231 do Tratado de Versalhes, cuja transcrição original de seu conteúdo determina que: "*the Allied and Associated Governments affirm and Germany accepts the responsibility of Germany and her allies for causing all the loss and damage to which the Allied and Associated Governments and their nationals have been subjected as a consequence of the war imposed upon them by the aggression of Germany and her allies*". Disponível em: https://avalon.law.yale.edu/imt/partviii.asp. Acessado em: 01.03.2020.

86 Sobre o tema da *decadência* alemão daquele período, ver obra clássica de SPLENGER, Oswald. *A decadência do Ocidente*. 3ª ed. Rio de Janeiro: Zahar, 1982. Outrossim, quanto à *decadência*, leciona Roberto Bueno (BUENO, Roberto. *Uma interpretação conservadora revolucionária do político e da ditadura*: o potencial totalitário de Carl Schmitt. Tese [Doutorado]. Faculdade de Direito da Universidade do Paraná, 2011, p. 310) que: "a leitura da decadência do mundo à época mantém estreita relação com o trabalho de Spengler mas também de todo o argumento conservador

E essa *decadência* não era apenas econômica, mas se espraiava por todo o tecido e espírito social alemão, enquanto decadência moral, política e cultural. Inclusive, esse sentimento acabou também reverberando no campo da estética,[87] como se percebe no ácido expressionismo de Ernst Ludwig Kirchner,[88] na música atonal de Arnold Schoenberg,[89] na literatura de Alfred Döblin,[90] nas peças e poesias de Bertolt Brecht[91] e no cinema, representado pelo filme *Dr. Caligari*.[92]

---

revolucionário, constituindo-se, paralelamente, em uma precondição para que o reclamo aos valores tradicionais tivesse lugar. A decadência do mundo era uma visão compartilhada pela intelectualidade da direita reacionária da época, com a percepção de que o processo revolucionário francês havia sido o seu principal deflagrador. Perante tal situação, a opção era a de investir em um processo contrarrevolucionário que restaurara os valores Tradicionais. O liberalismo e os valores que indissociavelmente o compõem pertencem a este mundo que o conservadorismo revolucionário clama por eliminar e ao qual, como se sabe, igualmente Schmitt empregou grande parte de seus esforços em combater, adotando-o como uma espécie de doutrina-espelho a partir da qual contra-argumentar. A interpretação da decadência no mundo ocidental encontrava-se ligado ao triunfo da cultura burguesa no século XIX. Entrado o século XX, logo esta leitura sofreria acréscimos em sua dimensão política. Esta é uma leitura que encontrava-se diretamente ligada a um irremediável processo de decadência que consolidava uma ordem políticas de massas".

87 Interessante mencionar que Carl Schmitt tinha bastante envolvimento com o meio artístico de seu tempo. Assim, por exemplo, vale mencionar sua relação com o poeta dadaísta Hugo Ball que, inclusive, escreveu a primeira resenha de fôlego de *Teologia Política*, publicada na revista católica de cunho modernista *Hochland*, em junho de 1924. Sobre sua relação com Hugo Ball, cf. BALL, Hugo. "Carl Schmitts Politische Theologie". *Hochland*, vol. 2, abr. 1924, pp. 263-286; BENDERSKY, Joseph W. *Carl Schmitt*: theorist for the Reich. Nova Jersey: Princeton University Press, 1983, p. 50; KENNEDY, Ellen. "Carl Schmitt und Hugo Ball: ein Beitrag zum Thema, politischer Expressionmus". *Zeitschrift für Politik*, 1988, pp. 143-162.

88 KENNEDY, Ellen. "Carl Schmitt und Hugo Ball: ein Beitrag zum Thema, politischer Expressionmus". *Zeitschrift für Politik*, 1988, p. 132.

89 KENNEDY, Ellen. "Carl Schmitt und Hugo Ball: ein Beitrag zum Thema, politischer Expressionmus". *Zeitschrift für Politik*, 1988, p. 132.

90 KENNEDY, Ellen. "Carl Schmitt und Hugo Ball: ein Beitrag zum Thema, politischer Expressionmus". *Zeitschrift für Politik*, 1988, p. 131.

91 KENNEDY, Ellen. "Carl Schmitt und Hugo Ball: ein Beitrag zum Thema, politischer Expressionmus". *Zeitschrift für Politik*, 1988, p. 131.

92 KENNEDY, Ellen. "Carl Schmitt und Hugo Ball: ein Beitrag zum Thema, politischer Expressionmus". *Zeitschrift für Politik*, 1988, p. 133.

1.2.2 Escritos de Carl Schmitt durante a República de Weimar

Em meio a esse quadro caótico, a carreira acadêmica de Carl Schmitt – que antes da Grande Guerra era vista como claramente promissora – passava por uma fase de incertezas.[93] Após o fim da Primeira Guerra, Schmitt não pôde voltar a lecionar na Universidade de Estrasburgo, porque, após seu fechamento em novembro de 1918, a instituição passou para as mãos dos franceses, em virtude das perdas territoriais causadas pelo Tratado de Versalhes.[94] Para Bendersky, todo esse contexto, que ia da crise política à insatisfação profissional, teria levado Carl Schmitt a uma espécie de "revolução intelectual", perceptível nessa nova fase de sua obra. Nesse passo, Schmitt escreve, entre 1917 e 1918, *Romantismo Político*, publicado em 1919.[95]

Em *Romantismo Político,* obra que transita entre a filosofia política e estudos relacionados à cultura alemã de seu tempo,[96] Carl Schmitt teceu dura crítica à questão da *mediação* e da *neutralidade política*, elementos característicos do pensamento *moderno, individualista, secularizado,* que, segundo o autor, estariam relacionados a uma axiologia do tipo *liberal-burguesa.*[97] A consequência dessa cultura, marcada pela *secularização* e

93 BENDERSKY, Joseph W. *Carl Schmitt*: theorist for the Reich. Nova Jersey: Princeton University Press, 1983, p. 22.

94 BENDERSKY, Joseph W. *Carl Schmitt*: theorist for the Reich. Nova Jersey: Princeton University Press, 1983, pp. 22/23.

95 SCHMITT, Carl. *Political romanticism*. Trad. inglesa de Guy Oakes. Massachusetts: MIT Press, 1986.

96 A discussão travada nessa obra (SCHMITT, Carl. *Political romanticism*. Trad. inglesa de Guy Oakes. Massachusetts: MIT Press, 1986, pp. 20 e 52) ganha tons de metafísica – referentes à epistemologia racionalista de viés cartesiano – passando pela arte romântica de Lord Byron e Charles Baudelaire, pela filosofia de Nietzsche, até conceitos estruturais da antropologia política, como o conceito do *bom selvagem* de Rousseau. Nota-se, pois, uma miríade de elementos, de natureza diversa – filosóficos, políticos, poéticos, literários – que compõem esta obra.

97 Em vistas de compreender e sintetizar *Romantismo Político,* Carlo Galli (GALLI, Carlo. *Genealogia della politica*: Carl Schmitt e la crisi del pensiero politico moderno. Bolonha: Il Mulino, 1996, p. 209) leciona que: "*in Romanticismo politico Schmitt si*

pela *romantização* de um *eu-egoísta-moderno*, teria levado os indivíduos a se tornarem *não-políticos*, *neutros* e, ao fim, impotentes para decidirem entre o certo e o errado no bojo da vida política.[98] Nesse sentido, tais indivíduos teriam reduzido suas existências a um patamar meramente estético, fenômeno que o autor caracteriza com o nome de *ocasionalismo subjetivado*.[99] Para Schmitt, uma sociedade composta por indivíduos

---

confronta insomma con le possibili varianti della mediazione inefficace in chiave di 'miseria epocale' - la fallacia metafisica del romanticismo, fenomeno storico determinato, che come il liberalismo, è transitorio e inessenziale, è anche, al contempo, uno degli esiti della deriva che è il rischio intrinseco di tutto il Moderno -, ma anche di specifica 'miseria tedesca': la miseria di una borghesia che - tanto 'liberale' quanto 'conservatrice', tanto 'razionalistica' quanto 'irrazionalistica' - è incapace di un rapporto davvero radicale, e quindi attivo con la politica". Em sentido semelhante a Galli, Ronaldo Porto Macedo Jr. (MACEDO JÚNIOR, Ronaldo Porto. *Carl Schmitt e a fundamentação do Direito*. Trad. Peter Naumann. 2ª ed. São Paulo: Saraiva, 2011, p. 38) afirma que: "em sua análise geral do mundo moderno, Carl Schmitt identifica a existência de uma tendência à despolitização e neutralização, uma marcha em direção ao terreno 'neutro' da economia e da técnica. Tal neutralização da vida política passa a evidenciar-se de maneira mais clara a partir da emancipação da burguesia e ganha seu caráter mais forte na moderna democracia industrial de massas".

98 O tema da *incapacidade de decisão* será posteriormente bem desenvolvido em *Teologia Política*, quando Schmitt, com o afã de superar a situação caótica de *indecisão política*, anunciará a resposta através da *decisão soberana* para a determinação do *estado de exceção*. Em *Romantismo Político*, a indecisão é fruto do *ocasionalismo subjetivista*. Nas palavras do autor (SCHMITT, Carl. *Political romanticism*. Trad. inglesa de Guy Oakes. Massachusetts: MIT Press, 1986, p. 116), "*thus the subjectified occasionalism of the romantic also accompanies what encounters it, and it should not be difficult to differentiate its organic passivity from the restraints of an active statesman that result from political experience and objectives. The criterion is whether the ability to make a decision between right and wrong is present. This ability is the principle of every political energy: the revolutionary, which appeals to natural right or human rights, as well as the conservative, which appeals to historical right. The legitimist philosophy also recognizes the distinction between right and wrong. It only juxtaposes rights that are historically well earned to the natural right distinction between right and mere de facto power*".

99 Nesse ponto, Carl Schmitt (SCHMITT, Carl. *Political romanticism*. Trad. inglesa de Guy Oakes. Massachusetts: MIT Press, 1986, pp. 18-20) acentua que: "*romanticism is subjectified occasionalism because an occasional relationship to the world is essential to it. Instead of God, however, the romantic subject occupies the central position and makes the world and everything that occurs in it into a mere occasion. Because the final authority is shifted from God to the genius of the 'ego', the entire foreground changes, and that which is genuinely occasionalistic appears in a pristine fashion. It is true that the old philosophers of*

influenciados pela cultura moderna, liberal, burguesa e cosmopolita – vê-se, aqui, uma defesa da moral católica face ao processo de *secularização*[100] –, carece da capacidade de decisão, tornando-se refém de

---

occasionalism, such as Malebranche, also possessed the disintegrative concept of the occasio. However, they recovered law and order in God, the objective absolute. And in the same way, a certain objectivity and cohesion always remain possible whenever another objective authority, like the state, takes the place of God in such an occasionalist attitude. It is different, however, when the isolated and emancipated individual brings his occasional attitude to realization. Only now does the occasional display the total consistency of its repudiation of all consistency. Only now can everything really become the occasion for everything else. Only now does everything that will happen and all sequential order (...). It is only in an individualistically disintegrated society that the aesthetically productive subject could shift the intellectual center into itself, only in a bourgeois world that isolates the individual in the domain of the intellectual, makes the individual its own point of reference, and imposes upon it the entire burden that otherwise was hierarchically distributed among different functions in a social order. In this society, it is left to the private individual to be his own priest. But not only that. Because of the central significance and consistency of the religious, it is also left to him to be his own poet, his own philosopher, his own king, and his own master builder in the cathedral of his personality. The ultimate roots of romanticism and the romantic phenomenon lie in the private priesthood. If we consider the situation from aspects such as these, then we should not always focus only on the good-natured pastoralists. On the contrary, we must also see the despair that lies behind the romantic movement — regardless of whether this despair becomes lyrically enraptured with God and the world on a sweet, moonlit night, utters a lament as the world-weariness and the sickness of the century, pessimistically lacerates itself, or frenetically plunges into the abyss of instinct and life".

100 Nesse sentido, explica Roberto Bueno que: "esta estratégia moderna é compatível com a maximização de roteiros filosóficos de corte racionalista, capazes de parametrizar a vida humana através da projeção da relação de cálculo e benefício, fossem eles pautados por regimes políticos socialistas ou liberais. O racionalismo foi legado como instrumento operativo da lógica do Estado, mas também como argumento para a crítica às possíveis derivações antisseculares. De qualquer sorte, toda esta é uma realidade contra a qual se põe o catolicismo, cujo doutrinário disponibiliza forte argumento contra a materialidade mundana tão bem alimentada pelo racionalismo, ou seja, como diz Schmitt, que '*Denn dieser Idee widerspricht alles, was das ökonomische Denken als seine Sachlichkeit und Ehrlichkeit und seine Rationalität empfindet*'". Segundo tradução de Bueno, a frase seria "A ideia política do catolicismo contradiz tudo o que o pensamento econômico crê ser a sua objetividade, sua integridade e sua racionalidade". BUENO, Roberto. "A representação em Carl Schmitt: o catolicismo romano e o caso da política". *Revista de Filosofia*, Curitiba, vol. 29, nº 47, pp. 455-479, mai. 2017. Disponível em: https://periodicos.pucpr.br/index.php/aurora/article/view/7295/. Acessado em: 02.06.2020. Ver também: VEGA, Facundo. "On the tragedy of the Modern

interesses imediatos e mundanos,[101] leia-se, econômicos. Assim, esse tipo de sociedade – que nada mais era do que a Alemanha de seu tempo, influenciada por valores liberais, social-democratas e pela revolução marxista bolchevique recém-ocorrida na Rússia – estaria condenada à *decadência*, representada por um processo de desagregação de sua unidade moral e nacional.[102]

Para o autor, o Estado de Direito burguês, pautado no princípio da legalidade e no parlamentarismo, teria gerado um tipo de sistema político incapaz de decidir em momentos críticos.[103] Anos mais tarde, Schmitt enunciaria o *estado de exceção* como meio de superação das

---

Condition: the 'Theologico-Political Problem' in Carl Schmitt, Leo Strauss, and Hannah Arendt". *The European Legacy*, Nova York: College of Arts & Sciences of Cornell University, 2017. Disponível em: http://dx.doi.org/10.1080/10848770.2017.1334987/. Acessado em: 02.06.2020.

101 Sobre a temática, é famoso, entre os meios conservadores, o poema do poeta espanhol Antônio Machado que assim diz: "*cuán difícil es/Cuando todo baja/No bajar también*". Isto é, como é difícil para o indivíduo isolado não ser levado pelas circunstâncias imediatas e decadentes do meio mundano, quando esse não se encontra fixo a uma estrutura axiológica objetiva que possa, de forma segura, guiá-lo, ou melhor, mantê-lo de pé dentro do caos dissolutivo da vida.

102 Para Schmitt (SCHMITT, Carl. *Political romanticism*. Trad. inglesa de Guy Oakes. Massachusetts: MIT Press, 1986, p. 96), "*this is exhibited even more conspicuously in romanticism, where the concept of the occasio develops its full disintegrative power. That is because now it is no longer God, something absolute and objective, that stands in the center. On the contrary, the individual subject treats the world as the occasio of his activity and productivity. For him, even the greatest external event a revolution or a world war — is intrinsically indifferent*".

103 Sobre a questão, Ronaldo Porto Macedo Jr. (MACEDO JÚNIOR, Ronaldo Porto. *Carl Schmitt e a fundamentação do Direito*. Trad. Peter Naumann. 2ª ed. São Paulo: Saraiva, 2011, p. 23) leciona que: "as diversas crises políticas de Weimar, os levantes revolucionários e a situação política imposta pelo Tratado de Versalhes (que estabeleceu condições opressivas e feriu a soberania do Estado) fixaram a obsessão de Schmitt pela possibilidade de crise e fragmentação do Estado alemão. O quadro político de Weimar, marcado por uma forte divisão de forças políticas no seio do Parlamento, também influenciará diretamente seus estudos sobre o hamletismo político (ou incapacidade de o Estado decidir) e o uso dos poderes de exceção pelo governante".

excessivas burocracias legais e das inúteis discussões travadas, por indivíduos egoístas, no parlamento.[104]

Em 1921, Carl Schmitt publicou *La dictadura*,[105] livro que trata de temas caros ao autor, como o caos político, a *soberania*, a *decisão soberana* e a ordem jurídica.[106] Nessa obra, Schmitt empenha-se em traçar um histórico do fenômeno da *ditadura* desde os tempos da República romana,[107] passando por pensadores como Maquiavel, Bodin, Grócio, Pufendorf, Hobbes, Rousseau, Sieyès e Lênin. Para Schmitt, a ditadura teria sido uma sábia invenção utilizada desde a Antiguidade Romana, na qual o ditador, sem qualquer obstáculo institucional, poderia agir sem amarras legais, a fim de estabelecer um *imperium* forte que afastasse a

---

104 Tais são as palavras de Ronaldo Porto Macedo Jr. (MACEDO JÚNIOR, Ronaldo Porto. *Carl Schmitt e a fundamentação do Direito*. Trad. Peter Naumann. 2ª ed. São Paulo: Saraiva, 2011, p. 44), quando afirma que "neste sentido, a decisão ditatorial é o antípoda perfeito do diálogo romântico e da discussão parlamentar".

105 SCHMITT, Carl. *La Dictadura*. Trad. espanhola de José Díaz García. Madri: Revista de Occidente, 1968.

106 Segundo afirma Bendersky (BENDERSKY, Joseph W. *Carl Schmitt*: theorist for the Reich. Nova Jersey: Princeton University Press, 1983, p. 31) sobre o texto *A Ditadura*, "(...) *Die Diktatur (Dictatorship), appearing in 1921, was a historical and theoretical study of the nature of dictatorship from ancient Rome to the Leninist regime. But there was little doubt that contemporary events had prompted Schmitt to undertake this study. For though Die Diktatur was a continuation of his wartime work on the state of exception, Schmitt's viewpoints had been greatly influenced by the revolutionary postwar situation in Europe. The unexpected Russian and German revolutions had raised questions concerning the legality and legitimacy of a newly created political order, and the current German situation raised the additional problem of how a constitutional system could sustain itself in the face of internal challenges to its authority. In his earlier studies of martial law, Schmitt had already examined the use of dictatorial powers as a means of preserving the existing system. The Leninist dictatorship of the proletariat had, however, shown that dictatorship could be revolutionary as well. Schmitt was particularly concerned about the persistent danger from the left, because Bolshevism threatened not just the constitution but the German state itself. Moreover, Bolshevism was antithetical to his religion and his entire way of life. And though temporarily suppressed, revolutionary sentiment had by no means been eradicated in Germany*".

107 Cf. SCHMITT, Carl. *La Dictadura*. Trad. espanhola de José Díaz García. Madri: Revista de Occidente, 1968, p. 33.

instabilidade e o perigo da esfera política.[108] Segundo Schmitt, a ditadura teria percorrido os séculos sem grandes alterações, tornando-se prática tradicional até meados do século XIX, quando teria sofrido alteração em seu *modus operandi* a partir da Revolução Francesa de 1789.[109]

Todavia, a contribuição essencial de *La dictadura* diz respeito à elaboração de dois conceitos específicos, sendo eles *ditadura comissária* e *ditadura soberana*. Enquanto a *ditadura comissária* se refere ao movimento político de *suspensão* das normas jurídicas com a finalidade de *restauração* das condições que permitam a própria aplicação do Direito,[110] a *ditadura soberana* teria como fito *instaurar uma nova ordem*, um *novo* regime político e jurídico, enquanto verdadeiro *poder constituinte*.[111]

---

108 SCHMITT, Carl. *La Dictadura*. Trad. espanhola de José Díaz García. Madri: Revista de Occidente, 1968, p. 33.

109 Segundo Schmitt (SCHMITT, Carl. *La Dictadura*. Trad. espanhola de José Díaz García. Madri: Revista de Occidente, 1968, p. 185): "*la dictadura soberana invoca al pouvoir constituant, el cual no puede ser suprimido por ninguna Constitución opuesta. Dios es un comitente distinto de este titular del pouvoir constituant, y la voluntad de Dios, la Providencia (que, como muy bien observa Esmein, significa en Cromwell lo mismo que em la filosofía de la historia de Bossuet), es algo distinto de acte imperatif, como Boutmy define el ejercicio del pouvoir constituant. Pero el comissário in mediato del Pueblo tampoco tiene ya, como tenía el del príncipe absoluto, um punto de referencia firme para su dependencia. La construcción que es característica para el comisario anterior, según la cual este representa a otro y hacelo que haría el representado si pudiera estar personalmente em el lugar - vices gerit -, sigue todavia en pie, pero em su relación com el pueblo, encuanto representado, recibe um contenido completamente nuevo*".

110 Nas palavras de Carl Schmitt (SCHMITT, Carl. *La Dictadura*. Trad. espanhola de José Díaz García. Madri: Revista de Occidente, 1968, pp. 181/182): "*la dictadura comisaria suspende la Constitución in concreto para proteger la misma Constitución em su existencia concreta. Desde siempre se ha repetido el argumento (sobretodo y com mayor frecuencia desde Lincoln) de que si la existencia de la Constitución está amenazada, debe asegurarse mediante una suspensión temporal de la misma. La dictadura protege una determinada Constitución contra un ataque que amenaza echarabaio esta Constitución. La sustantividad metódica del problema de la realización del derecho como un problema jurídico aparece aquícon lamayor claridad. La acción del dictador debe crear una situación em la que pueda realizarse el derecho porque cada norma jurídica presupone, como medio homogéneo, una situación normal em la cual tiene validez*".

111 Sobre a ditadura *soberana*, leciona Schmitt (SCHMITT, Carl. *La Dictadura*. Trad. espanhola de José Díaz García. Madri: Revista de Occidente, 1968, pp.182/183) que: "*la dictadura soberana ve ahora em la ordenación total existente la situación que quiere*

Tais conceitos, após terem recebido importante reflexão de cunho jurídico, deram luz ao conceito de *estado de exceção*, estruturado um ano após, em *Teologia Política*.[112]

Segundo Carlo Galli, *Teologia Política* constitui a essência da obra de Carl Schmitt.[113] Desse modo, sem deixar de lado outros trabalhos relevantes – como *Teoria da Constituição* e *O Conceito do Político* – é possível afirmar que, em *Teologia Política*, ocorre um profundo condensamento de elementos essenciais do pensamento schmittiano, sobretudo no que tange às relações existentes entre a política e o Direito.[114] Embora o texto seja curto, sua densidade é notável.

---

eliminar mediante su acción. No suspende una Constitución existente valiéndose de um derecho fundamentado em ella y, por tanto, constitucional, sino que aspira a crear una situación que haga posible una Constitución, a la que considera como la Constitución verdadera. En consecuencia, no apela a una Constitución existente, sino a una Constitución que va a implantar. Habría que creer que semejante empresa quedaría sustraida a toda consideración jurídica. Porque, jurídicamente, el Estado solo puede ser concebido em su Constitución, y la negación total de la Constitución existente tendría que renunciar propiamente a toda fundamentación jurídica toda vez que la Constitución a implantar no existe todavía, según sus propias premisas, por lo que se trataria de una mera cuestión de poder. Pero no es asícuando se toma un Poder que no está él mismo constituído consitucionalmente, a pesar de que guarda tal conexión con cada Constitución existente, que aparece como el poder fundamentador, aun cuando nunca sea abarcada por él, por lo que, em consecuencia, tampoco puede decirse que lo nieguela Constitución existente. Este es el sentido del pouvoir constituant".

112 AGAMBEN, Giorgio. *Estado de exceção*. Trad. Iraci D. Poleti. 2ª ed. São Paulo: Boitempo, 2004, pp. 53/54. Cf. SCHMITT, Carl. *Politische Theologie*: Vier Kapitel zur Lehre von der Souveränität. München: Dunker & Humblot, 1934; SCHMITT, Carl. *Teologia Política*. Trad. Elisete Antoniuk. Belo Horizonte: Del Rey, 2006; SCHMITT, Carl. *Teologia Política*. Trad. espanhola de Francisco Javier Conde y Jorge Navarro Pérez. Madri: Trotta, 2009; SCHMITT, Carl. *Political Theology*: four chapters on the concept of Sovereignty. Chicago: University of Chicago Press, 2006.

113 GALLI, Carlo. *Genealogia della politica*: Carl Schmitt e la crisi del pensiero politico moderno. Bolonha: Il Mulino, 1996, p. 333. No mesmo sentido vide GALLI, Carlo. "Teologia Política in Carl Schmitt: riposte per una rilettura critica". *In*: VERDÚ, Pablo Lucas. "Carl Schmitt, intérprete singular y máximo debelador de la cultura Político-Constitucional Demoliberal". *Revista de Estudos Políticos*, nº 64, Madri: Nueva Época, abr. 1989, p. 40.

114 VATTER, Miguel. "The Political Theology of Carl Schmitt". *In*: MEIERHENRICH, Jens; SIMONS, Oliver (Coord.). *The Oxford handbook of Carl Schmitt*. Nova York: Oxford University Press, 2016, p. 245.

Carl Schmitt inicia esse livro com sua célebre definição de *soberano,* como sendo aquele que "decide sobre o estado de exceção".[115] Dessa simples oração, o autor extrai outros dois conceitos importantes da sua teoria jurídica e política, sendo eles, a *decisão* e o *estado de exceção.* Neste passo, imperioso levar em conta que os conceitos de *ditadura comissária* e *soberana* são sintetizados pelo conceito geral de *estado de exceção*, definido enquanto a *suspensão* da ordem jurídica pela *decisão soberana.*[116] Avançando à elaboração de seu pensamento, Carl Schmitt explica que o conceito de *soberania* – e, logo, os conceitos derivados de *decisão* e *estado de* exceção – é um "conceito limite", um conceito de "esfera extrema".[117] Em outras palavras, a *soberania* é um conceito referente a casos *extremos* e *limítrofes.* Em verdade, Schmitt não quer dizer que a *soberania* exista apenas em situações anormais, mas que são nessas situações – de imprevisibilidade, insegurança e caos –, que a figura do *soberano* surge de forma visível e cristalina.[118] Para Schmitt, o caso

---

115 SCHMITT, Carl. *Teologia Política.* Trad. Elisete Antoniuk. Belo Horizonte: Del Rey, 2006, p. 7.

116 Para Giorgio Agamben (AGAMBEN, Giorgio. *Estado de exceção.* Trad. Iraci D. Poleti. 2ª ed. São Paulo: Boitempo, 2004, pp. 54-56), *o telos* das obras *A Ditadura* (1921) e *Teologia Política* (1922) é, justamente, "a inscrição do *estado de exceção* num contexto jurídico". Entretanto, como explica Agamben, há uma diferença neste segundo livro, haja vista que esta "inscrição do *estado de exceção* na ordem jurídica é a distinção entre dois elementos fundamentais do direito: a norma (*Norm*) e a decisão (*Entscheidung, Dezision*), distinção que já fora enunciada no livro de 1912, *Gesetzund Urteil*".

117 SCHMITT, Carl. *Teologia Política.* Trad. Elisete Antoniuk. Belo Horizonte: Del Rey, 2006, p. 8.

118 O estudo de Schmitt (SCHMITT, Carl. *Teologia Política.* Trad. Elisete Antoniuk. Belo Horizonte: Del Rey, 2006, p. 8) sobre a *soberania* não se coloca em um plano abstrato de tentar revelar seu conceito como um "poder supremo". Para ele, para compreender a *soberania* deve-se buscar, na realidade concreta, uma situação extrema que, dada sua natureza, revele *quem* é o agente que age em seu nome, ou seja, quem é o *soberano.* Tais situações limítrofes, uma vez que não foram e sequer poderiam ser previstas pelo legislador por sua excentricidade, não poderiam estar previstas no texto normativo. Assim, a situação extrema, limítrofe, para que assim seja denominada, deve estar fora das possibilidades da norma, fora do ordenamento jurídico, ainda que a Constituição indique quem deverá agir em determinado caso. Desta feita, quando determinado Estado, com determinada sociedade, vê-se diante

extremo tudo prova, ao passo que os casos normais apenas camuflam a natureza dos conceitos, em meio à sua tediosa imutabilidade e falsa previsibilidade.[119] Desse modo, quando a instabilidade social põe em risco a ordem jurídica, apenas a *decisão soberana,* por meio do *estado de exceção,* pode protegê-la. Assim, é por meio do *estado de exceção* que o *soberano* restaura a ordem social, protegendo, assim, a Constituição da situação caótica.[120] Nas palavras de Giorgio Agamben:

> Na decisão sobre o estado de exceção, a norma é suspensa ou completamente anulada; mas o que está em questão nessa suspensão é, mais uma vez, a criação de uma situação que torne possível a aplicação da norma (...). O estado de exceção separa, pois, a norma de sua aplicação para tornar possível a aplicação. Introduz no direito uma zona de anomia para tornar possível a normatização efetiva do real. Podemos definir o estado de exceção na doutrina schmittiana como o lugar em que a oposição entre a norma e a sua realização atinge a máxima intensidade.[121]

---

de um quadro de atípica e extrema necessidade, é possível, no entendimento de Carl Schmitt, localizar o *soberano*, sendo aquele cuja *decisão* – de caráter político – venha a sanar a crise que lhe deu causa.

119 O argumento de Schmitt para justificar seu interesse pelo caso excepcional é interessante. Aduz o autor que (SCHMITT, Carl. *Teologia Política.* Trad. Elisete Antoniuk. Belo Horizonte: Del Rey, 2006, p. 15), para a compreensão do caso geral - que se revelaria através de meras repetições - faz-se necessária a compreensão de suas exceções. Assim, é pelo estudo da exceção que se revela o objeto do estudo em si, compreendendo-se sua normalidade e suas exceções. Em outros termos, é estudando o excepcional que se compreende (i) o caso geral e (ii) a própria exceção. Através dessa lógica, Schmitt acredita ser possível alcançar o entendimento integral do seu objeto de estudo. Desta feita, do mesmo modo, para compreender o Direito em sua integralidade, não basta o estudo de sua aplicação em situações de normalidade - na corriqueira aplicação mecânica da norma jurídica - , sendo imperioso o estudo do Direito em suas situações anormais, isto é, excepcionais, onde a própria norma jurídica é suspensa, não transformando o mundo causal por meio de seu dever ser.

120 SCHMITT, Carl. *Teologia Política.* Trad. Elisete Antoniuk. Belo Horizonte: Del Rey, 2006, p. 7.

121 AGAMBEN, Giorgio. *Estado de exceção.* Trad. Iraci D. Poleti. 2ª ed. São Paulo: Boitempo, 2004, p. 58.

O *soberano* figura, ao mesmo tempo, *dentro* e *fora* da ordem jurídica.[122] Em casos normais, o *soberano* não interfere nessa ordem; contudo, em casos de anormalidade, poderá *suspender* a Constituição *in toto*.[123] Em outras palavras, ao decidir sobre o *estado de exceção*, o *soberano suspende* a ordem jurídica existente, permanecendo a crua entidade estatal que poderá atuar, tal qual Deus no milagre, diretamente sobre a realidade fática com fins de alterá-la.[124]

Embora seja *suspensa* a ordem jurídica, a ordem estatal permanece. Com efeito, seria equivocado afirmar que o *estado de exceção* deflagraria o caos, a desordem ou a anarquia. Nas palavras do autor, "toda ordem repousa em uma decisão".[125] A partir desse ponto de vista, é possível observar com nitidez a separação entre o Estado e o Direito. Como visto, é a figura do Estado – que se materializa na figura do *soberano* – que *suspende* a ordem jurídica, detendo, portanto, o poder e o monopólio de decisão sobre ela.[126] O Estado, assim, paradoxalmente, embora integre

---

122 SCHMITT, Carl. *Teologia Política*. Trad. Elisete Antoniuk. Belo Horizonte: Del Rey, 2006, p. 8. Elucidando o pensamento de Schmitt, Gilberto Bercovici (BERCOVICI, Gilberto. "O estado de exceção econômico e a periferia do capitalismo". *Revista Pensar*, vol. 1, pp. 95-99, Fortaleza, fev. 2006, p. 96) explica que "a necessidade do soberano era por Schmitt interpretada na normalidade da exceção. A soberania é a 'competência' imprevisível, estranha às normas de direito público, pois não se trata do término do direito, mas de sua própria origem. A soberania é a afirmação da ordem e, ao mesmo tempo, a sua negação. Isto significa dizer que o ordenamento está à disposição de quem decide. O soberano está, ao mesmo tempo, dentro e fora do ordenamento jurídico, pois ao utilizar o seu poder de suspender a validade do direito, coloca-se legalmente fora da lei. O estado de exceção se justifica pela situação de ameaça à unidade política, portanto, não pode ser limitado, a não ser que esta unidade deixe de existir. A exceção não poderia se manifestar no limite do direito, pois só ela, exceção, permite, para Schmitt, que se chegue à essência do direito".

123 SCHMITT, Carl. *Teologia Política*. Trad. Elisete Antoniuk. Belo Horizonte: Del Rey, 2006, p. 8

124 SCHMITT, Carl. *Teologia Política*. Trad. Elisete Antoniuk. Belo Horizonte: Del Rey, 2006, p. 35.

125 SCHMITT, Carl. *Teologia Política*. Trad. Elisete Antoniuk. Belo Horizonte: Del Rey, 2006, p. 13.

126 A distinção entre o Estado e o Direito é clara, quando Carl Schmitt afirma que (SCHMITT, Carl. *Teologia Política*. Trad. Elisete Antoniuk. Belo Horizonte: Del

o Direito, também se encontra fora dele, permitindo que o soberano *suspenda* a sua *aplicação*.[127] Logo, o *soberano* é aquele que possui controle decisório sobre a *aplicação* efetiva do Direito. O *soberano*, após ter *suspendido* as normas constitucionais, está livre de qualquer impedimento de natureza normativa que possa *limitar* sua força e sua violência. Portanto, a *decisão soberana* que *suspende* as normas constitucionais tem como finalidade a *autoconservação do Estado*, já que, livre dos limites impostos pelo Direito, o Estado defende-se de forma irrestrita.[128] Toda essa lógica argumentativa tinha um alvo específico: o artigo 48 da Constituição de Weimar que, como visto, garantia amplos poderes ao Presidente da República para editar decretos com força de lei, em casos de grave instabilidade social, *suspendendo*, inclusive, direitos fundamentais previstos na Constituição.[129]

Também em *Teologia Política*, Carl Schmitt afirma que "todos os conceitos concisos da teoria do Estado moderna são conceitos teológicos secularizados".[130] Nesse sentido, passa-se da figura do Deus onipotente (criador de leis naturais eternas) à figura do legislador onipotente (criador de leis jurídicas).[131] Seguindo tal analogia, Carl Schmitt concebe o *estado de exceção* enquanto forma secularizada e estatal do conceito teológico do *milagre*.[132]

Rey, 2006, p. 13), na situação de estado de exceção "fica claro que, em detrimento do Direito, o Estado permanece". E ainda quando afirma que (Idem) em "estado de exceção, o Estado suspende o Direito por fazer jus à autoconservação (...)".

127 SCHMITT, Carl. *Teologia Política*. Trad. Elisete Antoniuk. Belo Horizonte: Del Rey, 2006, p. 8.

128 SCHMITT, Carl. *Teologia Política*. Trad. Elisete Antoniuk. Belo Horizonte: Del Rey, 2006, p. 13.

129 BERCOVICI, Gilberto. *Soberania e Constituição*: para uma crítica do constitucionalismo. 2ª ed. São Paulo: Quartier Latin, 2013, pp. 313/314.

130 SCHMITT, Carl. *Teologia Política*. Trad. Elisete Antoniuk. Belo Horizonte: Del Rey, 2006, p. 35.

131 SCHMITT, Carl. *Teologia Política*. Trad. Elisete Antoniuk. Belo Horizonte: Del Rey, 2006.

132 SCHMITT, Carl. *Teologia Política*. Trad. Elisete Antoniuk. Belo Horizonte: Del Rey, 2006. Cf. GALLI, Carlo. *Genealogia della politica*: Carl Schmitt e la crisi del pensiero politico moderno. Bolonha: Il Mulino, 1996, pp. 347-361.

Isso porque, para o autor, o *milagre* consiste na *suspensão divina* das leis naturais, para que Deus possa atuar de forma ilimitada e direta na realidade terrestre. Como exemplo, pode-se citar o *milagre* da cura de uma doença mortal, que ocorre pela suspensão das leis biológicas pela autoridade divina. Paralelamente, como já reiterado diversas vezes, o *estado de exceção* nada mais é que a *suspensão soberana* das leis jurídicas, para que o *soberano* (ou o Estado) também possa atuar sem limites (no caso, jurídicos), arbitrariamente no plano da vida social e concreta, alterando o curso dos acontecimentos históricos e políticos. Aqui, como exemplo, pode-se fazer alusão ao ditador que, representando diretamente o povo soberano, *suspende* os direitos fundamentais de determinado grupo político que, em tese, estaria ameaçando a ordem jurídica e social, a fim de eliminá-lo.[133]

Portanto, não é difícil perceber que as intervenções realizadas pela figura do *soberano* no plano social, por meio da *decisão* do *estado de exceção* que *suspende* o Direito, ocorre pelo uso da violência. Ora, se no *estado de exceção* o Estado pode agir livremente, sem qualquer limite ou anteparo jurídico – já que, inclusive, há a *suspensão* de normas constitucionais, dentre elas, direitos e garantias fundamentais – não seria de se estranhar que esse mesmo Estado incidisse em tal realidade social por meio da violência. Até porque, segundo Max Weber, o Estado é o detentor do monopólio do uso legítimo da força física.[134] Em suma, o *estado de exceção* configura uma situação em que o Estado está juridicamente desimpedido para poder usar a violência. De todo o modo, a questão da violência restará mais bem explicada a seguir, quando Schmitt definir o conceito de *inimigo* em *O Conceito do Político*.

Segundo o especialista no pensamento de Carl Schmitt, Roberto Bueno, as obras *A Ditadura* e *Teologia Política* apresentam um substancioso conteúdo *autoritário*.[135] Para Bueno, a influência de autores reacionários,

---

133 GALLI, Carlo. *Genealogia della politica*: Carl Schmitt e la crisi del pensiero politico moderno. Bolonha: Il Mulino, 1996, pp. 347-361.

134 WEBER, Max. *Ciência e Política*: *duas vocações*. Trad. Jean Malville. 3ª ed. São Paulo: Martin Claret, 2012, p. 60.

135 BUENO, Roberto. "Antiliberalismo e conservadorismo teológico: de Donoso Cortés a Carl Schmitt". *In*: BUENO, Roberto; RAMIRO, Caio Henrique Lopes (Coord).

como é o caso do pensador espanhol Donoso Cortés,[136] já era clara nas obras de Schmitt desde o início da década de 1920.[137] Além de Cortés, Roberto Bueno aponta ainda influência de outros autores *autoritários*, como é o caso de De Maistre,[138] De Bonald[139] e Thomas Hobbes.[140] Segundo Roberto Bueno – cuja abordagem contrasta com a de Joseph W. Bendersky e Carlo Galli[141] – haveria um "viés ditatorial" no pensamento político e jurídico schmittiano que, por seu turno, estaria em constante diálogo com "um expressivo número de simpatizantes do pensamento autoritário e conservador daquele período (...)".[142] Para Roberto Bueno, a absorção do pensamento *autoritário* de Donoso Cortés não tinha, para Schmitt, um mero objetivo teórico sobre questões do Estado ou da

---

Sonhos e pesadelos da democracia de Weimar. São Paulo: Liber Ars, 2017, p. 82.

136 Cf. CORTÉS, Juan Donoso. "Discurso sobre la dictadura". *In*: CORTÉS, Juan Donoso. *Textos políticos*. Madri: Ediciones Rialp, 1954; CORTÉS, Juan Donoso. *Obras completas de Donoso Cortés*. tomo I, Madri: Biblioteca de Autores Cristianos, 1946; CORTÉS, Juan Donoso. *Ensayo sobre el catolicismo, liberalismo y socialismo*. Buenos Aires: Americalee, 1943. Vide ainda escrito de Carl Schmitt direcionado ao pensamento de Donoso Cortes, SCHMITT, Carl. *Interpretación Europea de Donoso Cortés*. Buenos Aires: Struhart, 2006.

137 BUENO, Roberto. "Antiliberalismo e conservadorismo teológico: de Donoso Cortés a Carl Schmitt". *In*: BUENO, Roberto; RAMIRO, Caio Henrique Lopes (Coord.). *Sonhos e pesadelos da democracia de Weimar*. São Paulo: Liber Ars, 2017, p. 82.

138 Cf. DE MAISTRE, Joseph. *Maistre*: considerations on france. Cambridge: Cambridge University Press, 1994.

139 Cf. DE BONALD, Louis-Ambroise. *Teoría del Poder Político y Religioso*. Madri: Tecnos, 1988.

140 BUENO, Roberto. "Antiliberalismo e conservadorismo teológico: de Donoso Cortés a Carl Schmitt". *In*: BUENO, Roberto; RAMIRO, Caio Henrique Lopes (Coord.). *Sonhos e pesadelos da democracia de Weimar*. São Paulo: Liber Ars, 2017, p. 82.

141 Cf. BENDERSKY, Joseph W. *Carl Schmitt*: theorist for the Reich. Nova Jersey: Princeton University Press, 1983, pp. 56-60; GALLI, Carlo. *Genealogia della politica*: Carl Schmitt e la crisi del pensiero politico moderno. Bolonha: Il Mulino, 1996, pp. 671/672; BERCOVICI, Gilberto. *Entre o Estado Total e o Estado Social*: atualidade do debate sobre Direito, Estado e Economia na República de Weimar. Tese (Livre-Docência). Universidade de São Paulo, 2003, p. 74.

142 BUENO, Roberto. "Antiliberalismo e conservadorismo teológico: de Donoso Cortés a Carl Schmitt". *In*: BUENO, Roberto; RAMIRO, Caio Henrique Lopes (Coord.). *Sonhos e pesadelos da democracia de Weimar*. São Paulo: Liber Ars, 2017, p. 82.

Justiça, tratando-se, na verdade, de uma iniciativa prática, relacionada à construção de um projeto *autoritário* para a Alemanha de Weimar.[143]

O sucesso da publicação de *A Ditadura* e *Teologia Política* rendeu prestígio a Schmitt, que acabou sendo nomeado professor titular em Direito Público na Universidade de Greifswald em 1921, cargo que ocupou por seis meses, e, em 1922, na Universidade de Bonn, instituição que lhe rendeu nacionalmente destaque como intelectual.[144] Conforme explica Bendersky, nesta época Schmitt manteve-se em íntimo contato com a religião católica, passando a frequentar círculos com colegas que, como ele, compartilhavam da mesma fé.[145] O autor explica que esse fato atiçou ainda mais sua desconfiança dos os ideais da Modernidade, já devidamente combatidos em *Romantismo Político*.[146]

Nesse clima, Carl Schmitt publicou, no ano de 1923, o livro *Catolicismo Romano e Forma Política*,[147] obra que debate a relação política entre a Igreja Católica e as forças que compunham o mundo moderno, como o Liberalismo e o Marxismo, em torno do tema da *representação*.[148]

---

143 BUENO, Roberto. "Antiliberalismo e conservadorismo teológico: de Donoso Cortés a Carl Schmitt". *In*: BUENO, Roberto; RAMIRO, Caio Henrique Lopes (Coord.). *Sonhos e pesadelos da democracia de Weimar*. São Paulo: Liber Ars, 2017, p. 84.

144 BENDERSKY, Joseph W. *Carl Schmitt*: theorist for the Reich. Nova Jersey: Princeton University Press, 1983, p. 43.

145 BENDERSKY, Joseph W. *Carl Schmitt*: theorist for the Reich. Nova Jersey: Princeton University Press, 1983, p. 46.

146 BENDERSKY, Joseph W. *Carl Schmitt*: theorist for the Reich. Nova Jersey: Princeton University Press, 1983, p.46.

147 Cf. SCHMITT, Carl. *Roman Catholicism and Political Form*. Trad. inglesa e notas de G. L. Ulmen. Londres: Greenwood Press, 1996.

148 Nas palavras de Carlo Galli (GALLI, Carlo. *Genealogia della politica*: Carl Schmitt e la crisi del pensiero politico moderno. Bolonha: Il Mulino, 1996, p. 238), o objeto de *Catolicismo Romano e Forma Política* seria "*la crisi della mediazione moderna e del suo logos emerge dall'insistenza con cui Schmitt avanza qui l'esigenza di una parola (una 'grande retorica', un 'eloquio') che non sia né dialogo né Dihtat né dialettica; l'esigenza di un 'dire' che deve essere visto, ma la cui visibilità non implichi la moderna pretesa della trasparenza. Schmitt tematizza qui, insomma, una visibilità e una dicibilità originate da un grumo di autentica densità ontologica*". Para Bendersky (BENDERSKY, Joseph W. *Carl Schmitt*: theorist for the Reich. Nova Jersey: Princeton University Press, 1983,

Conforme atesta Ulmen, essa obra foi escrita concomitantemente com a *Teologia Política*, trazendo, pois, elementos de ordem teológica para uma discussão de ares também políticos.[149] Nesse texto, Schmitt aborda a forma política da Igreja ao longo do tempo.

Ao afirmar que a Igreja Católica Romana age, diante da realidade política, com aparente *dualismo* – ou seja, de modo muitas vezes contraditório, razão pela qual muitos a acusam de ser uma instituição "interesseira" –, Schmitt cria o conceito de *complexio oppositorum*. Segundo o autor alemão, o *complexio oppositorum* – que pode ser verificado a partir dessa aparente forma contraditória de atuação política da Igreja ao longo do tempo – decorre, em verdade, da posição de superioridade que essa instituição milenar e *universal* ocupa na vida política. Assim, a Igreja Católica, enquanto instituição que *representa* Cristo na Terra – isto é, que o revela através de um processo de perfeita mediação, ao passo que o próprio Cristo está corporalmente ausente do mundo material –, deve *unificar* os opostos sob a *unívoca* voz do Papa, *unificando* os *opostos*, sem, no entanto, acabar com as *oposições*, na medida em que ela própria é o *todo* que os abrange.

---

pp. 238/239), "*these sharp philosophical and political distinctions aside, Schmitt did not, even at this point, view the Catholic Church as an intransigent institution aloof from the political realitiesof this world. He observed that throughout history the Church, as a complexio oppositorum, had always proven itself sufficiently flexible to make necessary adjustments and alliances without compromising its intrinsic principles. In postwar Europe, Schmitt felt that the Catholic Church confronted another unavoidable decision. Liberalism was still a strong opponent, but Bolshevism from the East, and from within, threatened the continued existence of western European traditions and values. Under these circumstances, he stated that the Catholic Church as a political force must stand '...on the side of western civilization, nearer Mazzini than the socialism of the anarchistic Russians' That Schmitt favored cooperation between Catholics and the liberal forces in Germany was definitely implied*".

149 ULMEN, Gary L. "Introduction". *In*: SCHMITT, Carl. *Roman Catholicism and Political Form*. Trad. inglesa e notas G. L. Ulmen. Londres: Greenwood Press, 1996. VATTER, Miguel. "The Political Theology of Carl Schmitt". *In*: MEIERHENRICH, Jens; SIMONS, Oliver (Coord.). *The Oxford handbook of Carl Schmitt*. Nova York: Oxford University Press, 2016, p. XIV. Interessante artigo que aborda, em conjunto, *Teologia Política* e *Catolicismo Romano e Forma Política*, cf. AZEVEDO, Marcelo Sampaio Soares de. "Carl Schmitt e a forma política da Igreja". *Revista Internacional de História Política e Cultura Jurídica*, vol. 8, nº 1, pp. 83-101, jan. 2016.

Assim, o tema da *representação*, que será bastante debatido em toda sua obra – e de forma especial em *A Crise da Democracia Parlamentar* do mesmo 1923 –, ganha absoluta relevância.

Como afirma Roberto Bueno, em estudo especificamente dedicado ao tema, quando se analisa a figura da *representação* na esfera temporal, isto é, mundana (e, logo, não eterna), esse conceito passa a ser visto como "concretização por parte de homens de princípios enunciados pela Constituição enquanto documento materializador das aspirações públicas compartilhadas".[150]

Visando criticar a *representação* da democracia liberal, Schmitt faz a cisão entre os conceitos de *delegação* e *representação*.[151] A *delegação*, para Schmitt, é uma forma de mandato, comum na vida civil, que visa a concretização de interesses privados, sendo a forma comum adotada pela representação da democracia liberal o que, segundo Bueno, tratar-se-ia de uma "falsa representação".[152] Por seu turno, a *representação* "de fato", que é aquela que ocorre de forma perfeita pela Igreja Católica ao *representar* o Cristo ausente.[153] Para Bueno, "esta forma de representação que para Schmitt é politicamente genuína, não se confunde com a experiência

---

150 BUENO, Roberto. "A representação em Carl Schmitt: o catolicismo romano e o caso da política". *Revista de Filosofia*, vol. 29, nº 47, pp. 455-479, Curitiba, mai. 2017, pp. 462/463. Disponível em: https://periodicos.pucpr.br/index.php/aurora/article/view/7295/. Acessado em: 02.06.2020.

151 BUENO, Roberto. "A representação em Carl Schmitt: o catolicismo romano e o caso da política". *Revista de Filosofia*, vol. 29, nº 47, pp. 455-479, Curitiba, mai. 2017, pp. 462/463. Disponível em: https://periodicos.pucpr.br/index.php/aurora/article/view/7295/. Acessado em: 02.06.2020.

152 BUENO, Roberto. "A representação em Carl Schmitt: o catolicismo romano e o caso da política". *Revista de Filosofia*, Curitiba, vol. 29, nº 47, pp. 455-479, maio/ago. 2017, pp. 462/463. Disponível em: https://periodicos.pucpr.br/index.php/aurora/article/view/7295. Acessado em: 02 jun. 2020.

153 AZEVEDO, Marcelo Sampaio Soares de. "Carl Schmitt e a forma política da Igreja". *Revista Internacional de História Política e Cultura Jurídica Rio de Janeiro*, vol. 8, nº 1, jan. 2016, p. 95.

liberal do conceito".[154] No bojo político, essa forma *legítima* de representação exigiria dois elementos fundamentais para a compreensão da *democracia schmittiana*, sendo eles (i) a homogeneidade do povo e (ii) sua ligação com a figura de um líder pessoal.[155]

No final daquele mesmo 1923, em meio à turbulência política advinda da instabilidade da República de Weimar,[156] Schmitt publicou mais um livro. Com o título de *A Crise da Democracia Parlamentar*,[157] Schmitt lança uma crítica direta ao sistema constitucional de Weimar, sobretudo no que tange à questão do parlamento. Para Schmitt:

> (...) a crença no sistema parlamentar, num *government by discussion*, pertence ao mundo intelectual do Liberalismo. Não pertence à democracia. O liberalismo e a democracia devem ser separados, para que se reconheça a imagem heterogeneamente montada que constitui a moderna democracia de massas.[158]

Para o autor, o parlamento era um local destinado a "eternas discussões" inúteis, realizadas pelas elites burguesas, que não estavam interessadas em oferecer decisões políticas substanciais.[159] Na opinião de Galli, enquanto o parlamento acabava se tornando menos efetivo diante

---

154 BUENO, Roberto. "A representação em Carl Schmitt: o catolicismo romano e o caso da política". *Revista de Filosofia*, vol. 29, nº 47, pp. 455-479, Curitiba, mai. 2017, p. 465. Disponível em: https://periodicos.pucpr.br/index.php/aurora/article/view/7295/. Acessado em: 02.06.2020.

155 BUENO, Roberto. "A representação em Carl Schmitt: o catolicismo romano e o caso da política". *Revista de Filosofia*, vol. 29, nº 47, pp. 455-479, Curitiba, mai. 2017, p. 466. Disponível em: https://periodicos.pucpr.br/index.php/aurora/article/view/7295/. Acessado em: 02.06.2020.

156 BENDERSKY, Joseph W. *Carl Schmitt*: theorist for the Reich. Nova Jersey: Princeton University Press, 1983, p. 70.

157 Cf. SCHMITT, Carl. *A crise da Democracia Parlamentar*. Trad. Inês Lohbauer. São Paulo: Scritta, 1996.

158 SCHMITT, Carl. *A crise da Democracia Parlamentar*. Trad. Inês Lohbauer. São Paulo: Scritta, 1996, p. 10.

159 SCHMITT, Carl. *A crise da Democracia Parlamentar*. Trad. Inês Lohbauer. São Paulo: Scritta, 1996, p. 47.

de momentos críticos, havia uma maior pressão para que o chefe do Executivo fosse mais autônomo e poderoso, podendo agir com maior margem de liberdade a partir de decretos com conteúdo de lei, a fim de resolver, de forma mais rápida e efetiva, as demandas e crises sociais.[160]

Nota-se que, nessa obra, Schmitt já introduzia conceitos importantes de seu pensamento, como o da democracia pautada na *homogeneidade* e a noção de eliminação do elemento *heterogêneo* da sociedade que, mais tarde, receberia o nome de *inimigo interno*:

> Em toda a verdadeira democracia está implícito que não só o igual seja tratado igualmente, mas que, como consequência inevitável, o não igual seja tratado de modo diferente. Portanto, a democracia deve, em primeiro lugar, ter homogeneidade e, em segundo - se for preciso - eliminar ou aniquilar o heterogêneo.[161]

---

160 GALLI, Carlo. *Genealogia della politica*: Carl Schmitt e la crisi del pensiero politico moderno. Bolonha: Il Mulino, 1996, pp. 447-478. No mesmo posicionamento, Joseph W. Bendersky (BENDERSKY, Joseph W. *Carl Schmitt*: theorist for the Reich. Nova Jersey: Princeton University Press, 1983, p. 74) afirma que "*although Schmitt had no remedy for the deficiencies he had identified in the parliamentary system, he believed that the Reich president, armed with constitutional emergency powers, could prevent a total collapse of the political order or a seizure of power by extremists. But Schmitt never viewed the president as an Ersatzkaiseror advocated presidential usurpation of the constitutional rights of parliament. Instead, Schmitt perceived the president as the defender of the Weimar state and constitution. And he had formulated his interpretation of the commissarial nature of Article 48 as early as 1919, while President Friedrich Ebert, a Social Democrat devoted to the constitution, was in the early stage of his term of office. Schmitt remembered clearly the events of 1923 when he defended his interpretation of presidential power at the first conference of the Association of German Constitutional Lawyers held at Jena on April 14 and 15,1924 Ebert had ended the state of emergency in February, but the Hitler trial had kept the entire affair in the public eye until the beginning of April. In the light of these events, it is not surprising that the conference attracted some of the most renowned constitutionalists in Germany—Stier-Somlo of Cologne, Nawiasky of Munich, Thoma and Anschiitz of Heidelberg, Heller of Leipzig, Jellinek of Kiel, and Bilfinger of Tubingen. Schmitt felt that the recent crisis had vindicated his position, whereas other jurists were wary of the potential abuse of Article 48*".

161 SCHMITT, Carl. *A crise da Democracia Parlamentar*. Trad. Inês Lohbauer. São Paulo: Scritta, 1996, p. 10.

De todo o modo, a partir de 1925 – com a morte do Presidente Ebert e a posse de Hindenburg – a República de Weimar viveu seu período de maior estabilidade política, o que durou até o colapso econômico mundial que ocorreria quatro anos após.[162] Assim, naquele 1925, Carl Schmitt realizou um importante seminário de "Filosofia Política" na Universidade de Bonn, onde apresentou – ainda que sem muita sistematização – os conceitos de *amigo* e *inimigo*.[163]

Essa primeira ideia foi amadurecida e mais bem trabalhada no artigo *O Conceito do Político,* de 1927.[164] Para Schmitt, o fenômeno *político* poderia ser apresentado a partir de uma relação *antagônica* – e sempre conflitiva – entre *amigos* e *inimigos*. Esse artigo recebeu versão ampliada no ano de 1932, embora com o mesmo título. De todo o modo, as ideias de *O Conceito do Político* são absolutamente indispensáveis para a compreensão do pensamento político schmittiano.[165] Nesse texto, Schmitt vai além da perspectiva jurídica desenvolvida em *Teologia Política*. Isso porque o autor inclui, no núcleo de seu pensamento – sempre orientado para a proteção da nação e do Estado – os conceitos de *amigo* e *inimigo*.[166]

---

162 Cf. item 2.2.1, *supra*.

163 BENDERSKY, Joseph W. *Carl Schmitt*: theorist for the Reich. Nova Jersey: Princeton University Press, 1983, p. 88.

164 SCHMITT, Carl. *The Concept of the Political*. Chicago & Londres: The University of Chicago Press, 2007; SCHMITT, Carl. *O conceito do Político*. Trad. Geraldo de Carvalho. Belo Horizonte: Del Rey, 2008.

165 Sobre a perspectiva política de Carl Schmitt, vide: MOUFFE, Chantal. *El retorno de lo político*: comunidad, ciudadanía, pluralismo, democracia radical. Trad. espanhola de Marco Aurelio Galmarini. Barcelona: Bacelona y Editorial Paidós, 1999; MOUFFE, Chantal. "Por um modelo agonístico de democracia". Trad. Pablo Sanges. *Revista de Sociologia Política*, nº 25, pp. 165-175, jun. 2006; MOUFFE, Chantal. "Pensando a democracia com, e contra, Carl Schmitt". Trad. Menelick de Carvalho Neto. *Revue Française de Science Politique*, vol. 42, nº 1, fev. 1992.

166 Cf. MOUFFE, Chantal. *Pensando a democracia com, e contra, Carl Schmitt*. Trad. Menelick de Carvalho Neto. pp. 27-39. Disponível em: https://cadernosdolegislativo.almg.gov.br/ojs/index.php/cadernos-ele/article/viewFile/353/305/. Acessado em: 09.08.2020.

Assim, *soberano* não é apenas aquele que decide sobre o *estado de exceção,* mas também aquele que define, no interior da sociedade, *quem* é o *amigo* e *quem* é o *inimigo.* Ou seja, *quem* é aquele que, por não fazer parte da massa homogênea de determinada nação, deverá ser fisicamente eliminado por meio de uma guerra civil legal.[167]

Trazendo esses conceitos para o interior de sua doutrina, não é difícil concluir que a *suspensão* do ordenamento jurídico, realizada pelo *soberano* no *estado de exceção,* visa, por fim, eliminar fisicamente a figura do *inimigo.* Isso porque, todo e qualquer indivíduo que tenha seus direitos individuais *suspensos*, perde, automaticamente, sua condição jurídica de *pessoa.* Como consequência, este indivíduo acaba sendo reduzido à esfera da mera vida biológica.[168] O rebaixamento da condição de pessoa à de coisa é tema muito explorado por muitos autores que se dedicaram a estudar as atrocidades cometidas nos campos de concentração nazistas. Nesse sentido, vale o depoimento do psicoterapeuta Viktor E. Frankl que, além de grande cientista, foi sobrevivente de três campos de concentração, dentre os quais o *campo de Auschwitz.* Segundo seus relatos, a partir de histórias vividas dentro desses campos de concentração, Frankl afirma que:

---

167 MOUFFE, Chantal. *Pensando a democracia com, e contra, Carl Schmitt.* Trad. Menelick de Carvalho Neto. pp. 34-39. Disponível em: https://cadernosdolegislativo.almg.gov.br/ojs/index.php/cadernos-ele/article/viewFile/353/305. Acessado em: 09.08.2020.

168 De modo a unir os conceitos de *Teologia Política* e *O conceito do Político,* Gilberto Bercovici (BERCOVICI, Gilberto. *Entre o Estado Total e o Estado Social*: atualidade do debate sobre Direito, Estado e Economia na República de Weimar. Tese [Livre-Docência]. Universidade de São Paulo, 2003, p. 57, itálico nosso) explica que "o Estado, em sua condição essencialmente política, tem a possibilidade real de determinar por sua decisão soberana quem é o inimigo e combatê-lo. Em última análise, tem a possibilidade de declarar guerra e de dispor abertamente da vida das pessoas. O objetivo do Estado é produzir dentre de seu território uma pacificação completa, pressuposto necessário para a vigência do direito. Consequentemente, o Estado, como unidade política, e enquanto existir como tal, tem a capacidade para determinar por si mesmo quem é amigo e quem é inimigo. Enquanto um povo existir na esfera do político, ele terá que decidir por si mesmo, mesmo que seja um caso extremo (e ele terá que decidir também sobre a existência ou não do *estado de exceção*) quem é amigo e quem é inimigo. Isto, para Schmitt, faz parte da sua essência política. Se ele não tiver essa capacidade, deixa de existir politicamente".

> Na realidade esse corpo aí, o meu corpo, já não passa de um cadáver. O que éramos ainda? Uma partícula de uma grande massa de carne humana; uma massa cercada de arame farpado, comprimida em algumas cabanas de chão batido; uma massa da qual diariamente apodrecia um certo percentual por ter ficado sem vida.[169]

Ora, do depoimento acima, não é surpresa para ninguém que esses indivíduos, colocados na situação descrita por Viktor E. Frankl, não gozavam mais dos direitos individuais previstos na Constituição de Weimar.

Mas retomando nosso autor, fato é que para Carl Schmitt, a concepção de *político* encontra-se, justamente, na capacidade do *soberano*, em situações emergenciais, declarar guerra contra o *inimigo* e eliminá-lo.[170] Outrossim, enquanto desenvolvia o seu *O Conceito do Político*,[171] Carl Schmitt empenhava-se em outra obra, de mesma envergadura, mas de teor essencialmente jurídico.

Segundo o constitucionalista Pablo Lucas Verdú, embora Schmitt tenha escrito sobre diversos assuntos – como cultura, política e teologia – sua natureza sempre foi de um jurista.[172]

---

169 FRANKL, V. E. *Em busca de sentido*: um psicólogo no campo de concentração. Petrópolis: Vozes, 1991, p. 26.

170 SCHMITT, Carl. *O conceito do Político*. Trad. Geraldo de Carvalho. Belo Horizonte: Del Rey, 2008, p. 35.

171 KENNEDY, Ellen. *Constitutional failure*: Carl Schmitt in Weimar. Durham e Londres: Duke University Press, 2004, p. 122.

172 VERDÚ, Pablo Lucas. "Carl Schmitt, intérprete singular y máximo debelador de la cultura Político-Constitucional Demoliberal". *Revista de Estudos Políticos*, nº 64, Madri: Nueva Época, abr. 1989, p. 65.

Nesse sentido, após uma série de profundas análises de teoria constitucional,[173] Carl Schmitt publicou, em 1928, a obra *Teoria da Constituição*.[174] Para Verdú, trata-se do único texto em que o autor realiza uma clara construção sistemática e bem-organizada de seu pensamento, o que não teria ocorrido nas demais obras, ainda que sejam bastante profundas.[175]

Para Ellen Kennedy, em *Teoria da Constituição* há o esforço de Carl Schmitt em demonstrar a incorporação de elementos da doutrina liberal nas tradições intelectuais da burguesia europeia.[176] Partindo dessa premissa – que nada mais é senão uma dura crítica à democracia liberal[177] e às ideias positivistas do fenômeno Constitucional, como as de Kelsen[178] –,

---

173 BENDERSKY, Joseph W. *Carl Schmitt*: theorist for the Reich. Nova Jersey: Princeton University Press, 1983, p. 96.

174 SCHMITT, Carl. *Teoría de la Constitución*. Trad. espanhola de Francisco Ayala. Madri: Alianza Editorial, 1996.

175 Nas palavras de Pablo Lucas Verdú (VERDÚ, Pablo Lucas. "Carl Schmitt, intérprete singular y máximo debelador de la cultura Político-Constitucional Demoliberal". *Revista de Estudos Políticos*, nº 64, Madri: Nueva Época, abr. 1989, p. 43): "*dicho de otro modo: ¿constituyen un sistema organizado os conceptos de decisión, de estado de excepción, de dictadura, de lo político, de Constitución, de garantías institucionales, etc., para conformar un todo sistemático? Para quienes mantienen un concepto logicista de sistema, la contestación sería negativa. En este sentido, la teoría pura del Derecho y su Concepción escalonada, dinámica, del ordenamiento jurídico sería el emblema del sistema; en cambio, la aportación schmittiana, todo lo contrário: dispersión ocasionalista, crítica irracionalista, argumentación politizada hasta el tuétano (que bordea lo panfletario), heterogeneidad de influjos y resultados estabelecidos a priori. ¿Acaso puede todo esto considerarse sistemático? Algunos críticos admitirían – más o menos de buen grado – que sólo la Verfassungslehre se ajustaría a las exigencias mínimas de un sistema*".

176 KENNEDY, Ellen. *Constitutional failure*: Carl Schmitt in Weimar. Londres: Duke University Press, 2004, p. 123.

177 VERDÚ, Pablo Lucas. "Carl Schmitt, intérprete singular y máximo debelador de la cultura Político-Constitucional Demoliberal". *Revista de Estudos Políticos*, nº 64, Madri: Nueva Época, abr. 1989, p. 64.

178 KENNEDY, Ellen. *Constitutional Failure*: Carl Schmitt in Weimar. Londres: Duke University Press, 2004, p. 124. Ver também, cf. SCHMITT, Carl. *Teoría de la Constitución*. Trad. espanhola de Francisco Ayala. Madri: Alianza Editorial, 1996, p. 75.

Schmitt visa fundar uma nova ciência da Constituição,[179] pautada, pois, em sua visão *decisionista*.[180]

Carl Schmitt constrói seu raciocínio para dizer que o fundamento de validade de uma Constituição não está no plano do *dever-ser*. Para Schmitt, o fundamento de validade da Constituição está no plano do *ser*, sobretudo no plano do poder político, que se manifesta a partir da *decisão fundamental do poder constituinte soberano*, cuja titularidade é do povo.[181] Nesse passo, Schmitt afirma – e para tanto utiliza como exemplo

---

179 Sobre o tema, afirma Ellen Kennedy (KENNEDY, Ellen. *Constitutional failure*: Carl Schmitt in Weimar. Londres: Duke University Press, 2004, p. 122) que: "*the Verfassungslehre was intended as neither 'a commentary nor series of monographic studies' but aimed to found a new science of constitutions, their law and politics. Schmitt's approach tests a constitution against its origins and founding intent, their development and the substance of the constitution, and argues for incorporating political questions (such as 'sovereignty') into a reading of the constitution. Only a political science of law and the state can demonstrate their relation to 'political unity', and Schmitt's critique of positivism and liberalism culminates here in the 'legal-critical' analysis of the Weimar constitution, 'the typical constitution today' Like Machiavelli, Schmitt too argues with historical examples that reveal the origins of the bürgerliche Rechtsstaat as the Florentine had demonstrated the origins of principalities. 'Historical contingency and political relativism' determine the fate of constitutions, and Schmitt opens the horizons of constitutional possibility by rejecting the liberal Rechtsstaat as an 'absolute dogma'*".

180 O *decisionismo* de Schmitt como elemento de fundo de sua *Teoria da Constituição*, pode ser muito bem percebido no seguinte trecho, em que o autor afirma que (SCHMITT, Carl. *Teoría de la Constitución*. Trad. espanhola de Francisco Ayala. Madri: Alianza Editorial, 1996, p. 94): "*una Constitución no se apoya en una norma cuya justicia sea fundamento de su validez. Se apoya en una decisión política surgida de un Ser político, acerca del modo y forma del proprio Ser. La palabra 'voluntad' denuncia - en contraste con toda dependencia respecto de una justicia normativa o abstracta - lo esencialmente existencial de este fundamento de validez*".

181 Nas palavras de Carl Schmitt, (SCHMITT, Carl. *Teoría de la Constitución*. Trad. espanhola de Francisco Ayala. Madri: Alianza Editorial, 1996, pp. 34/35): "*en realidad, una constitución es válida cuando emana de un poder (es decir, fuerza o autoridad) constituyente y se establece por su voluntad. La palabra 'voluntad' significa, encontraste con simples normas, una magnitud del Ser como origen de un Deber-ser. La voluntad se da de un modo existencial: su fuerza o autoridad reside en su ser. Una norma puede valer cuando es justa, entonces la concatenación sistemática conduce al Derecho natural y no a la Constitución positiva; o bien una norma vale porque está positivamente ordenada, es decir, por virtud de una voluntad existente. Una norma nunca se establece por si misma (éste es un modo fantástico de hablar), sino que se reconoce como justa porque es derivable de preceptos cuya esencia es también justicia y no sólo positividad, es decir, verdadera realidad ordenadora. Quén dice*

a própria Constituição de Weimar –, que a ordem jurídica (*dever-ser*) é sempre *posterior* à vontade do povo (*ser*) que, por seu turno, a *cria* por meio do ato de *decisão* do *poder constituinte*.[182] Em suas palavras:

> La unidad del Reich alemán no descansa em aquellos 181 artículos y em su vigencia, sino em la existencia política del pueblo alemán. La voluntad del Pueblo alemán - por tanto, una cosa existencial - funda la unidad política y jurídica, más allá de las contradicciones sistemáticas, incongruencias y oscuridades de las leyes constitucionales concretas. La Constitución de Weimar vale porque el Pueblo alemán "se la ha dado".[183]

Ou seja, a Constituição não pode ser fundamento de si mesma. A Constituição é, portanto, consequência e criação que decorre de algo logicamente *anterior* a ela.[184] É nesse contexto que Carl Schmitt apresenta sua clássica distinção – indispensável para a compreensão de sua obra – entre Constituição e as *Leis Constitucionais*.[185]

---

que la Constitución vale como norma fundamental (no como voluntad positiva), afirma con ello que es capaz de portar, en virtud de ciercas cualidades de contenido, lógicas, morales u otras, un sistema cerrado de preceptos justos. Decir que una Constitución no vale a causa de su justicia normativa, sino sólo de se positividad, y que sin embargo, funda como pura norma un sistema o una ordenación de puras normas, es una confusión llena de contradiciones".

182 SCHMITT, Carl. *Teoría de la Constitución*. Trad. espanhola de Francisco Ayala. Madri: Alianza Editorial, 1996.

183 SCHMITT, Carl. *Teoría de la Constitución*. Trad. espanhola de Francisco Ayala. Madri: Alianza Editorial, 1996.

184 Cf. SCHMITT, Carl. *Teoría de la Constitución*. Trad. espanhola de Francisco Ayala. Madri: Alianza Editorial, 1996, p. 46.

185 Schmitt afirma (SCHMITT, Carl. *Teoría de la Constitución*. Trad. espanhola de Francisco Ayala. Madri: Alianza Editorial, 1996, p. 45) que: "*sólo es posible un concepto de Constitución cuando se distinguen Constitución y ley constitucional. No es admisible disolver primero la Constitución en una pluralidad de leyes constitucionales concretas y después determinar la ley constitucional por algunas características externas o acaso por el procedimiento de su reforma. De este modo se pierden un concepto esencial de la Teoria del Estado y el concepto central de la Teoría de la Constitución. Fue un error característico la afirmación de un famoso teórico del Derecho político, según el cual la transformación de la Constitución en una 'especie de la ley' es una 'adquisición de la cultura política del presente'. Antes al*

Para o autor, a Constituição é produto da *decisão* do *poder soberano constituinte* que, como visto, é o povo.[186] Já as *Leis Constitucionais* dizem respeito aos demais artigos que compõem formalmente a Constituição, ou seja: o texto constitucional.

Assim, as *Leis Constitucionais* não integram o conteúdo material da Constituição, uma vez que não resultam da *decisão constituinte soberana*.[187] Seguindo a lógica da distinção proposta, Schmitt defende que a *suspensão* de certas *Leis Constitucionais* não viola a Constituição em seu sentido material, já que tal medida afetaria apenas aquelas normas que não tiveram como fundamento a *decisão soberana*.[188] Com efeito, Schmitt inclui, dentre essas *leis constitucionais* – que podem ser *suspensas* pela *decisão soberana excepcional* –, até mesmo os *direitos e garantias fundamentais*, uma vez que também não fazem parte do núcleo material da Constituição.[189]

---

contrário, para la Teoría constitucional la distinción entre Constitución y ley constitución es el comienzo de toda la discusón ulterior".

186 Segundo Carl Schmitt (SCHMITT, Carl. *Teoría de la Constitución*. Trad. espanhola de Francisco Ayala. Madri: Alianza Editorial, 1996, p. 47): "*la distinción entre Constitución y ley constitucional es sólo posible, sin embargo, porque la esencia de la Constitución no está contenida en una ley o en una norma. En el fondo de toda normación reside una decisión política del titular del poder constituyente, es decir, el Pueblo en la Democracia y del Monarca en la Monarquía auténtica*".

187 SCHMITT, Carl. *Teoría de la Constitución*. Trad. espanhola de Francisco Ayala. Madri: Alianza Editorial, 1996, pp. 54-57.

188 SCHMITT, Carl. *Teoría de la Constitución*. Trad. espanhola de Francisco Ayala. Madri: Alianza Editorial, 1996, p. 50.

189 Nas palavras de Carl Schmitt (SCHMITT, Carl. *Teoría de la Constitución*. Trad. espanhola de Francisco Ayala. Madri: Alianza Editorial, 1996): "*la Constitución es intangible, mientras que las leyes constitucionales pueden ser suspendidas durante el estado de excepción, y violadas por las medidas del estado de excepción. Según el art. 48, 2, C. a, está facultado el Presidente del Reich para adoptar tales medidas; los derechos fundamentales establecidos en los arts. 114, 115, 117, 118, 123, 124 y 153 C. a. pueden ser puestos temporalmente fuera de vigor, todo esto no atenta a la decisión política fundamental ni a la sustancia de la Constitución, sino que precisamente se da en servicio del mantenimiento y subsistencia de la misma. Por eso sería absurdo hacer de la intangibilidad de la Constitución una intangibilidad de cada una de las leyes constitucionales y ver en cada una de las prescripciones legal-constitucionales un obstáculo insuperable para la defensa de la Constitución en su conjunto. Esto, en la práctica, no sería más que colocar la ley particular por encima del conjunto de la forma de existencia política, cambiando en su contrario el sentido y finalidad del estado de excepción*".

Também nessa obra Carl Schmitt oferece sua conhecida definição de democracia, pautada nos princípios (i) da *identidade,* (ii) da *igualdade substancial* e (iii) da *representação.*[190]

O princípio da *identidade* diz respeito à identificação imediata entre povo e governante.[191] Segundo ele, "*es identidad de dominadores y dominados, de gobernantes y gobernados, de los que mandan y los que obedecen*".[192] Já a *igualdade substancial*[193] pode ser definida como a *homogeneidade axiológica* entre aqueles que integram a *unidade* de um Estado a partir do *princípio* da *nacionalidade.*[194] Por sua vez, o *princípio* da *representação* atine ao fato de que o *povo* deve "estar sempre representado pessoalmente por homens".[195]

---

190 SCHMITT, Carl. *Teoría de la Constitución.* Trad. espanhola de Francisco Ayala. Madri: Alianza Editorial, 1996, p. 213.

191 SCHMITT, Carl. *Teoría de la Constitución.* Trad. espanhola de Francisco Ayala. Madri: Alianza Editorial, 1996.

192 SCHMITT, Carl. *Teoría de la Constitución.* Trad. espanhola de Francisco Ayala. Madri: Alianza Editorial, 1996, p. 232.

193 SCHMITT, Carl. *Teoría de la Constitución.* Trad. espanhola de Francisco Ayala. Madri: Alianza Editorial, 1996, p. 225.

194 Nesse sentido, afirma Schmitt (SCHMITT, Carl. *Teoría de la Constitución.* Trad. espanhola de Francisco Ayala. Madri: Alianza Editorial, 1996, p. 228) que: "*nación significa, frente al concepto general de pueblo, un pueblo individualizado por la consciencia política de si mismo. Diversos elementos pueden cooperar a la unidad de la Nación y a la conciencia de esa unidad: lengua común, comunidad de destinos históricos, tradiciones y recuerdos, metas y esperanzas políticas comunes (...). Si la Nación es concebida como sustancia de la igualdad democrática, resultarán de ello consecuencias práticas de especial naturaleza. Un Estado democrático que encuentra los supuestos de su Democracia en la homogeneidad de sus ciudadanos, se corresponde con el llamado principío de la nacionalidad, según el cuan una Nación forma un Estado y un Estado encierra dentro de sí una Nación. Un Estado nacionalmente homogéneo aparece entonces como lo normal; un Estado al que esa homogeneidad falta, tiene algo de anormal que pone en peligro la paz. El principio de la nacionalidad se convierte de este modo en supuesto de la paz y en 'fundamento del Derecho Internacional'*".

195 MACEDO JÚNIOR, Ronaldo Porto. *Carl Schmitt e a fundamentação do Direito.* Trad. Peter Naumann. 2ª ed. São Paulo: Saraiva, 2011, p. 48. Cf. MACEDO JÚNIOR, Ronaldo Porto. *Carl Schmitt e a fundamentação do Direito.* Trad. Peter Naumann. 2ª ed. São Paulo: Saraiva, 2011, pp. 213/214.

A democracia, segundo Schmitt, é o regime político em que povo – enquanto *unidade nacional política* de um país –, tem a *liberdade* de *decidir* sobre quem é o *amigo* e quem é o *inimigo*.[196] Como já verificamos, a preocupação de Schmitt sobre a *decisão* que visa identificar *quem* é o *amigo* e *quem* é o *inimigo*, tem uma única finalidade: exterminar do povo os elementos que afetam sua homogeneidade, ou seja, todos aqueles indivíduos que, por motivos religiosos, morais, étnicos ou políticos, não se adequam à maioria. Portanto, para Schmitt democracia coincide com duas coisas: (i) com a possibilidade de eliminação física de *inimigos*[197] e (ii) com a chamada *tirania da maioria*.

É nesse sentido que "a democracia enquanto forma de governo não se opõe necessariamente à ditadura nem se define a partir da liberdade",[198] como é o caso da teoria democrática de Kelsen.[199] Assim, para Schmitt, o "oposto da ditadura não é a liberdade, mas a *discussão*. Para ele, a democracia não mantém vínculo conceitual com os princípios do liberalismo e da liberdade",[200] havendo, pois, confusão indevida entre esses conceitos.[201]

Por isso, a democracia pode até mesmo existir em regimes ditatoriais, parlamentaristas ou democráticos,[202] já que sua substância respeita aos princípios da *identidade*, da *igualdade substancial* e da *representação*, que muito diferem dos valores liberais, tal como será visto adiante.

---

196 MACEDO JÚNIOR, Ronaldo Porto. *Carl Schmitt e a fundamentação do Direito*. Trad. Peter Naumann. 2ª ed. São Paulo: Saraiva, 2011.

197 Vê-se, aqui, uma retomada da obra *O conceito do Político*, até porque, como já afirmado por Ellen Kennedy, esses livros foram escritos na mesma época.

198 MACEDO JÚNIOR, Ronaldo Porto. *Carl Schmitt e a fundamentação do Direito*. Trad. Peter Naumann. 2ª ed. São Paulo: Saraiva, 2011, p. 49.

199 Para Hans Kelsen (KELSEN, Hans. *A Democracia*. 3ª ed. São Paulo: Martins Fontes, 2019, pp. 27-34), a democracia fundamenta-se, em primeiro lugar, pelo princípio da *liberdade*.

200 MACEDO JÚNIOR, Ronaldo Porto. *Carl Schmitt e a fundamentação do Direito*. Trad. Peter Naumann. 2ª ed. São Paulo: Saraiva, 2011, p. 49.

201 MACEDO JÚNIOR, Ronaldo Porto. *Carl Schmitt e a fundamentação do Direito*. Trad. Peter Naumann. 2ª ed. São Paulo: Saraiva, 2011, p. 49.

202 MACEDO JÚNIOR, Ronaldo Porto. *Carl Schmitt e a fundamentação do Direito*. Trad. Peter Naumann. 2ª ed. São Paulo: Saraiva, 2011, p. 49.

Neste ponto, interessante o conceito de *aclamação* que, segundo Schmitt, seria a "forma natural da manifestação imediata da vontade de um povo".[203]

Nas palavras do autor, "não há nenhuma Democracia, nem nenhum Estado, sem opinião pública, como não há nenhum Estado sem aclamação". O autor explica que, em casos de ordem e paz, o exercício da *aclamação* é raro e até mesmo desnecessário. Entretanto, em períodos críticos, o grito de "não" da *aclamação* contra determinado regime pode significar a queda daquele regime e a instauração de uma nova Constituição. Nesse sentido, a *aclamação* seria a *legítima* expressão e manifestação do próprio *poder constituinte.*

Como se nota, Schmitt aponta para um meio *direto* de democracia que, para além dos procedimentos constitucionais estabelecidos para o exercício do sufrágio, garante a *legitimidade* popular da democracia de massas. Mas, a questão da *aclamação* vai além, na medida em que ela implica em uma consequência ligada com o *estado de exceção.* Isso porque, quando Schmitt faz a defesa da *aclamação*, em verdade, ele está defendendo que a *decisão do poder constituinte* (*soberano*) é a verdadeira fonte da Constituição. Assim, caso existam *Leis Constitucionais* – e aqui pode-se citar direitos fundamentais individuais – cujo conteúdo conflite com o conteúdo da *aclamação*, prevalece a segunda. Em outros termos, caso o *poder constituinte decida* pela *suspensão* de determinados direitos fundamentais, essa *decisão*, oriunda da *aclamação*, é mais legítima que aqueles direitos.

De forma ainda mais clara, se por meio da *aclamação* o povo exigir eventual *ditadura* ou a *eliminação física de um inimigo interno*, essa decisão – proferida através da *aclamação* – possui mais *legitimidade jurídica* do que qualquer norma constitucional que expresse o contrário, uma vez que essa decisão carrega o verdadeiro conteúdo decisório do *poder constituinte*, ao contrário de uma simples *Lei Constitucional.* Com base em tais exemplos, pode-se verificar com maior clareza o *modus operandi* do *estado de exceção* schmittiano,

---

203 SCHMITT, Carl. *Teoría de la Constitución*. Trad. espanhola de Francisco Ayala. Madri: Alianza Editorial, 1996, p. 100.

bem como a relação existente entre os conceitos de Constituição e *leis constitucionais*, que o autor bem desenvolve em *Teoria da Constituição*.

Além da *aclamação* há outros elementos interessantes que podem ser observados em *Teoria da Constituição*, como, por exemplo, o conceito de *garantias institucionais*. Tais garantias, ao contrário das *garantias individuais* – que são nada mais que garantias que o indivíduo tem perante a autoridade estatal –, visam à proteção de determinadas instituições, dentre elas a *família* e a *religião*.

Nas palavras do autor, "*mediante la regulación constitucional, puede garantizarse una especial protección a ciertas instituciones*". Crítico a essa ideia – e retomando o texto *Freiheitsrecht und institutionelle Garantien der Reichsverfassung*, escrito por Schmitt em 1931 – Gilberto Bercovici afirma tratar-se de conceito *antiliberal* e *anti-individualista*, cuja finalidade seria proteger os indivíduos "desde que estes pertencessem a alguma instituição, e não porque eles possuíssem direitos subjetivos fundamentais", de modo que, para o professor brasileiro, "a proteção está ligada à instituição, não à pessoa".

Na primavera de 1928, Carl Schmitt deixou a Universidade de Bonn para aceitar a cadeira de Hugo Preuss para o cargo de professor de Direito na prestigiada Universidade de Berlim.[204]

Joseph Bendersky explica que a mudança para a Universidade de Berlim foi marcada pelo fim da tranquilidade desfrutada por Schmitt durante os anos de Bonn, seja pelo fato de aproximar-se de um grande centro urbano, seja pela própria crise de 1929 que já se avizinhava.[205] Afirma o biógrafo que os próximos anos de Schmitt seriam marcados por paralisia governamental, depressão econômica e violência política.[206] E, de fato, com a crise da Bolsa de Valores de 1929, o mundo todo entrou em

---

204 BENDERSKY, Joseph W. *Carl Schmitt*: theorist for the Reich. Nova Jersey: Princeton University Press, 1983, p. 107.

205 BENDERSKY, Joseph W. *Carl Schmitt*: theorist for the Reich. Nova Jersey: Princeton University Press, 1983, p. 107.

206 BENDERSKY, Joseph W. *Carl Schmitt*: theorist for the Reich. Nova Jersey: Princeton University Press, 1983, p. 107.

colapso,[207] inclusive a Alemanha, cuja economia já estava sensível desde o final da Primeira Guerra Mundial, principalmente pelos altos custos do Tratado de Versalhes e de dívidas feitas com os Estados Unidos.[208]

Esses problemas levaram a Alemanha a um brutal desemprego,[209] o que acabou acelerando, de forma exponencial, a violência.[210] Isso

---

207 Cf. HOBSBAWM. Eric. *Era dos Extremos*: o breve século XX. Trad. Marcos Santarrita. 2ª ed. São Paulo: Companhia das Letras, 1995, pp. 90-112; EVANS, Richard. *A chegada do Terceiro Reich*. Trad. Lúcia Brito. São Paulo: Planeta, 2010, pp. 228-240; GAZIER, Bernard. *A crise de 1929*. Trad. Julia da Rosa Simões. Porto Alegre: L&PM Pocket, 2013.

208 Cf. GAZIER, Bernard. *A crise de 1929*. Trad. Julia da Rosa Simões. Porto Alegre: L&PM Pocket, 2013, p. 24.

209 Sobre a questão do desemprego, Richard Evans (EVANS, Richard. *A chegada do Terceiro Reich*. Trad. Lúcia Brito. São Paulo: Planeta, 2010, pp. 231/232) conta que: "em 1932, praticamente um em cada três trabalhadores da Alemanha estava registrado como desempregado, com taxas ainda maiores em algumas regiões de muitas indústrias, como a Silésia ou o Ruhr. Isso excedeu de longe todas as taxas anteriores de desemprego, mesmo durante o pior período de retração estabilizadora. Entre 1928 e 1932, o desemprego cresceu de 133 mil para 600 mil no maior centro industrial da Alemanha, Berlim; de 32 mil para 135 mil na cidade comercial e portuária de Hamburgo; e de 12 mil para 65 mil na cidade industrial de Dortmund, na região do Reno-Ruhr. A indústria obviamente foi atingida mais de rijo; mas funcionários de escritórios também perderam seus empregos, com quase meio milhão deles sem serviço em 1932. A escalada foi assustadoramente veloz. No inverno de 1930-31 já havia mais de 5 milhões de desempregados, pouco mais de um ano depois do início da Depressão; o número subiu para 6 milhões um ano mais tarde. No começo de 1932, foi registrado que os desempregados e seus dependentes somavam cerca de um quinto da população total da Alemanha, quase 30 milhões de pessoas no todo O número real pode ter sido ainda maior, visto que mulheres que perdiam o emprego com frequência não se registravam como desempregadas. Esses números aterrorizantes contam apenas parte da história. Para começar, muitos milhões mais de trabalhadores permaneceram nos empregos apenas em jornada reduzida, visto que os patrões cortaram horas e introduziram turnos menores numa tentativa de ajuste ao colapso na demanda. Assim, muitos trabalhadores treinados ou aprendizes tiveram que aceitar empregos subalternos e não especializados porque os serviços para os quais estavam qualificados desapareceram. Esses ainda estavam com sorte. Pois o que causou real miséria e desespero foi a longa duração da crise, iniciada – numa época em que o desemprego já estava deveras alto – em outubro de 1929 e sem mostrar sinais de abrandamento pelos três anos seguintes".

210 EVANS, Richard. *A chegada do Terceiro Reich*. Trad. Lúcia Brito. São Paulo: Planeta, 2010, p. 229.

porque, como leciona Richard Evans, o desemprego maciço era um fator moralmente degenerativo e nocivo, especialmente para os homens que se viam impotentes perante a sociedade e suas próprias famílias.[211] Em face ao desespero econômico, o radicalismo político serviu como saída psicológica para muitas pessoas.[212] Não por outro motivo, neste período ocorre o fortalecimento do movimento comunista[213] – que cada vez mais se afastava dos sociais-democratas[214] –, bem como a ascensão do partido nazista (NSDPA).[215] Com efeito, o radicalismo partidário levou o parlamento à paralisia entre os anos de 1929 e 1933, uma vez

---

211 Precisa é a descrição de Richard Evans sobre a questão (EVANS, Richard. *A chegada do Terceiro Reich*. Trad. Lúcia Brito. São Paulo: Planeta, 2010, p. 228), ao relatar que: "o desemprego destruiu o autorrespeito das pessoas (...), especialmente dos homens, numa sociedade em que o prestígio, o reconhecimento e até a identidade masculina derivavam acima de tudo do trabalho que faziam. Ao longo do início da década de 1930, podiam-se ver homens nas esquinas, com placas em volta do pescoço: 'À procura de trabalho de qualquer tipo'. Crianças na escola, quando solicitadas por sociólogos a dar sua opinião sobre o tema, com frequência respondiam que os desempregados tornavam-se socialmente degradados, pois, 'quanto mais tempo ficam sem trabalho, mais preguiçosos ficam, e sentem-se mais e mais humilhados porque estão sempre vendo outras pessoas decentemente vestidas e ficam incomodados porque também querem isso, e se tornam criminosos... Eles ainda querem viver! Gente mais velha com frequência não quer mais de jeito nenhum'. As crianças eram observadas fazendo brincadeiras de 'contratação', e, quando algumas foram solicitadas por um pesquisador a escrever ensaios autobiográficos curtos em dezembro de 1932, o desemprego também figurou em destaque: 'Meu pai está desempregado há mais de três anos', escreveu uma estudante de 14 anos: 'Antes ainda acreditávamos que o pai conseguiria um emprego de novo algum dia, mas, agora, até nós crianças perdemos toda esperança'".

212 Explica Evans (EVANS, Richard. *A chegada do Terceiro Reich*. Trad. Lúcia Brito. São Paulo: Planeta, 2010, p. 229) que: "a sociedade alemã parecia afundar em um pântano de miséria e criminalidade. Nessa situação, as pessoas começaram a se agarrar à política como salvação: qualquer coisa, por extrema que fosse, parecia melhor que a embrulhada sem esperança em que pareciam estar agora".

213 EVANS, Richard. *A chegada do Terceiro Reich*. Trad. Lúcia Brito. São Paulo: Planeta, 2010, pp. 232-238.

214 EVANS, Richard. *A chegada do Terceiro Reich*. Trad. Lúcia Brito. São Paulo: Planeta, 2010, pp. 233-234.

215 Cf. HOBSBAWM. Eric. *Era dos Extremos*: o breve século XX. Trad. Marcos Santarrita. 2ª ed. São Paulo: Companhia das Letras, 1995, p. 112; GAZIER, Bernard. *A crise de 1929*. Trad. Julia da Rosa Simões. Porto Alegre: L&PM Pocket, 2013, p. 37.

que impossibilitava qualquer formação de consenso ou coalisão entre os políticos.[216]

Em meio a esse tumulto, os esforços intelectuais de Schmitt foram direcionados para a restauração da estabilidade da República de Weimar,[217] todavia, sem deixar de lado sua afiada crítica ao parlamentarismo, cada vez mais incapaz de *decidir* e pacificar o conturbado cenário político.[218] Como não acreditava na capacidade da Suprema Corte alemã para solucionar tamanha crise,[219] Schmitt passou a defender o Presidente da República como figura *neutra* e apta a proteger a Constituição.[220]

---

216 Ademais, como afirma Joseph W. Bendersky (BENDERSKY, Joseph W. *Carl Schmitt*: theorist for the Reich. Nova Jersey: Princeton University Press, 1983, p. 108), o fim da chamada *Grande Coalizão*, de 1928, deixou o parlamento de Weimar, àquela altura da crise, sem rumo. Sobre a *Grande Coalizão*, Richard Evans (EVANS, Richard. *A chegada do Terceiro Reich*. Trad. Lúcia Brito. São Paulo: Planeta, 2010, p. 241) explica que: "a Grande Coalizão foi uma rara tentativa de acordo entre os interesses ideológicos e sociais dos social-democratas e dos partidos 'burgueses' à esquerda dos nacionalistas. Manteve-se coesa basicamente pelo esforço comum de defender o Plano Young, esforço feito diante da amarga oposição dos nacionalistas e da extrema direita. Uma vez que o plano estava acordado no final de 1929, restava pouca coisa para unir os partidos. Ao começar a Depressão, em outubro de 1929, os partidos integrantes da coalizão fracassaram em concordar sobre como atacar o problema do desemprego, que piorava rapidamente. Privado da influência moderadora de seu ex-líder Gustav Stresemann, morto em outubro de 1929, o Partido Popular rompeu com a coalizão em função da recusa dos social-democratas de cortar os benefícios para os desempregados, e o governo foi forçado a apresentar sua renúncia em 27 de março de 1930".

217 BENDERSKY, Joseph W. *Carl Schmitt*: theorist for the Reich. Nova Jersey: Princeton University Press, 1983, p. 108.

218 BENDERSKY, Joseph W. *Carl Schmitt*: theorist for the Reich. Nova Jersey: Princeton University Press, 1983, p. 109.

219 BENDERSKY, Joseph W. *Carl Schmitt*: theorist for the Reich. Nova Jersey: Princeton University Press, 1983, p. 111.

220 BENDERSKY, Joseph W. *Carl Schmitt*: theorist for the Reich. Nova Jersey: Princeton University Press, 1983, p. 111.

Nesse contexto, naquele crítico ao de 1929, Carl Schmitt publica *O guardião da Constituição*,[221] obra destinada a negar o papel tanto do Poder Judiciário como do Parlamento como *guardiões* da Constituição e que, por seu turno, defendia que "somente o Presidente do *Reich* teria *legitimidade* para desempenhar semelhante função".[222] Esse texto suscitou valiosa discussão que ficou marcada para sempre na história do Direito Público, sobretudo em razão da resposta dada por Hans Kelsen em "Quem deve ser o guardião da Constituição?", artigo que integra o livro *Jurisdição Constitucional* de 1931.[223] Em *O guardião da Constituição*, Schmitt traça a sua costumeira crítica ao Estado de Direito liberal – bem como às ideias positivistas –, acusando-o de se tratar de um modelo demasiadamente *neutro*, *despolitizado* e em defesa de interesses burgueses.[224]

Assim, a primeira parte da obra, intitulada "A Justiça como guardiã da Constituição",[225] tem como finalidade a desqualificação do Poder Judiciário enquanto baluarte da Constituição.[226] Nessa primeira parte,

---

221 SCHMITT, Carl. *O guardião da Constituição*. Trad. Geraldo de Carvalho. Belo Horizonte: Del Rey, 2007. Vale ressaltar que este trabalho foi inicialmente publicado em 1929, recebendo versão ampliada em 1931.

222 MENDES, Gilmar Ferreira. *Curso de Direito Constitucional*. 10ª ed. São Paulo: Saraiva, 2015, p. IX, itálico nosso.

223 KELSEN, Hans. "Quem deve ser o guardião da Constituição". *In*: KELSEN, Hans. *Jurisdição Constitucional*. Trad. Alexandre Krug. São Paulo: Martins Fontes, 2003.

224 Nesse sentido, Gilmar Ferreira Mendes (MENDES, Gilmar Ferreira. *Curso de Direito Constitucional*. 10ª ed. São Paulo: Saraiva, 2015, p. XI, itálico nosso) afirma que: "(...) a crítica de Schmitt ao positivismo alemão tradicional estava claramente ligada a uma rejeição muito mais ampla do autor em relação a toda uma estrutura estatal que ele fatalmente caracterizava como burguesa. Para um pensador que tinha convicção de que todo o conceito de direito é fundamentalmente político, a pretensa *neutralidade* do positivismo de Laband e da Teoria Pura de Kelsen não passava de um reflexo disfarçado dos ideais liberais na filosofia política e jurídica, visando garantir a segurança e liberdades burguesas perante o Estado. É principalmente a partir de sua visão *antiliberal* que Schmitt construirá seu *Der Hüter der Verfassung* (*O guardião da Constituição*)".

225 Cf. SCHMITT, Carl. *O guardião da Constituição*. Trad. Geraldo de Carvalho. Belo Horizonte: Del Rey, 2007, pp. 19-104.

226 BERCOVICI, Gilberto. "Carl Schmitt, o Estado Total e o guardião da Constituição". *Revista Brasileira de Direito Constitucional*, nº 1, jan. 2003, p. 195.

Carl Schmitt afirma que (i) a defesa do Poder Judiciário, enquanto *guardião* da Constituição de Weimar, decorre de uma equivocada comparação feita entre a Corte Constitucional alemã e a americana, pois, para ele, tais cortes exercem papéis díspares e possuem naturezas institucionais completamente diferentes;[227] (ii) o controle constitucional feito pelo Poder Judiciário é sempre realizado *a posteriori*, haja vista que "a proteção da Constituição fica restrita a fatos típicos já concluídos e passados, enquanto os casos verdadeiramente interessantes da proteção constitucional permanecem fora da abrangência judicial";[228] (iii) o controle judiciário é sempre acessório, incidental e difuso;[229] e, por fim, (iv) que a sentença judicial ocorre por meio de uma operação de *subsunção* fato-e-norma, de modo que a interpretação normativa feita pelo Judiciário causa uma alteração no conteúdo normativo produzido

---

227 Nas palavras de Carl Schmitt (SCHMITT, Carl. *O guardião da Constituição*. Trad. Geraldo de Carvalho. Belo Horizonte: Del Rey, 2007, pp. 20/21), "a posição do supremo tribunal dos Estados Unidos desenvolveu-se nos moldes de um Estado judicial do tipo anglo-saxão, o qual, como um Estado sem direito administrativo, contrasta fortemente com os Estados do continente europeu, não fazendo diferença se o Estado europeu é uma república, como a França, ou um Estado-funcionário monárquico como a Prússia do século XIX. O supremo tribunal norte-americano é bem diferente de um tribunal de Estado e sua justiça bem diferente do que se costuma chamar, hoje na Alemanha, de jurisdição do Estado ou jurisdição constitucional. Ele se limita, com uma clara consciência básica de seu caráter como instância sentenciadora, à decisão de determinadas matérias litigiosas (*real, actual 'case' or 'controversy' of 'Judiciary Nature'*). Considerando sua *strictly judicial function*, ele recusa todo parecer político ou legislativo e não deseje ser nem mesmo um tribunal administrativo. Basicamente, ele recusa-se a redigir um parecer ao congresso ou ao presidente. No que tange a seu significado e efeito práticos, não se pode, a partir da consideração da atual situação anormal da Alemanha, avaliar sua atividade pelas épocas de prosperidade econômica e de segurança de política interna, e, sim, se ter em vista épocas críticas e turbulentas (...). Mas a maior e, na verdade, fundamental característica da suprema corte norte-americana residia provavelmente no fato de que ela, com a ajuda de pontos de vista básicos e princípios gerais, os quais só podem ser abusivamente qualificados de 'normas', examina a retidão e a racionalidade de leis e, por conseguinte, dado o caso, trata uma lei como não-aplicável".

228 SCHMITT, Carl. *O guardião da Constituição*. Trad. Geraldo de Carvalho. Belo Horizonte: Del Rey, 2007, p. 40.

229 BERCOVICI, Gilberto. "Carl Schmitt, o Estado Total e o guardião da Constituição". *Revista Brasileira de Direito Constitucional*, nº 1, jan. 2003, p. 195.

pelo Poder Legislativo, o que caracterizaria, em tese, uma usurpação dos poderes, por meio de uma *politização da justiça*.[230]

Como Bercovici bem aponta, "muito da resistência de Carl Schmitt ao controle judicial de constitucionalidade está ligado à sua concepção de Constituição".[231] Como vimos em *Teoria da Constituição*, para Carl Schmitt há uma diferença entre os conceitos de *Constituição* e *Leis Constitucionais*. Isso porque, enquanto, para Schmitt, a *Constituição* seria produto imediato do *poder constituinte*, as *Leis Constitucionais* teriam um aspecto meramente *formal*. Assim, quando o Poder Judiciário interpreta uma norma que decorre da *vontade do poder constituinte*, ocorreria uma violação à *Constituição material* e, portanto, à soberania popular.[232]

---

230 Nas palavras de Gilberto Bercovici (BERCOVICI, Gilberto. "Carl Schmitt, o Estado Total e o guardião da Constituição". *Revista Brasileira de Direito Constitucional*, nº 1, jan. 2003, pp. 195/196): "a sentença judicial é, para Schmitt, a subsunção do fato à norma, subsunção esta que precisa ser determinada previamente pela lei. Desta forma, o Poder Judiciário não pode estar acima do legislador e da lei. Na sua opinião, uma norma jurídica não pode ser defendida por outra norma jurídica ('*Ein Gesetz kann nicht Hüter eines anderen Gesetzes sein*'). Esta concepção seria fruto da lógica abstrata do normativismo positivista. Na realidade, o que ocorre é a aplicação da norma a um conteúdo, ou seja, o problema é do conteúdo das normas jurídicas. Como a questão central é a determinação do conteúdo da norma, para Schmitt este problema é da legislação, não da justiça. Carl Schmitt entende que o controle judicial de constitucionalidade só poderia existir em um Estado Judicialista (*Justizstaat* ou *Jurisdiktionsstaat*), em que toda a vida política fosse submetida ao controle dos tribunais. A conseqüência disto não seria a judicialização da política, mas a politização da justiça ('*nicht etwa eine Juridifizierung der Politik, sondern eine Politisierung der Justiz*')". Cf. SCHMITT, Carl. *O guardião da Constituição*. Trad. Geraldo de Carvalho. Belo Horizonte: Del Rey, pp. 66-68. Sobre o problema da *subsunção* entre fato e norma em Schmitt, ver ainda, cf. PAULSON, Stanley. L. "Hans Kelsen and Carl Schmitt growing discord, culminating in the 'guardian' controversy of 1931. *In*: MEIERHENRICH, Jens; SIMONS, Oliver (Coord.). *The Oxford handbook of Carl Schmitt*. Nova York: Oxford University Press, 2016, pp. 525-527.

231 BERCOVICI, Gilberto. "Carl Schmitt, o Estado Total e o guardião da Constituição". *Revista Brasileira de Direito Constitucional*, nº 1, jan. 2003, p. 196.

232 Nesse sentido, Gilmar Ferreira Mendes (MENDES, Gilmar Ferreira. *Curso de Direito Constitucional*. 10ª ed. São Paulo: Saraiva, 2015, pp. XI-XII) afirma que: "a recusa de Schmitt em aceitar um controle concentrado de constitucionalidade encontra sua origem na própria concepção que o autor alemão fazia de Constituição. Para Schmitt, a idéia de Constituição não se equipara a um simples conjunto de leis constitucionais. A Constituição seria, na verdade, a decisão consciente de uma unidade política concreta

Na segunda parte da obra – intitulada de "A concreta situação constitucional da atualidade" –, Schmitt dedica-se a criticar os elementos do liberalismo jurídico, tantas vezes por ele combatidos em sua obra.[233] Schmitt golpeia, novamente, a figura do Parlamento, argumentando quanto à sua impossibilidade de ser o *legítimo guardião* da Constituição.[234]

Segundo Schmitt, a democracia parlamentar exige um Estado liberal *dualista* – em que haja uma falsa divisão entre Estado e sociedade –, *neutro* e *pluralista*, característico do século XIX.[235]

Para o autor, esse tipo de Estado teria deixado de existir com a democracia de massas do século XX, de modo a tornar-se um Estado *total*, em que há identidade entre sociedade e Estado.[236] Assim, o Es-

---

que define a forma e o modo de sua existência. De acordo com o pensador alemão, o princípio político que guiava a Constituição de Weimar era o princípio da democracia. A democracia de Schmitt, contudo, não se assemelha em nada à democracia kelseniana, que via na maioria um instrumento útil para a realização da idéia básica da democracia: a liberdade. Para Schmitt, só há uma idéia verdadeiramente democrática: a igualdade, que é fundamento de todas as outras igualdades".

233 Cf. Sobre o combate schmittiano face ao liberalismo em *O guardião da Constituição*, cf. MAIA, Paulo Sávio N. Peixoto. *O guardião da Constituição na polêmica Kelsen-Schmitt*: Rechtsstaat como referência semântica na memória de Weimar. Dissertação (Mestrado). Faculdade de Direito da Universidade de Brasília, 2007.

234 SCHMITT, Carl. *O guardião da Constituição*. Trad. Geraldo de Carvalho. Belo Horizonte: Del Rey, 2007, pp. 105-190.

235 SCHMITT, Carl. *O guardião da Constituição*. Trad. Geraldo de Carvalho. Belo Horizonte: Del Rey, 2007, pp. 107/108.

236 Ortega y Gasset, no ano de 1930 e, portanto, contemporâneo a Schmitt, discorre largamente sobre a mudança que a democracia na passagem do século XIX para o século XX. Dentre seus argumentos, o autor menciona o aumento da população mundial como uma das *causas* do advento das massas. Nas palavras de Gasset (ORTEGA Y GASSET, José. *A rebelião das massas*. Trad. Felipe Denardi. Campinas: Vide, 2016, p. 120): "há alguns anos, o grande economista Werner Sombart destacava um dado muito simples, que é estranho não estar em toda cabeça que se preocupe com os assuntos contemporâneos. Esse simples dado basta, por si só, para esclarecer nossa visão da Europa atual; e se não basta, dá a pista de todo o esclarecimento. O dado é o seguinte: desde o começo da história europeia do século VI até o ano 1800 – portanto, ao longo de doze séculos –, a Europa não conseguiu chegar a outra cifra de população que não seja a de 180 milhões de habitantes. Pois bem: de 1800 a 1914 – portanto em pouco mais de um século – a população europeia aumenta de 180 para 460 milhões! Presumo que o contraste entre

tado liberal – guiado pela *discussão* e pelo *pluripartidarismo* –, seria um Estado *antipolítico* e, portanto, incapaz de *decidir* em momentos críticos, sobretudo nos moldes de uma democracia de massas.[237]

Bercovici explica que, para o autor alemão, "Estado de Direito [liberal] só pode integrar uma parte da Constituição total do Estado. A outra parte da Constituição total é a que contém o núcleo da *decisão* política".[238] Entretanto, esse *dualismo* liberal teria fim com o advento da democracia de massas que dá forma ao Estado *total*, pautado na *homogeneidade* do povo, tanto pela identidade entre governantes e governados como entre Estado e sociedade.[239] Assim, Schmitt também descarta o parlamento como o *guardião* da Constituição.

Na terceira e última parte da obra – denominada "O presidente do Reich como guardião da Constituição" –, o autor dá suas razões pelas quais o chefe do Executivo, ao contrário dos demais poderes, tem mais *legitimidade* para *guardar* a Carta Constitucional e, como consequência, a verdadeira *vontade* do *poder constituinte*. Para Carl Schmitt, o Presidente da República é figura *neutra* que, ao lado dos poderes Legislativo e Judiciário, teria a capacidade de coordenar os conflitos em situações emergenciais, o

---

essas cifras não deixe lugar para dúvida a respeito dos dotes prolíficos do último século. Em três gerações, produziu uma pasta humana gigantesca que, lançada como uma enxurrada sobre a área histórica, inundou-a. Bastaria esse dado, repito, para compreender o triunfo das massas e tudo o que ele reflete e anuncia".

237 BERCOVICI, Gilberto. "Carl Schmitt, o Estado Total e o guardião da Constituição". *Revista Brasileira de Direito Constitucional*, nº 1, jan. 2003, p. 196.

238 BERCOVICI, Gilberto. "Carl Schmitt, o Estado Total e o guardião da Constituição". *Revista Brasileira de Direito Constitucional*, nº 1, jan. 2003, p. 196.

239 Nas palavras de Schmitt (SCHMITT, Carl. *O guardião da Constituição*. Trad. Geraldo de Carvalho. Belo Horizonte: Del Rey, 2007, pp. 116-117), essa passagem do Estado *neutro* para o Estado *total* se dá da seguinte forma: "a sociedade que se auto-organiza no Estado está a caminho de passar do Estado neutro, do liberal século XIX, para um Estado potencialmente total. Essa violenta mudança pode ser construída como parte de um desenvolvimento dialético que decorre em três estágios: do Estado absolutista dos séculos XVII e XVIII, passando pelo Estado neutro, do liberal século XIX, para o Estado total da identidade entre Estado e sociedade".

que inclusive estava previsto no artigo 48 da Constituição de Weimar.[240] Outrossim, diferentemente dos demais poderes, o Presidente do *Reich* seria verdadeiramente *legítimo*, uma vez que escolhido por toda a nação, representando, pois, a *unidade nacional* e, logo, a *homogeneidade*, elementos compatíveis com a democracia de massas de um Estado total.[241]

Já em 1932, apenas um ano antes da subida de Hitler ao poder, Carl Schmitt publica sua última obra durante a República de Weimar, intitulada *Legalidade e Legitimidade*.[242] Nesse texto, Schmitt alerta sobre a inevitável destruição da Constituição de Weimar por grupos políticos extremistas, como os nazistas e os comunistas.[243] Entretanto, é fato que Carl Schmitt ratifica sua posição contra o Estado liberal, o qual considera despolitizado,[244] razão pela qual, como afirma Gilberto Bercovici, essa obra destina-se a combater a Constituição, a República e seus valores, "na proposta de substituir a Constituição pela Contra-Constituição".[245]

1.3 Carl Schmitt e o Terceiro Reich

Nesta seção, que já não integra o objeto central de análise da presente obra, faz-se um rápido mergulho no período histórico e biográfico compreendido a partir da tomada de Adolf Hitler ao poder na

---

240 Cf. SCHMITT, Carl. *O guardião da Constituição*. Trad. Geraldo de Carvalho. Belo Horizonte: Del Rey, 2007, pp. 167-190.

241 BERCOVICI, Gilberto. "Carl Schmitt, o Estado Total e o guardião da Constituição". *Revista Brasileira de Direito Constitucional*, nº 1, jan. 2003, p. 197.

242 SCHMITT, Carl. *Legalidade e Legitimidade*. Trad. Tito Lívio Cruz Romão. Belo Horizonte: Del Rey, 2007; SCHMITT, Carl. *Legality and Legitimacy*. Trad. inglesa de Jeffrey Seitzer. Londres: Duke University Press, 2004.

243 MACEDO JÚNIOR., Ronaldo Porto. *Carl Schmitt e a fundamentação do Direito*. Trad. Peter Naumann. 2ª ed. São Paulo: Saraiva, 2011, p. 23.

244 SCHMITT, Carl. *Legalidade e Legitimidade*. Trad. Tito Lívio Cruz Romão. Belo Horizonte: Del Rey, 2007; SCHMITT, Carl. *Legality and Legitimacy*. Trad. inglesa de Jeffrey Seitzer. Londres: Duke University Press, 2004, cap. 1.

245 BERCOVICI, Gilberto. *Entre o Estado Total e o Estado Social*: atualidade do debate sobre Direito, Estado e Economia na República de Weimar. Tese (Livre-Docência). Universidade de São Paulo, 2003, pp. 122/123.

Alemanha, até o fim da Segunda Guerra Mundial. Fato conhecido da vida de Carl Schmitt foi seu envolvimento pessoal com o Partido Nacional Socialista (NSDPA), entre os anos de 1933 e 1936.[246] Nesse breve período, Carl Schmitt não apenas integrou, mas também participou da formulação de leis para o regime *totalitário* nazista.[247]

Entretanto, no que diz respeito às razões particulares pelas quais Carl Schmitt teria ingressado ao regime nazista, há divergências no campo acadêmico.

Para o biógrafo Joseph Bendersky, Schmitt nunca teria sido um pensador *autoritário* ou *totalitário*, de modo que seu envolvimento com o regime nazista teria ocorrido por oportunismo político.[248] Para outros autores, como é o caso de Roberto Bueno, Schmitt era um pensador cuja obra revelava, desde o princípio, a clara intenção de propor um projeto autoritário para a Alemanha.[249] Por seu turno, Raphael Gross aponta o antissemitismo de Schmitt tanto em sua vida como em sua obra.[250] Já para Pablo Lucas Verdú:

> Políticamente, Schmitt fue un oportunista, siempre con hambre de protagonismo político operando en la sombra, de modo que, como veremos, a veces su pensamiento se anticipó a los acontecimientos políticos para influir en ellos e instalarse como

---

246 Cf. BENDERSKY, Joseph W. *Carl Schmitt*: theorist for the Reich. Nova Jersey: Princeton University Press, 1983, pp. 195-235.

247 BENDERSKY, Joseph W. *Carl Schmitt*: theorist for the Reich. Nova Jersey: Princeton University Press, 1983, pp. 195-235.

248 Cf. BENDERSKY, Joseph W. *Carl Schmitt*: theorist for the Reich. Nova Jersey: Princeton University Press, 1983, p. 242.

249 Cf. BUENO, Roberto. "Antiliberalismo e conservadorismo teológico: de Donoso Cortés a Carl Schmitt". *In*: BUENO, Roberto; RAMIRO, Caio Henrique Lopes (Coord.). *Sonhos e pesadelos da democracia de Weimar*. São Paulo: Liber Ars, 2017, p. 84.

250 Cf. GROSS, Raphael. "The 'true enemy': antisemitism in Carl Schmitt's life and work". *In*: MEIERHENRICH, Jens; SIMONS, Oliver (Coord.). *The Oxford handbook of Carl Schmitt*. Nova York: Oxford University Press, 2016, pp. 96-116.

> consejero áulico en las nuevas situaciones. Es un fenómeno bastante común entre intelectuales metidos en la política.[251]

De todo modo, diante desse confronto de posições, a fim de analisar sua obra com maior limpidez científica, optou-se, neste trabalho, pelo estudo dos textos schmittianos escritos durante a República de Weimar. Isso porque é possível afirmar que, naquele período, Carl Schmitt gozava de maior liberdade para expor suas ideias, o que acabou não ocorrendo após seu ingresso no Terceiro Reich, onde o autor sofreu, além de pressões políticas normais, violentas perseguições.

Nesse sentido, como bem salienta Macedo Jr., embora Schmitt gozasse de certo prestígio em torno de importantes figuras do regime nazista – como Göring, Göbbels, Himmler e Rosenberg[252] –, "precisou dar provas de sua adesão ideológica ao nazismo, porquanto havia uma eterna e justificável desconfiança destes sobre a real 'nazificação' do *Kronjurist* do Terceiro Reich".[253] Após sofrer ataques de membros da SS, Schmitt abandonou o regime em 1936 e deixou de dar opiniões públicas, limitando-se a ministrar aulas na Universidade de Berlim. Como afirma Macedo Jr., "as acusações e críticas a Schmitt terminaram em 1936 ao preço de seu silêncio absoluto sobre temas relacionados à política interna".[254] Dessa forma, entendemos que as obras escritas nesse período, ainda que condizentes com suas ideias mais íntimas, estavam submetidas a um grave constrangimento, que vinha, nada mais nada menos, de um dos regimes mais sanguinários da História.

---

251 VERDÚ, Pablo Lucas. "Carl Schmitt, intérprete singular y máximo debelador de la cultura Político-Constitucional Demoliberal". *Revista de Estudos Políticos*, nº 64, Madri: Nueva Época, abr. 1989, p. 29.

252 MACEDO JÚNIOR, Ronaldo Porto. *Carl Schmitt e a fundamentação do Direito*. Trad. Peter Naumann. 2ª ed. São Paulo: Saraiva, 2011, p. 27.

253 MACEDO JÚNIOR, Ronaldo Porto. *Carl Schmitt e a fundamentação do Direito*. Trad. Peter Naumann. 2ª ed. São Paulo: Saraiva, 2011, p. 26.

254 MACEDO JÚNIOR, Ronaldo Porto. *Carl Schmitt e a fundamentação do Direito*. Trad. Peter Naumann. 2ª ed. São Paulo: Saraiva, 2011, p. 30.

Desse período, destacam-se os seguintes textos "voltados para a formulação de uma doutrina do Estado Totalitário":[255] *Sobre os três tipos do pensamento jurídico*,[256] *Estado, movimento e povo*[257] e *O Führer protege o Direito*.[258] Além desses, os quais voltam-se, sobretudo, a questões de ordem da Teoria do Estado, há ainda textos de cunho antissemita, em que Schmitt se refere aos judeus como *parasitas estéreis*[259] e outros em que defende publicamente as Leis de Nuremberg, chamando-as, inclusive, de "Constituição da Liberdade".[260]

Após sua prisão por soldados americanos em novembro de 1945, para ser submetido ao Tribunal de Nuremberg, Schmitt foi solto em 1947, após longo interrogatório.[261]

1.4 Sistematização do pensamento de Carl Schmitt

A ideia central dessa última subseção é avaliar o pensamento schmittiano com certo distanciamento. Dessa vez – diferentemente do que fizemos ao longo do presente capítulo, em que o trabalho de Schmitt foi apresentado sob uma perspectiva histórica –, analisaremos a obra do autor como um bloco coeso e estático, de modo que

255 MACEDO JÚNIOR, Ronaldo Porto. *Carl Schmitt e a fundamentação do Direito*. Trad. Peter Naumann. 2ª ed. São Paulo: Saraiva, 2011, p. 25.

256 SCHMITT, Carl. "Sobre os três tipos do pensamento jurídico". *In*: MACEDO JÚNIOR, Ronaldo Porto. *Carl Schmitt e a fundamentação do Direito*. Trad. Peter Naumann. 2ª ed. São Paulo: Saraiva, 2011, pp. 131-177.

257 SCHMITT, Carl. *État, mouvement, peuple*: l'organisation triadique de l'únité politique. Paris: Kimé, 1997.

258 SCHMITT, Carl. "O Führer protege o Direito". *In*: MACEDO JÚNIOR, Ronaldo Porto. *Carl Schmitt e a fundamentação do Direito*. Trad. Peter Naumann. 2ª ed. São Paulo: Saraiva, 2011, pp. 177-182.

259 MACEDO JÚNIOR, Ronaldo Porto. *Carl Schmitt e a fundamentação do Direito*. Trad. Peter Naumann. 2ª ed. São Paulo: Saraiva, 2011, p. 28.

260 MACEDO JÚNIOR, Ronaldo Porto. *Carl Schmitt e a fundamentação do Direito*. Trad. Peter Naumann. 2ª ed. São Paulo: Saraiva, 2011, p. 28.

261 BENDERSKY, Joseph W. *Carl Schmitt*: theorist for the Reich. Nova Jersey: Princeton University Press, 1983, pp. 265-273.

possamos dissecá-lo, enumerando suas principais características. Para tanto, utilizaremos, como guia teórico, o artigo de Jens Meierhenrich e Oliver Simons, denominado "*A Fanatic of Order in an Epoch of Confusing Turmoil*", publicado no *Handbook* de Carl Schmitt, da Universidade de Oxford.[262]

Os dois argumentos centrais de Meierhenrich e Simons – absorvidos nesta obra, ainda que com pontuais divergências – são: (i) a obra de Schmitt transita por campos distintos, a saber, o *cultural*, o *jurídico* e o *político*; e (ii) toda sua obra, embora de diferentes fontes, está direcionada a resolver um problema central: a *ordem*.

No que diz respeito ao primeiro argumento, tais autores percebem que as ideias de Carl Schmitt compõem uma rede.[263] Afirmam que, quando Schmitt "dissertou sobre *cultura,* ele também abordou a *política*; sempre que escreveu sobre a *política,* abordou aspectos *jurídicos*; sempre que escreveu sobre *Direito,* também abordou a *cultura,* e assim por diante".[264] Argumentam, ainda, ser possível identificar, em cada um dos textos schmittianos, eventuais prevalências de um desses campos do conhecimento sobre outro, embora, *in fine*, seja perceptível a existência de uma permanente dialética entre eles.[265]Assim, Meierhenrich e Simons percebem que o Schmitt dos anos 20

262 MEIERHENRICH, Jens; SIMONS, Oliver. "A fanatic of order in an epoch of confusing turmoil". *In*: MEIERHENRICH, Jens; SIMONS, Oliver (Coord.). *The Oxford handbook of Carl Schmitt*. Nova York: Oxford University Press, 2016, pp. 1-70.

263 MEIERHENRICH, Jens; SIMONS, Oliver. "A fanatic of order in an epoch of confusing turmoil". *In*: MEIERHENRICH, Jens; SIMONS, Oliver (Coord.). *The Oxford handbook of Carl Schmitt*. Nova York: Oxford University Press, 2016, p. 4.

264 MEIERHENRICH, Jens; SIMONS, Oliver. "A fanatic of order in an epoch of confusing turmoil". *In*: MEIERHENRICH, Jens; SIMONS, Oliver (Coord.). *The Oxford handbook of Carl Schmitt*. Nova York: Oxford University Press, 2016, p. 4.

265 MEIERHENRICH, Jens; SIMONS, Oliver. "A fanatic of order in an epoch of confusing turmoil". *In*: MEIERHENRICH, Jens; SIMONS, Oliver (Coord.). *The Oxford handbook of Carl Schmitt*. Nova York: Oxford University Press, 2016, p. 50.

possuía uma maior preocupação com questões de matiz cultural.[266] Nesse sentido, citam três textos de literatura escritos por Schmitt que datam desse período,[267] ao passo que apontam a multidisciplinaridade de *Romantismo político*[268] e *Teologia política*.[269] Portanto, é a partir desse sentido que se deve compreender a afirmação de Pablo Lucas Verdú de que a obra schmittiana não é composta por um sistema organizado e coeso de ideias e conceitos.[270]

Segundo Meierhenrich e Simons, Carl Schmitt via o mundo por essa *trindade*, de *cultura, Direito* e *política,* de modo que, em cada uma dessas áreas, sua obra teria sido mutuamente constitutiva.[271] Todo esse "policentrismo" e "transdisciplinaridade" – palavras utilizadas pelos autores ora analisados – poderiam até tornar sua obra incipiente, com

---

266 MEIERHENRICH, Jens; SIMONS, Oliver. "A fanatic of order in an epoch of confusing turmoil". *In*: MEIERHENRICH, Jens; SIMONS, Oliver (Coord.). *The Oxford handbook of Carl Schmitt.* Nova York: Oxford University Press, 2016, p. 7.

267 Sobre tais publicações, Meierhenrich e Simons (MEIERHENRICH, Jens; SIMONS, Oliver. "A fanatic of order in an epoch of confusing turmoil". *In*: MEIERHENRICH, Jens; SIMONS, Oliver (Coord.). *The Oxford handbook of Carl Schmitt.* Nova York: Oxford University Press, 2016, p. 7) afirmam que "*in this period of his life, Schmitt was more taken with the changing character of culture than with law or politics. The latter were his bread and butter, the former his passion. Schmitt's most notable literary publication from this time was Theodor Däublers 'Nordlicht' (Theodor Däubler's 'The Northern Light'), a close reading of an important epic poem. Three years earlier, in 1913, under the pseudonym Johannes Negelinus, Schmitt had already coauthored Schattenrisse (Silhouettes), a collection of parodies. In 1917 he added 'Die Buribunken' ('The Buribunks'), a satire of detached intellectualism, to his growing list of cultural writings*".

268 MEIERHENRICH, Jens; SIMONS, Oliver. "A fanatic of order in an epoch of confusing turmoil". *In*: MEIERHENRICH, Jens; SIMONS, Oliver (Coord.). *The Oxford handbook of Carl Schmitt.* Nova York: Oxford University Press, 2016, pp. 40/41.

269 MEIERHENRICH, Jens; SIMONS, Oliver. "A fanatic of order in an epoch of confusing turmoil". *In*: MEIERHENRICH, Jens; SIMONS, Oliver (Coord.). *The Oxford handbook of Carl Schmitt.* Nova York: Oxford University Press, 2016, p. 42.

270 VERDÚ, Pablo Lucas. "Carl Schmitt, intérprete singular y máximo debelador de la cultura Político-Constitucional Demoliberal". *Revista de Estudos Políticos*, nº 64, Madri: Nueva Época, abr. 1989, p. 43.

271 MEIERHENRICH, Jens; SIMONS, Oliver. "A fanatic of order in an epoch of confusing turmoil". *In*: MEIERHENRICH, Jens; SIMONS, Oliver (Coord.). *The Oxford handbook of Carl Schmitt.* Nova York: Oxford University Press, 2016, p. 49.

algumas inconsistências, embora nunca incoerentes.[272] Meierhenrich e Simons citam Hasso Hofmann que, sobre a obra schmittiana, aduz que ela "não funciona como uma unidade sem problemas, nem como um conglomerado de posições não relacionadas", mas que, em vez disso, é caracterizada por um "constante e ininterrupto desenvolvimento".[273] Nas palavras de Meierhenrich e Simons:

> We therefore conceive of Schmitt as a cartographer of orderly thought. He was taking the measure of the world. He mapped its political, legal, and cultural ideas and rearranged them on a new conceptual grid. The resultant trinity of his orderly thought was not a coincidental outcome; it was the result of a lifelong mapping exercise, the result of theoretical design.[274]

Não obstante, o resultado da transdisciplinaridade schmittiana, no entendimento de Meierhenrich e Simons, seria a dificuldade para classificar seus escritos. Entretanto, tais autores, levando em conta os três principais campos de trânsito de Schmitt – *cultural, legal* e *político* – realizaram uma interessante sistematização de suas obras, como se vê a seguir:[275]

---

272 MEIERHENRICH, Jens; SIMONS, Oliver. "A fanatic of order in an epoch of confusing turmoil". *In*: MEIERHENRICH, Jens; SIMONS, Oliver (Coord.). *The Oxford handbook of Carl Schmitt*. Nova York: Oxford University Press, 2016, pp. 49/50.

273 HOFMANN, Hasso. *Legitimität gegen Legalität*: Der Weg der politischen Philosophie Carl Schmitts. Berlim: Duncker & Humblot, 2002 apud MEIERHENRICH, Jens; SIMONS, Oliver. "A fanatic of order in an epoch of confusing turmoil". *In*: MEIERHENRICH, Jens; SIMONS, Oliver (Coord.). *The Oxford handbook of Carl Schmitt*. Nova York: Oxford University Press, 2016, p. 50.

274 MEIERHENRICH, Jens; SIMONS, Oliver. "A fanatic of order in an epoch of confusing turmoil". *In*: MEIERHENRICH, Jens; SIMONS, Oliver (Coord.). *The Oxford handbook of Carl Schmitt*. Nova York: Oxford University Press, 2016, p. 5.

275 MEIERHENRICH, Jens; SIMONS, Oliver. "A fanatic of order in an epoch of confusing turmoil". *In*: MEIERHENRICH, Jens; SIMONS, Oliver (Coord.). *The Oxford handbook of Carl Schmitt*. Nova York: Oxford University Press, 2016, p. 53.

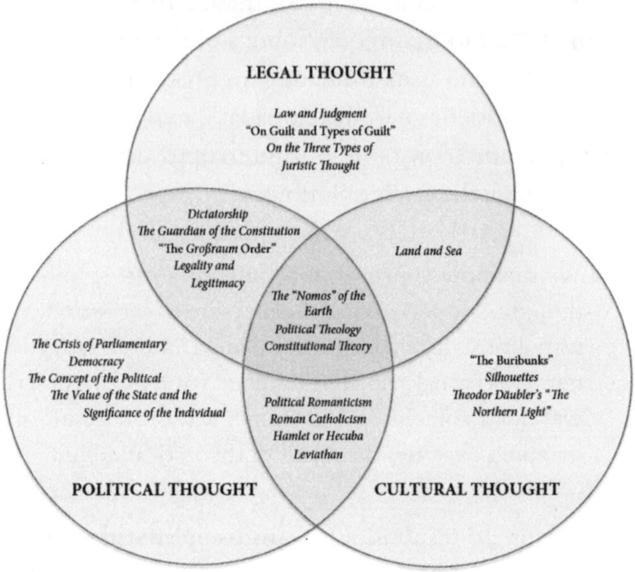

Nada obstante, há ainda um segundo argumento elencado no início desta subseção, que atine ao fato de que, para Meierhenrich e Simons, essas três esferas distintas – *cultural, jurídica* e *política* – orbitariam um *motivo* orientador de seus escritos, qual seja, a *ordem*.[276] Assim, Carl Schmitt navegou nesses diferentes campos do saber, com a finalidade de criar um poderoso arsenal de ideias conservadoras contra o que ele entendia por *Modernidade liberal*.[277]

Nesse sentido, suas construções teóricas visam, *in fine,* a desconstrução e destruição de outros pensamentos que ele refutava e considerava ameaçadores da *ordem*. Desta feita, Meierhenrich e Simons

---

276 MEIERHENRICH, Jens; SIMONS, Oliver. "A fanatic of order in an epoch of confusing turmoil". *In*: MEIERHENRICH, Jens; SIMONS, Oliver (Coord.). *The Oxford handbook of Carl Schmitt*. Nova York: Oxford University Press, 2016, p. 5.

277 MEIERHENRICH, Jens; SIMONS, Oliver. "A fanatic of order in an epoch of confusing turmoil". *In*: MEIERHENRICH, Jens; SIMONS, Oliver (Coord.). *The Oxford handbook of Carl Schmitt*. Nova York: Oxford University Press, 2016, p. 6. No mesmo sentido, cf. VERDÚ, Pablo Lucas. "Carl Schmitt, intérprete singular y máximo debelador de la cultura Político-Constitucional Demoliberal". *Revista de Estudos Políticos*, nº 64, Madri: Nueva Época, abr. 1989, p. 50.

apontem três alvos das críticas schmittianas, um para cada plano do seu pensamento: (i) o Modernismo (ordem *cultural*), o Positivismo (ordem *jurídica*) e o Liberalismo (ordem *política*).[278] Contudo, ainda que levemos em conta a essência do argumento apresentado, optamos por outra interpretação. Isto é, compreendemos, como os principais alvos da obra schmittiana: (i) o Modernismo (ordem *cultural*) – que preferimos chamar de *Modernidade*; (ii) o *Constitucionalismo* (ordem *jurídica*) – cujo movimento *positivista* seria um de seus elementos constitutivos e integrantes; e, por fim; (iii) a *política liberal* (ordem *política*) – que apenas optamos por não chamar de *Liberalismo* em face da amplitude de tal conceito, já que ele também abarca aspectos filosóficos, jurídicos, econômicos etc. De mais a mais, em que pesem tais alterações – meras realocações terminológicas e não discordâncias substanciais –, fato é que todos esses alvos seriam destruídos pela argumentação de Schmitt em nome da preservação da *ordem*. A título de exemplo, vê-se que a crítica ao indivíduo burguês visa o fim da desordem causada pela falta de uma moral objetiva. Por sua vez, a *suspensão* da ordem jurídica pelo *estado de exceção* e a eliminação física do *inimigo* são elementos que buscam o fim do caos político.

De todo o exposto nesta subseção, em que realizamos um breve mergulho no pensamento schmittiano, passa-se, agora, ao estudo do fenômeno do *autoritarismo*.

---

278 VERDÚ, Pablo Lucas. "Carl Schmitt, intérprete singular y máximo debelador de la cultura Político-Constitucional Demoliberal". *Revista de Estudos Políticos*, nº 64, Madri: Nueva Época, abr. 1989, p. 20.

CAPÍTULO II

AUTORITARISMO E ESTADO DE DIREITO

Na União Soviética, todos sabem perfeitamente onde se situa o poder político. Na Alemanha nazista, depois de junho de 1934, também era claro que o partido único concentrava todo o poder político. Em uma democracia liberal (e geralmente nos sistemas constitucionais) torna-se extremamente difícil a identificação do poder político.

FRANZ NEUMANN[279]

Como já se afirmou no introito da presente obra, estuda-se a obra de Carl Schmitt correspondente aos anos de 1919 a 1932, período da chamada República de Weimar,[280] visando à *identificação*, à *descrição* e à *sistematização*

---

279 NEUMANN, Franz. *Estado democrático e Estado totalitário*. Trad. Luiz Corção. Rio de Janeiro: Zahar, 1969, p. 28.

280 Cf. GAY, Peter. *A Cultura de Weimar*. Rio de Janeiro: Paz e Terra, 1978; ELIAS, Norbert. *Os Alemães*: a luta pelo poder e a evolução do habitus nos séculos XIX e XX. Rio de Janeiro: Zahar, 1996; EVANS, Richard. *A chegada do Terceiro Reich*. Trad. Lúcia Brito. São Paulo: Planeta, 2010; MOMMSEN, Hans. *The rise and fall of Weimar democracy*.

analítica[281] dos elementos *autoritários* que compõem os escritos do autor. Para tanto, faz-se indispensável o mergulho no tema do *autoritarismo*.

2.1 O conceito de autoritarismo

Em seu *Dicionário Político*, Norberto Bobbio divide o conceito de *autoritarismo* tanto sob uma perspectiva *geral* quanto *específica*. A perspectiva *geral* é utilizada para "designar toda a classe de regimes antidemocráticos";[282] enquanto a *específica* diz respeito a, tão somente, uma das subclasses dos possíveis regimes antidemocráticos existentes.[283] Neste escrito, o termo *autoritarismo* será utilizado em seu sentido *geral*, assim compreendido por Norberto Bobbio:

> (...) o Autoritarismo é uma categoria muito geral que compreende grande parte dos regimes políticos conhecidos, desde o despotismo oriental até ao império romano, desde as tiranias gregas até às senhorias italianas, desde a moderna monarquia

---

Trad. inglesa de Elborg Forster e Larry Eugene Jones. The University of North Carolina Press, 1996; TENBROCK, Robert-Hermann. *Historia de Alemania*. Trad. espanhola de Francisco Equiagaray Bohigas, 1968; BERCOVICI, Gilberto. *Entre o Estado Total e o Estado Social*: atualidade do debate sobre Direito, Estado e Economia na República de Weimar. Tese (Livre-Docência). Universidade de São Paulo, 2003, pp. 11-35.

281 Segundo o *Dicionário de Filosofia* (ABBAGNANO, Nicola. *Dicionário de Filosofia*. Trad. Alfredo Bosi. 5ª ed. São Paulo: Martins Fontes, 2007, p. 50), por "análise" entende-se "a descrição ou a interpretação de uma situação ou de um objeto qualquer nos termos dos elementos mais simples pertencentes à situação ou ao objeto em questão. A finalidade desse processo é resolver a situação ou o objeto nos seus elementos, de modo que um processo analítico é considerado bem-sucedido quando tal resolução é realizada". Por seu turno, o mesmo dicionário (p. 908) fixa o termo "sistema" como sendo "qualquer totalidade ou todo organizado". Sendo assim, a "análise sistemática dos elementos tidos como *autoritários*, presentes no interior da obra do constitucionalista alemão Carl Schmitt" diz respeito à descrição dos elementos que constituem a unidade *autoritária* elaborada no interior da obra deste autor, referente ao período da República de Weimar (1919 a 1932).

282 BOBBIO, Norberto. *Dicionário político*. Trad. Carmen C. Varriale e João Ferreira. Brasília: UnB, 1998, p. 100.

283 BOBBIO, Norberto. *Dicionário político*. Trad. Carmen C. Varriale e João Ferreira. Brasília: UnB, 1998, p. 100.

> absoluta até à constitucional de tipo prussiano, desde os sistemas totalitários até às oligarquias modernizantes ou tradicionais dos países em desenvolvimento.[284]

Logo, a preocupação primordial deste trabalho é *descrever* e *analisar*, de forma *sistemática*, os elementos da doutrina schmittiana tidos como *autoritários*, ou seja, como *antidemocráticos*, de modo a abranger todos os tipos de regimes *contrários* à democracia constitucional. Nesse sentido, parte-se da estratégia adotada por Pedro Serrano em sua obra *Autoritarismo e golpes na América Latina: breve ensaio sobre jurisdição e exceção,* em que o constitucionalista brasileiro se orienta no sentido de "promover esforços para uma discussão às avessas ao Estado de direito".[285]

Fica dispensado, pois, o exame de cada uma das subespécies de regimes *autoritários*, como a *autocracia,* a *ditadura,* o *despotismo* e a *tirania,* até porque, como bem afirma Franz Neumann, há verdadeira imprecisão terminológica no emprego desses conceitos.[286] Entretanto, no que tange

---

284 BOBBIO, Norberto. *Dicionário político.* Trad. Carmen C. Varriale e João Ferreira. Brasília: UnB, 1998, p. 100.

285 SERRANO, Pedro Estevam Alves Pinto. *Autoritarismo e golpes na América Latina*: breve ensaio sobre jurisdição e exceção. 2ª ed. São Paulo: Alameda, 2016, p. 18.

286 Nas palavras de Franz Neumann (NEUMANN, Franz. *Estado Democrático e Estado Totalitário.* Trad. Luiz Corção. Rio de Janeiro: Zahar, 1969, p. 26), "esses critérios são muito *vagos*, mas a verdadeira situação também o é. Na história do pensamento político constitucional, o senhor que chega ao poder por meio de um golpe de Estado (*abasquetitulo*) é considerado como um tirano usurpador, mas poderá livrar-se desse estigma se conseguir estabelecer formalmente o seu Governo e o de sua linhagem, que assim se torna 'legítima'. Por outro lado, sempre se admitiu que o monarca que tivesse subido ao trono legitimamente poderia degenerar em tirano por meio de seus atos (*quoadexercitio*). Assim, embora possamos distinguir entre monarquia e ditadura, devemos compreender que tais princípios estão sujeitos a exceções e que, consequentemente, algumas formas de monarquia absoluta também devem ser tratadas como ditaduras (...). Além disso, deliberadamente não distinguimos entre um *ditador*, um *tirano* ou um *déspota.* A *tirania* e o *despotismo* não têm uma significação precisa. Geralmente, associamos *despotismo* às ditaduras orientais, ao passo que *tirania* é mais usado para designar qualquer sistema de Governo que é manchado por práticas *anticonstitucionais* ou caracterizado por *falta de restrições*, quer na origem, quer na prática. Ambos os termos são de repercussão emocional e mostram em vários graus a repulsa e o ressentimento por essa espécie de Governo. O fato de rejeitarmos

especificamente ao *totalitarismo,* impõe-se, em subseção própria, uma análise mais acurada de sua natureza, pois trata-se de regime peculiar e que marcou a primeira metade do século XX,[287] guardando íntima relação com os escritos e com a própria história pessoal de Carl Schmitt.[288]

Relativamente ao primeiro sentido atribuído ao conceito de *autoritarismo,*[289] isto é, enquanto *estrutura e forma dos sistemas políticos* que, por seu turno, constitui o âmbito de interesse deste trabalho, Norberto Bobbio o conceitua nos seguintes termos:

> (...) são chamados de autoritários os regimes que privilegiam a autoridade governamental e diminuem de forma mais ou menos radical o consenso, concentrando o poder político nas mãos de uma só pessoa ou de um só órgão e colocando em posição secundária as instituições representativas. Nesse contexto, a oposição e a autonomia dos subsistemas políticos são reduzidas à expressão mínima e as instituições destinadas a representar a autoridade de baixo para cima ou são aniquiladas ou substancialmente esvaziadas.[290]

---

os termos '*tirania*' e '*despotismo*' não significa que não haja, dentro da *definição geral de ditadura*, um número de subtipos, com algumas diferenças bem significativas" [itálico nosso]. Em sentido inverso, Hannah Arendt (ARENDT, Hannah. *Entre o passado e o futuro*. Trad. Mauro W. Barbosa. São Paulo: Perspectiva, 2016, p. 134) afirma que há diferenças precisas entre o regime *autoritário*, a *tirania* e o *totalitarismo*. Para a autora, a diferença entre o *autoritarismo* e a *tirania* encontra-se no fato de que, enquanto o *autoritarismo* diz respeito a um governo que, embora antidemocrático, é regido e limitado por leis, ao passo que a *tirania* se caracteriza pelo governo que atua pelo puro arbítrio, sem limitações jurídicas.

287 Cf. ARENDT, Hannah. *Origens do Totalitarismo*. Trad. Roberto Raposo. São Paulo: Companhia das Letras, 2012.

288 Cf. BENDERSKY, Joseph W. *Carl Schmitt*: theorist for the Reich. Nova Jersey: Princeton University Press, 1983.

289 Sobre o sentido *psicológico* de autoritarismo, vide o clássico ADORNO, T. W; FRENKEL-BRUNSWIK, Else; LEVINSON, Daniel J.; SANFORD, R. Nevitt. *The Authoritarian Personality*. Londres: Verso, 2019.

290 BOBBIO, Norberto. *Dicionário político*. Trad. Carmen C. Varriale e João Ferreira. Brasília: UnB, 1998.

Na mesma linha, o constitucionalista alemão Karl Loewenstein, em *Teoria da Constituição*, caracterizou o regime *autoritário* como a organização política cuja monopolização do poder se concentra nas mãos de uma única figura – seja um ditador, um partido político, um grupo etc. – que é detentora da totalidade da *vontade estatal soberana.*[291]

Dito de outro modo, no regime *autoritário*, a *vontade estatal* resulta do monopólio de *decisão* de uma única autoridade que, ao concentrar em si a totalidade do poder político, determina seu conteúdo.[292]

Nesse tipo de regime, ainda que haja a possibilidade de convivência entre múltiplos órgãos políticos internos ao aparato estatal, tais órgãos acabam *subordinados* à autoridade central, inviabilizando, pois, a possibilidade de autonomia institucional.[293] Soma-se a isso o fato de que, em regimes desse tipo, há inevitável combate a elementos comuns da rotina democrática, como a *oposição*,[294] a *representação popular*[295] e as respectivas *instituições.*[296] Desnecessário dizer que regimes *autoritários*, que ignoram os limites impostos pelo sistema jurídico, costumam agir por meio da *violência.*

O *autoritarismo* é, nesse sentido, o regime de *força bruta* e *direta*, na medida em que, nessa forma de governo, os instrumentos constitucionais – estabelecidos como ferramenta jurídica para a promoção

---

291 LOEWENSTEIN, Karl. *Teoría de la Constitución.* Trad. espanhola de Alfredo Gallego Anabitarte. Barcelona: Ariel, 1975, p. 76.

292 LOEWENSTEIN, Karl. *Teoría de la Constitución.* Trad. espanhola de Alfredo Gallego Anabitarte. Barcelona: Ariel, 1975, p. 76.

293 LOEWENSTEIN, Karl. *Teoría de la Constitución.* Trad. espanhola de Alfredo Gallego Anabitarte. Barcelona: Ariel, 1975, p. 76.

294 FERRAJOLI, Luigi. *Poderes selvagens.* Trad. Alexander Araujo de Souza. São Paulo: Saraiva, 2014, pp. 45-50.

295 FERRAJOLI, Luigi. *Poderes selvagens.* Trad. Alexander Araujo de Souza. São Paulo: Saraiva, 2014, pp. 40-42.

296 Cf. LEVITSKY, Steven; ZIBLATT, Daniel. *Como as democracias morrem.* Trad. Renato Aguiar. São Paulo: Zahar, 2018, cap. 4.

da *mediação* e contenção do *poder político puro*[297] – mostram-se *inefetivos*, permitindo que a manifestação do poder soberano ocorra sem limites jurídicos, que passa a *decidir* de forma discricionária no plano social, conforme a sua *vontade*.

Para Loewenstein, o *princípio da distribuição dos poderes políticos* é, justamente, aquilo que constitui a *essência* das democracias constitucionais.[298] Segundo ele, é por esse *princípio* que a *vontade estatal* se dá a partir da participação de diversos *detentores do poder*, o que não ocorre em regimes *autoritários*.[299] Ademais, afirma o autor que o *telos* da Constituição jaz na criação de instituições cuja tarefa é a *limitação* e o *controle* do poder político.[300] Para ele, essa finalidade somente será efetivada com

---

297 Nesse sentido que Agamben (AGAMBEM, Giorgio. *Homo sacer*: o poder soberano e a vida nua. Trad. Henrique Burigo. Belo Horizonte: UFMG, 2007, p. 146) se refere ao *homo sacer* como alguém sem qualquer tipo de proteção jurídica, mas que possui apenas a vida em seu sentido biológico. Significa que, contra ele, a violência é utilizada diretamente, sem mediações e sem proteções legais. Trata-se de uma violência *per se*, sem procedimentos que limitem e orientem seu arbítrio. Nesse sentido, pode-se conceber um processo penal *autoritário* como uma execução no "paredão". O procedimento aí limita-se ao arbítrio do soberano que há de dispor da vida do réu conforme sua vontade. O ritual da punição não prevê a possibilidade de uma acusação escrita, do contraditório, de prazos suficientes e, em suma, de uma lógica processual que, em busca de uma verdade, estruture-se dialeticamente. Sem o amparo jurídico, a punição sai do abstrato e vem para o universo físico, momentâneo da vida pura. Daí que Agamben (AGAMBEN, Giorgio. *Estado de exceção*. Trad. Iraci D. Poleti. 2ª ed. São Paulo: Boitempo, 2004, p. 12) também dirá que o *estado de exceção* "é o dispositivo original graças ao qual o direito se refere à vida e a inclui em si por meio de sua própria suspensão (...)".

298 Nas palavras de Karl Loewenstein (LOEWENSTEIN, Karl. *Teoría de la Constitución*. Trad. espanhola de Alfredo Gallego Anabitarte. Barcelona: Ariel, 1975, p. 73), "*el sistema político de la autocracia se caracteriza por la existencia de un único detentor del poder cuya competencia abarca la función de toma la decisión política fundamental, así como su ejecución, y que además está libre de cualquier control eficaz. En oposición a esto, el constitucionalismo presentea un sistema político en el cual coexisten diversos e independientes detentadores del poder que cooperan en la formación de la voluntad estatal*".

299 LOEWENSTEIN, Karl. *Teoría de la Constitución*. Trad. espanhola de Alfredo Gallego Anabitarte. Barcelona: Ariel, 1975, p. 50.

300 LOEWENSTEIN, Karl. *Teoría de la Constitución*. Trad. espanhola de Alfredo Gallego Anabitarte. Barcelona: Ariel, 1975, p. 150.

a *submissão* do exercício do poder político às regras e procedimentos jurídicos (*princípio da legalidade*), capazes, assim, de impedir o seu uso de forma arbitrária, tirânica e *autoritária*.[301] Infere-se, por consequência, que o *autoritarismo* é o *modo de ser* de regimes conduzidos *às avessas* das democracias constitucionais.

De modo semelhante, a pensadora francesa Simone Goyard-Fabre leciona que o regime democrático constitucional se pauta na *submissão* das autoridades e das instâncias políticas ao império do Direito (*princípio da legalidade*) e conclui que, a partir dessa noção de democracia, a figura do "Estado de Direito" é sua forma jurídica acabada.[302] Para Goyard-Fabre, ao *submeter* o poder político ao Direito, a democracia constitucional apoia-se na ideia de que o soberano é o povo, não qualquer outra autoridade.[303] Por essa lógica, visando maior aproximação do povo com as instâncias decisórias do poder – o que não se mostra possível quando todo o poder está concentrado nas mãos de um único ente –, a pensadora argumenta que é via parlamento – pautada nos ideais de *princípio majoritário* e de *sufrágio universal* – que a população civil é devidamente representada por governantes por ela eleitos e legitimados.[304]

---

301 Karl Loewenstein afirma (LOEWENSTEIN, Karl. *Teoría de la Constitución*. Trad. espanhola de Alfredo Gallego Anabitarte. Barcelona: Ariel, 1975, p. 28), que: "*el poder encierra en sí mismo la semilla de su propia degeneración. Esto quiere decir que cuando no esta limitado, el poder se transforma en tiranía y en arbitrario despotismo. De ahí que el poder sin control adquiera un acento moral negativo que revela lo demoníaco en el elemento del poder y lo patológico en el proceso del poder. De esta doble faz del poder fue plenamente consciente Aristóteles cuando enfrentó las formas 'puras' de gobierno a las formas 'degeneradas': las primeras están destinadas a servir al bien común de los destinatarios del poder; las segundas, el egoísta interés de los detentadores del poder*".

302 GOYARD-FABRE. *O que é a Democracia?* a genealogia filosófica de uma grande aventura humana. Trad. Claudia Berliner. São Paulo: Martins Fontes, 2003, pp. 277/278.

303 GOYARD-FABRE. *O que é a Democracia?* a genealogia filosófica de uma grande aventura humana. Trad. Claudia Berliner. São Paulo: Martins Fontes, 2003, pp. 277/278.

304 GOYARD-FABRE. *O que é a Democracia?* a genealogia filosófica de uma grande aventura humana. Trad. Claudia Berliner. São Paulo: Martins Fontes, 2003, pp. 277/278.

Indica, ainda, como *condição* da existência de um regime democrático constitucional, a presença de múltiplos órgãos políticos aptos a exercitarem diferentes *funções* estatais, o que conduz à doutrina da *separação dos poderes*.[305] Nesse ponto, a necessidade de "proteger as liberdades individuais contra toda forma de arbitrariedade estatal" implica a criação de "instrumentos da técnica jurídica que, apresentados como antídoto do Estado autoritário em seu repúdio liberal ao absolutismo, são capazes de salvaguardar as liberdades".[306]

Vale mencionar que, tanto para Loewenstein como para Goyard-Fabre, a ideia de democracia constitucional é produto da ideologia liberal, cujo cerne está na proteção do indivíduo face aos arbítrios do poder estatal absoluto, do qual decorre o brocardo *L'État c'est moi*.[307] Fruto da luta contra o poder dos reis absolutistas, as ideias liberais formaram

---

305 GOYARD-FABRE. *O que é a Democracia?* a genealogia filosófica de uma grande aventura humana. Trad. Claudia Berliner. São Paulo: Martins Fontes, 2003, pp. 277/278. Para um estudo aprofundado do princípio da *separação dos poderes*, recomenda-se: VILE, M. J. C. *Constitutionalism and separation of powers*. 2ª ed. Indianapolis: Liberty Fund, 1998. Ademais, importante ressaltar que a divisão de poderes diz respeito, antes, da divisão e distribuição de diferentes *funções* estatais, não de *poderes*, na medida que o poder é *uno* e *indivisível*.

306 VILE, M. J. C. *Constitutionalism and separation of powers*. 2ª ed. Indianapolis: Liberty Fund, 1998.

307 Nesse sentido, Hans Kelsen (KELSEN, Hans. *A Democracia*. 3ª ed. São Paulo: Martins Fontes, 2019, p. 181) desenvolve o seguinte raciocínio: "quanto mais forte a vontade de poder, menor o apreço à liberdade. A negação total do valor de liberdade, a maximização do domínio – eis aí a idéia de autocracia e o princípio do absolutismo político, que se caracterizavam pelo fato de todo o poder do Estado estar concentrado em um único e indivíduo, o governante. Essa ideia encontra-se bem formulada nas palavras atribuídas a Luís XIV, *l'état c'est moi*, em direta oposição à democracia, que tem máxima *l'état c'est nous*. A lei é a vontade do governante sem participar de seu poder, que, por esse motivo, é irrestrito e dotado de uma tendência inerente ao totalitarismo. Nesse sentido, o absolutismo político significa, para os governados, a completa renúncia à autodeterminação. É incompatível com a ideia de igualdade, pois só o justifica o pressuposto de uma diferença essencial entre os governados e o governante".

um importante escudo criado pelo pensamento moderno para *racionalizar* o poder político e *absoluto* do rei.[308]

Como ensina Norberto Bobbio, enquanto o termo *Estado de Direito*, em seu sentido amplo, diz respeito à subordinação do poder soberano às limitações do direito (*princípio da supremacia da Constituição*) – tornando-se, dessa forma, um poder soberano juridicamente limitado –, no caso do Estado de Direito liberal *há*, ainda, outra característica: a da elevação de direitos subjetivos racionalmente identificáveis (direitos naturais)[309] – como a liberdade, a vida, a segurança – a um patamar de valores jurídicos fundamentais,[310] a partir de sua positivação nas cartas constitucionais.[311]

---

308 Sobre o liberalismo, vide: MERQUIOR, Luís Guilherme. *O liberalismo antigo e moderno*. Trad. Henrique de Araújo Mesquita. 3ª ed. São Paulo: É Realizações, 2016.

309 Cf. VECCHIO, Giorgio Del. *Lições de Filosofia do Direito*. Trad. Antônio José Brandão. vol. 2, 3ª ed. Coimbra: Arménio Amado, 1959, pp. 381-394; VILLEY, Michel. *Questões de Tomás de Aquino sobre direito e política*. Trad. Ivone C. Benedetti. São Paulo: Martins Fontes, 2014, pp. 131-153; BOBBIO, Norberto. *O positivismo jurídico*: lições de Filosofia do Direito. Trad. e notas de Márcio Pugliesi, Edson Bini e Carlos E. Rodrigues. São Paulo: Ícone, 1995, pp. 15-23.

310 Sobre direitos fundamentais *vide*: GUERRA FILHO, Willis Santiago. *Teoria Processual da Constituição*. 3ª ed. São Paulo: RCS, 2007; GUERRA FILHO, Willis Santiago. *Processo Constitucional e Direitos Fundamentais*. 5ª ed. São Paulo: RCS, 2007; SILVA, Luís Virgílio Afonso da. *O conteúdo essencial dos Direitos Fundamentais e a eficácia das normas constitucionais*. Tese apresentada para o concurso de provas e títulos para provimento do cargo de Professor Titular da Faculdade de Direito da Universidade de São Paulo (USP). São Paulo, 2005.

311 Nas palavras de Bobbio: "por Estado de direito entende-se geralmente um Estado em que os poderes públicos são regulados por normas gerais (as leis fundamentais ou constitucionais) e devem ser exercidos no âmbito das leis que os regulam, salvo o direito do cidadão de recorrer a um juiz independente para fazer com que seja reconhecido e refutado o abuso ou excesso de poder. Assim entendido, o Estado de direito reflete a velha doutrina – associada aos clássicos e transmitida através das doutrinas políticas medievais – da superioridade do governo das leis sobre o governo dos homens, segundo a fórmula *lex facit regem*, doutrina essa sobrevivente inclusive na idade do absolutismo, quando a máxima *princeps legibussolutus* é entendida no sentido de que o soberano não estava sujeito às leis positivas que ele próprio emanava, mas estava sujeito às leis divinas ou naturais e às leis fundamentais do reino. Por outro lado, quando se fala em Estado de direito no âmbito da doutrina liberal do Estado, deve-se acrescentar à definição tradicional uma determinação ulterior: a constitucionalização dos direitos naturais, ou seja, a transformação desses direitos

Destarte, nas palavras do jurista italiano:

> Os mecanismos constitucionais que caracterizam o Estado de Direito têm o objetivo de defender o indivíduo dos abusos do poder. Em outras palavras, são garantias de liberdade, da assim chamada liberdade negativa, entendida como esfera de ação em que o indivíduo não está obrigado por quem detém o poder coativo a fazer aquilo que não deseja ou não está impedido de fazer aquilo que deseja (...). No pensamento liberal, teoria do controle do poder e teoria da limitação das tarefas do Estado procedem no mesmo passo: pode-se até mesmo dizer que a segunda é a *conditio sine qua non* da primeira, no sentido de que o controle dos abusos do poder é tanto mais fácil quanto mais restrito é o âmbito em que o Estado pode estender a própria intervenção, ou mais breve e simplesmente no sentido de que o Estado mínimo é mais controlável de que o Estado máximo.[312]

Com inquestionável capacidade sintética, o jurista argentino Eugenio Raúl Zaffaroni entende que o Estado de Direito é, em última instância, a contenção jurídica do Estado de Polícia,[313] sinônimo de poder político soberano. Mais do que isso, o Estado de Direito é uma espécie de *invólucro legal* que mantém em seu interior, preso, asfixiado,

---

em direitos juridicamente protegidos, isto é, em verdadeiros direitos positivos. Estado de direito significa não só a subordinação dos poderes públicos a qualquer grau às leis gerais do país, limite que é puramente formal, mas também subordinação das leis ao limite material do reconhecimento de alguns direitos fundamentais considerados constitucionalmente e, portanto em linha de princípio, 'invioláveis'". BOBBIO, Norberto. *Liberalismo e democracia*. Trad. Marco Aurélio Nogueira. São Paulo: Brasiliense, 2000, pp. 18/19. Sobre a positivação dos Direitos Naturais, vide BOBBIO, Norberto. *O positivismo jurídico*: lições de Filosofia do Direito. Trad. e notas de Márcio Pugliesi, Edson Bini e Carlos E. Rodrigues. São Paulo: Ícone, 1995, pp. 63-89.

312 BOBBIO, Norberto. *Liberalismo e democracia*. Trad. Marco Aurélio Nogueira. São Paulo: Brasiliense, 2000, pp. 20/21.

313 ZAFFARONI, Eugenio Raúl. *O inimigo no Direito Penal*. Trad. Sérgio Lamarão. 3ª ed. Rio de Janeiro: Revan, 2011, p. 169.

o Estado de Polícia.[314] Este, por sua vez, não fora eliminado, pois nunca cessa de pulsar e encontra-se sempre à espreita para se desvencilhar das amarras jurídicas impostas pelo Estado de Direito.[315] Ao fim e ao cabo, verifica-se que o Estado de Direito constitucional se revela como um verdadeiro anteparo jurídico ao uso da *violência*, de modo a racionalizá-la. Isso porque, segundo o magistério do sociólogo alemão Max Weber, é o elemento da *violência* o traço constitutivo e fundamental de toda entidade estatal.[316]

Portanto, uma vez que o estudo dos elementos *autoritários* em Carl Schmitt será realizado às avessas do conceito de democracia constitucional e após breve análise dos escritos de Bobbio, Loewenstein, Fabre e Zaffaroni, já *é possível elencar* os seguintes elementos que compõem a democracia constitucional: (i) a submissão do poder soberano ao

---

314 ZAFFARONI, Eugenio Raúl. *O inimigo no Direito Penal*. Trad. Sérgio Lamarão. 3ª ed. Rio de Janeiro: Revan, 2011, p. 169.

315 Nas palavras do próprio autor (ZAFFARONI, Eugenio Raúl. *O inimigo no Direito Penal*. Trad. Sérgio Lamarão. 3ª ed. Rio de Janeiro: Revan, 2011, p. 169): "os Estados de direito não são nada além da contenção dos Estados de polícia, penosamente conseguida como resultado da experiência acumulada ao longo das lutas contra o poder absoluto (...). Por isso, *existe uma dialética contínua no Estado de direito real, concreto ou histórico, entre este e o Estado de polícia. O Estado de polícia que o Estado de direito carrega em seu interior nunca cessa de pulsar, procurando furar e romper os muros que o Estado de direito lhe coloca*" (itálico do autor).

316 Nas palavras de Max Webber (WEBBER, Max. *Ciência e Política*: duas vocações. Trad. Jean Malville. 3ª ed. São Paulo: Martin Claret, 2012, p. 60), "por evidência, a violência não é o único instrumento de que se vale o Estado – não se tenha a respeito qualquer dúvida –, mas é seu instrumento específico. Na atualidade, a relação entre o Estado e a violência é particularmente íntima. Desde sempre, os agrupamentos políticos mais diversos – começando pela família – recorreram à violência física, tendo-a como instrumento normal de poder. Entretanto, nos dias de hoje devemos conceber o Estado contemporâneo como uma comunidade humana que, dentro dos limites de determinado território – a noção de território corresponde a um dos elementos essenciais do Estado – reivindica *o monopólio do uso legítimo da violência física*. Sem dúvida, é própria de nossa época o não reconhecer, com referência a qualquer outro grupo ou aos indivíduos, o direito de fazer uso da violência, a não ser nos casos em que o Estado o tolere. Nesse caso, *o Estado se transforma na única fonte do 'direito' à violência*. Por conseguinte, entenderemos por política o conjunto de esforços feitos visando a participar do poder ou a influenciar a divisão do poder, seja ente Estados, seja no interior de um único Estado" (itálico nosso).

império da Constituição (*princípio* da *supremacia da Constituição*); (ii) a criação de procedimentos jurídicos que impeçam o acúmulo do poder soberano, que passa a ter suas diferentes funções atribuídas a diferentes órgãos e instituições, em que todas estão submissas ao Direito (*princípio da distribuição de poderes*); (iii) a elevação de direitos naturais subjetivos, que visam *à* proteção dos cidadãos dos arbítrios do poder soberano, a um patamar jurídico (*direitos* e *garantias fundamentais*); e (iv) o estabelecimento de procedimentos jurídicos que permitam ao povo a escolha de seus representantes para a formulação da *vontade estatal final* (*princípio do sufrágio universal*).

2.1.1 Autoritarismo e totalitarismo

Como antes afirmado, dadas as peculiaridades e maior presença dos elementos *autoritários* no *totalitarismo*, cumpre distingui-lo dos demais regimes autoritários.

Karl Loewenstein afirma que, no *totalitarismo*, há uma conformação da vida ao aparato governamental.[317] Para o autor, tais regimes vão além de "*excluir a los destinatários del poder de su participación legítima en la formación de la voluntad estatal*",[318] mas visam "*modelar la vida privada, el alma, el espíritu y los costumbres de los destinatários del poder, de acurdo con una ideología dominante* (...)".[319] De maneira similar, Bobbio entende que a característica central do *totalitarismo* que o difere dos demais regimes *autoritários* é o seu "grau da penetração e da mobilização política da sociedade",[320] bem como os "instrumentos a que a elite governante

317 LOEWENSTEIN, Karl. *Teoría de la Constitución*. Trad. espanhola de Alfredo Gallego Anabitarte. Barcelona: Ariel, 1975, p. 76.

318 LOEWENSTEIN, Karl. *Teoría de la Constitución*. Trad. espanhola de Alfredo Gallego Anabitarte. Barcelona: Ariel, 1975, p. 76.

319 BOBBIO, Norberto. *Dicionário político*. Trad. Carmen C. Varriale e João Ferreira. Brasília: UnB, 1998, p. 100.

320 BOBBIO, Norberto. *Dicionário político*. Trad. Carmen C. Varriale e João Ferreira. Brasília: UnB, 1998, p. 100.

especificamente recorre".[321] Para ele, o *totalitarismo* apresenta um grau de penetração-mobilização extremamente alto, em que o aparelho estatal acaba por "absorver a sociedade inteira".[322]

Em interessante estudo que compara o pensamento de Benito Mussolini com Carl Schmitt, Roberto Bueno, ao definir o Estado *totalitário* fascista, afirma que:

> O Estado fascista evoca a intromissão na vida privada em limites impensáveis na sociedade democrática por força de que admite ser ele próprio um referencial ético superior às capacidades disponíveis para a tomada de decisões em matéria de moral atinente aos indivíduos e, assim, implementam-se as condições para a genuína destruição da vida privada. Trata-se de que o totalitarismo já não lhe basta o controle das ações, pois ambiciona ainda mais, a saber, o domínio perfeito via esfera da moralidade. O Estado é o ator que poderá empreender esta atividade, uma vez purificado tanto pelas suas instituições como, sobretudo, pela autoridade que lhe controle e ordene de modo autoritário. É esta dimensão ética (reta), que reclama como fundamento o que supostamente legitimaria o Estado fascista intervir na moralidade pública e privada e decidir adequadamente sobre o que seja o interesse público, como se por inspiração transcendente, capaz de expressar aos súditos a verdade revelada e (de modo infalível) sobre os reais interesses do Estado.[323]

Por seu turno, ao distinguir o *totalitarismo* dos demais regimes *antidemocráticos*, Hannah Arendt leciona que, no *totalitarismo*, a arbitrariedade desse tipo de regime "nega a liberdade humana de modo muito mais eficaz

---

321 BOBBIO, Norberto. *Dicionário político*. Trad. Carmen C. Varriale e João Ferreira. Brasília: UnB, 1998, p. 100.

322 BOBBIO, Norberto. *Dicionário político*. Trad. Carmen C. Varriale e João Ferreira. Brasília: UnB, 1998, p. 101.

323 BUENO, Roberto. "A cultura política do fascismo: Benito Mussolini e Carl Schmitt". *Boletín Mexicano de Derecho Comparado*, nº 149, 2017, pp. 627.

que qualquer tirania jamais foi capaz de negar".[324] Para a autora, enquanto "(n)uma tirania, era preciso ser pelo menos um inimigo do regime para ser punido por ele", de modo que a "liberdade de opinião ainda existia para aqueles que tinham a coragem de arriscar o pescoço",[325] no regime *totalitário,* "a liberdade não apenas se reduz à sua última e aparentemente indestrutível garantia, que é a possibilidade de suicídio, mas perde toda a importância porque as consequências do seu exercício são compartilhadas por pessoas completamente inocentes".[326] A brutalidade do *totalitarismo*, na visão de Arendt, apresentava-se mediante o *terror* que, para a autora, constitui a essência do governo *totalitário.*[327] Para a pensadora alemã, o *terror* "tem de eliminar do processo não apenas a liberdade em todo o seu sentido específico, mas a própria fonte de liberdade que está no nascimento do homem e na sua capacidade de começar de novo".[328] Segundo ela, no *totalitarismo* o *terror* atinge o seu grau máximo, eliminando o que resta da liberdade humana, de modo que, nos campos de concentração, os prisioneiros eram desumanizados a tal ponto que eram reduzidos à condição de "animais humanos".[329] Afirma Arendt que, ainda que vivos, os prisioneiros padeciam da morte de sua pessoa moral e jurídica[330] e uma vez "morta a individualidade, nada resta senão horríveis marionetes com rostos de homem".[331]

---

324 ARENDT, Hannah. *Origens do Totalitarismo*. Trad. Roberto Raposo. São Paulo: Companhia das Letras, 2012, p. 575.

325 ARENDT, Hannah. *Origens do Totalitarismo*. Trad. Roberto Raposo. São Paulo: Companhia das Letras, 2012, p. 575.

326 ARENDT, Hannah. *Origens do Totalitarismo*. Trad. Roberto Raposo. São Paulo: Companhia das Letras, 2012, p. 575.

327 ARENDT, Hannah. *Origens do Totalitarismo*. Trad. Roberto Raposo. São Paulo: Companhia das Letras, 2012, p. 620.

328 ARENDT, Hannah. *Origens do Totalitarismo*. Trad. Roberto Raposo. São Paulo: Companhia das Letras, 2012, p. 603.

329 ARENDT, Hannah. *Origens do Totalitarismo*. Trad. Roberto Raposo. São Paulo: Companhia das Letras, 2012, p. 603.

330 ARENDT, Hannah. *Origens do Totalitarismo*. Trad. Roberto Raposo. São Paulo: Companhia das Letras, 2012, p. 603.

331 ARENDT, Hannah. *Origens do Totalitarismo*. Trad. Roberto Raposo. São Paulo: Companhia das Letras, 2012, p. 603.

O *totalitarismo*, portanto, possui uma gradação superior e *total* dos demais elementos *autoritários*, na medida em que não apenas limitam os elementos da democracia constitucional, senão os eliminam. Não por outra razão a descrição de Hannah Arendt apresenta um indivíduo *despersonalizado* que, em última instância, refere-se ao indivíduo cujos direitos e garantias fundamentais – dentre os quais resulta a *dignidade da pessoa humana* – é rebaixado ao ponto zero.

2.2 Breves apontamentos sobre os elementos fundantes da democracia constitucional

Das lições de Karl Loewenstein e Simone Goyard-Fabre, viu-se que a democracia constitucional é resultado do movimento – político, filosófico e cultural[332] – liberal. No campo do Direito, o movimento liberal desaguou em outro movimento histórico, caracterizado pela elaboração de documentos escritos[333] destinados a limitar os arbítrios do Estado soberano: o *constitucionalismo*.[334] Nas palavras de Luís Roberto Barroso, o constitucionalismo "é produto do iluminismo e do jus naturalismo racionalista que o acompanhou, com o triunfo dos valores humanistas e da crença do poder na razão".[335] Além de suas raízes e

332 SILVA, José Afonso da. *Teoria do Conhecimento Constitucional*. São Paulo: Malheiros, 2014, p. 66.

333 Sobre a questão da constituição escrita, José Afonso da Silva afirma que o "constitucionalismo não conhece outro tipo de constituição senão a *constituição escrita, formal e dogmática*. O conceito *formal*, aqui considerado, opõe-se ao conceito de constituição em sentido material, *latu sensu*, que se identifica com a organização do Estado, com regime político, e significa a situação total da unidade e ordenação política ou a concreta situação de conjunto da unidade política e ordenação social de determinado estado, para usarmos expressões de Carl Schmitt". SILVA, José Afonso da. *Teoria do Conhecimento Constitucional*. São Paulo: Malheiros, 2014, p. 80.

334 SILVA, José Afonso da. *Teoria do Conhecimento Constitucional*. São Paulo: Malheiros, 2014, p. 66.

335 Continua Luís Roberto Barroso, ao asseverar que: "nesse ambiente, modifica-se a qualidade da relação entre o indivíduo e o poder, com o reconhecimento de direitos fundamentais inerentes à condição humana, cuja existência e validade independem de outorga por parte do Estado. No plano político, notadamente na Europa continental, a Constituição consagrou a vitória dos ideais burgueses sobre o absolutismo

influências filosóficas, o constitucionalismo *é também resultado de uma série de importantes eventos históricos, como as* Revoluções Inglesas,[336] Americana[337] e Francesa.[338] Em que pese a existência de elementos comuns entre esses movimentos políticos – cuja essência reside na limitação jurídica do poder político, via promulgação de uma carta constitucional –, verifica-se que, em cada um deles, há diferentes nuances e influências históricas particulares.[339] Nesse sentido, enquanto o constitucionalismo anglo-americano teve maiores influências no Liberalismo de John Locke[340] e de Tocqueville,[341] o movimento francês nutriu-se do pensamento radical de Jean Jacques Rousseau,[342] trazendo consigo, no bojo da Constituição de 1791, a questão do poder constituinte enquanto agente instaurador de uma nova ordem jurídica.[343]

---

e a aristocracia. Foi, de certa forma, a certidão do casamento, de paixão e conveniência, entre o poder econômico – que já havia sido conquistado pela burguesia – e o poder político". BARROSO, Luís Roberto. *Curso de Direito Constitucional Contemporâneo*: os conceitos fundamentais e a construção do novo modelo. 5ª ed. São Paulo: Saraiva, 2015, p. 101. No mesmo trilho, aduz José Afonso da Silva que a fundamentação teórica do Liberalismo é "obra do racionalismo dos séculos XVII e XVII". SILVA, José Afonso da. *Teoria do Conhecimento Constitucional*. São Paulo: Malheiros, 2014.

336 Cf. MAUROIS, André. *História de Inglaterra*. Trad. Maria Henriques Ossvald. São Paulo: Editora Flamboyant, 1937; HILL, Christopher S. *O século das revoluções (1603-1714)*. Trad. Alzira Vieira Allegro. São Paulo: Unesp, 2012.

337 Cf. TOCQUEVILLE, Alexis de. *A democracia na América*. Trad. Julia Rosa Simões. São Paulo: Edipro, 2019.

338 Cf. BLUCHE, Frédéric. *Revolução Francesa*. Trad. Rejane Janowitzer. Porto Alegre: L&PM, 2011.

339 BARROSO, Luís Roberto. *Curso de Direito Constitucional Contemporâneo*: os conceitos fundamentais e a construção do novo modelo. 5ª ed. São Paulo: Saraiva, 2015, p. 102.

340 LOCKE, John. *Segundo tratado sobre o governo*. Trad. Alex Marins. São Paulo: Martin Claret, 2002.

341 TOCQUEVILLE, Alexis de. *A democracia na América*. Trad. Julia Rosa Simões. São Paulo: Edipro, 2019.

342 ROUSSEAU, Jean-Jacques. *O Contrato Social*: princípios do Direito Político. Trad. Edson Bini. São Paulo: Edipro, 2013.

343 Nesse sentido, José Afonso da Silva assevera que: "o constitucionalismo não foi, porém, um movimento derivado de uma única fonte cultural. Proveio ele de duas

Logo, pode-se afirmar que a essência do movimento constitucionalista se debruça em dois valores de maior envergadura, sendo eles os valores (i) da *liberdade* (influência de Locke e Tocqueville) e (ii) da *igualdade* (influência de Rousseau).[344] Assim, enquanto pela *liberdade dá-se luz às formas jurídicas que buscam* racionalizar e limitar o poder soberano, do outro lado, por meio da *igualdade*, visa-se *à* aproximação do povo na formulação de uma *vontade estatal*.[345]

Da primeira visão, que dá ênfase ao valor da liberdade, a ideia de democracia está atrelada à proteção dos direitos individuais em face de todo tipo de arbítrio,[346] *não apenas do Estado, mas inclusive* das *maiorias populares*,[347] o que faz dessa corrente uma enfática defensora da democracia *indireta* ou *representativa*.[348]

É nesse sentido que autores como Tocqueville e Edmund Burke, contrapondo-se à perspectiva de soberania de Rousseau, enquanto

---

vertentes culturais: uma inspirada no princípio liberal e outra inspirada no princípio democrático; aquela de formação anglo-americana, que encontrou seu principal apoio no liberalismo de John Locke; e a outra jacobina, que encontrou sua base de sustentação na democracia radical de Jean-Jacques Rousseau. Ambos, contudo, fundados na concepção contratualista contraposta ao absolutismo". SILVA, José Afonso da. *Teoria do Conhecimento Constitucional*. São Paulo: Malheiros, 2014, p. 67.

344 SILVA, José Afonso da. *Teoria do Conhecimento Constitucional*. São Paulo: Malheiros, 2014, p. 67.

345 BOBBIO, Norberto. *Liberalismo e Democracia*. Trad. Marco Aurélio Nogueira. São Paulo: Brasiliense, 2000, pp. 42-44.

346 BOBBIO, Norberto. *Liberalismo e Democracia*. Trad. Marco Aurélio Nogueira. São Paulo: Brasiliense, 2000, p. 17.

347 BOBBIO, Norberto. *Liberalismo e Democracia*. Trad. Marco Aurélio Nogueira. São Paulo: Brasiliense, 2000, pp. 55-61.

348 Sobre as democracias direta e indireta, Hans Kelsen pontua que "de fato, apenas na democracia direta – que, dadas as dimensões do Estado moderno e a multiplicidade dos seus deveres, não representa mais uma forma possível de democracia – a ordem social é realmente criada pela decisão da maioria dos titulares dos direitos políticos, que exercem seu direito na assembleia do povo. A democracia do Estado moderno é a democracia indireta, parlamentar, em que a vontade geral diretiva só é formada por uma maioria de eleitos pela maioria dos titulares dos direitos políticos" (KELSEN, Hans. *A Democracia*. 3ª ed. São Paulo: Martins Fontes, 2019, p. 43).

expressão da *vontade geral*,[349] traçaram críticas ao arbítrio instaurado pelas *maiorias* durante a Revolução Francesa.[350]

Como explica Bobbio, a crítica à soberania irrestrita da *vontade geral popular* também esteve presente no clássico *O Federalista*,[351] de autoria de Alexander Hamilton, James Madison e John Jay, que "estavam convencidos de que o único governo democrático adequado a um povo de homens era a democracia representativa".[352] *É o que se percebe, por exemplo, do artigo* "Federalista nº 10", escrito por Madison, quando o autor afirma que as

---

349 ROUSSEAU, Jean-Jacques. *O Contrato Social*: princípios do Direito Político. Trad. Edson Bini. São Paulo: Edipro, 2013, pp. 105-107. Sobre o tema da *vontade geral*, Miguel Reale é assertivo ao dizer que: "a vontade do Estado ou a vontade geral é a vontade da maioria e, praticamente, é a vontade dos que executam as leis em nome do 'eu comum'. Nenhum Direito existe que não seja vontade do Estado segundo a interpretação concreta de quem a executa: Direito é produto de uma decisão, da decisão da maioria, e todo ele se realiza sob a forma de *lei* (...). O povo tal como ele (Rousseau) o concebe, legislando soberanamente sem peias, é o *Estado*, criador do Direito que se confunde com a lei. O Direito é a lei, a lei é a expressão da vontade geral, a vontade geral é a vontade da maioria do povo que diretamente se governa; logo, o Direito é a vontade do Estado". REALE, Miguel. *Teoria do Direito e do Estado*. 5ª ed. São Paulo: Saraiva, 2000, pp. 225/226.

350 Cf. BURKE, Edmund. *Reflexões sobre a Revolução na França*. Trad. Marcelo Gonzaga de Oliveira e Giovanna Louise Libralon. Campinas: Vide, 2017, pp. 253/254; TOCQUEVILLE, Alexis de. *A democracia na América*. Trad. Julia Rosa Simões. São Paulo: Edipro, 2019, 1ª parte, cap. VI; quanto a Tocqueville, Simone Goyard-Fabre explica que: "portanto, Tocqueville discorda de Rousseau, que tinha declarado que a vontade geral é sempre reta. Não é verdade, pensa ele, que, mesmo considerada formalmente, ela nunca falhe, e não possa errar. O povo, assim como um indivíduo, não tem sempre razão. O próprio 'sábio' Locke se engana ao afirmar que a *reasonableness* (a razão racional) é a eminente qualidade do povo. Mesmo as leis editadas pela maioria podem ser injustas. É por isso, observa Tocqueville, que a soberania do povo acaba se exprimindo entre os americanos não pela vontade geral constituinte, mas, na linha de pensamento traçada por Montesquieu, por sua Constituição Federal". GOYARD-FABRE. *O que é a Democracia?* a genealogia filosófica de uma grande aventura humana. Trad. Claudia Berliner. São Paulo: Martins Fontes, 2003, pp. 209/210.

351 HAMILTON, Alexander; MADISON, James; JAY, John. *O Federalista*. Trad. Viriato Soromenho-Marques e João C. S. Duarte. 2ª ed. Lisboa: Fundação Calouste Gulbenkian, 2011.

352 BOBBIO, Norberto. *Liberalismo e Democracia*. Trad. Marco Aurélio Nogueira. São Paulo: Brasiliense, 2000, pp. 33.

"democracias puras", ou seja, as democracias diretas, sempre "deram um espetáculo de turbulência e discórdia, e nunca foram consideradas compatíveis com a segurança pessoal ou os direitos de propriedade, e tiveram em geral vidas tão curtas como violentas foram suas mortes".[353] Para Madison, somente as democracias representativas – que o autor chama de "Repúblicas" – poderiam proporcionar maior segurança contra a violência causada por maiorias eventuais contra minorias.[354]

No mesmo sentido, na primeira metade do *século XX*, Hans Kelsen defende que a *liberdade* seja o verdadeiro valor do regime democrático – garantida e exercida pelo *parlamento*[355] –, de modo que, para o autor, a igualdade deve ficar em segundo plano de importância.[356] Para Kel-

---

353 HAMILTON, Alexander; MADISON, James; JAY, John. *O Federalista*. Trad. Viriato Soromenho-Marques e João C. S. Duarte. 2ª ed. Lisboa: Fundação Calouste Gulbenkian, 2011, p. 123.

354 HAMILTON, Alexander; MADISON, James; JAY, John. *O Federalista*. Trad. Viriato Soromenho-Marques e João C. S. Duarte. 2ª ed. Lisboa: Fundação Calouste Gulbenkian, 2011, pp. 123-127.

355 Em defesa do *parlamentarismo,* Kelsen (KELSEN, Hans. *A Democracia*. 3ª ed. São Paulo: Martins Fontes, 2019, p. 46) posiciona-se no sentido de que a "democracia moderna só viverá se o parlamentarismo se revelar um instrumento capaz de resolver as questões sociais do nosso tempo. É certo que democracia e parlamentarismo não são idênticos. Mas, uma vez que para o estado moderno a aplicação de uma democracia direta é praticamente impossível, não se pode duvidar seriamente de que o parlamentarismo seja a única forma real possível da idéia de democracia. Por isso, o destino do parlamentarismo decidirá também o destino da democracia". Sobre o parlamentarismo inglês, vale a obra recomendada pelo grande jurista e diplomata brasileiro, Joaquim Nabuco, que, em *Minha Formação*, afirma ter se debruçado no livro *A Constituição Inglesa* de Walter Bagehot. Cf. NABUCO, Joaquim. *Minha formação*. Rio de Janeiro: Nova Fronteira, 2015, p. 37; BAGEHOT, Walter. *The English Constitution*. 2ª ed. Wimbledon: The Poplars, 1873.

356 Hans Kelsen afirma (KELSEN, Hans. *A Democracia*. 3ª ed. São Paulo: Martins Fontes, 2019, p. 143) que "sem dúvida, o moderno conceito de democracia que prevalece na civilização ocidental não é exatamente idêntico ao conceito original da antiguidade, na medida em que este foi modificado pelo liberalismo político, cuja tendência é restringir o poder do governo no interesse da liberdade do indivíduo. Sob essa influência, a garantia de certas liberdades intelectuais, em especial a liberdade de consciência, foi incluída no conceito de democracia, de tal modo que uma ordem social que não contenha tal garantia não seria considerada democrática mesmo que o seu processo de criação e aplicação garantisse a participação dos governados no

sen, discursos que visam inverter essa lógica tendem a se aproximar de regimes *autocráticos* e, portanto, não *democráticos*.[357]

Entretanto, como bem aponta Bobbio, essa concepção – que coloca a *liberdade* como valor central da democracia – é vista, por alguns críticos, como meio utilizado pelas elites econômicas para barrar avanços sociais.[358] Nesse sentido é o entendimento de Gilberto Bercovici, que encara o constitucionalismo liberal como ideologia destinada a impedir o *povo* de realizar sua *revolução*, a fim de tornar-se materialmente – e não apenas *formalmente – soberano*.[359]

De todo o modo, o constitucionalista português José Gomes Canotilho, visando resolver esse aparente conflito de ideias em torno do constitucionalismo e da *democracia*, afirma que "a proclamada tensão entre 'constitucionalistas' e 'democratas', entre Estado de direito

---

governo. Contudo, a democracia liberal ou moderna é apenas um tipo especial de democracia. É importante ter consciência de que o princípio da democracia e o do liberalismo não são idênticos, de que existe até mesmo certo antagonismo entre eles. Pois, de acordo com o princípio da democracia, o poder do povo é irrestrito, ou, como formula a Declaração Francesa dos Direitos do Homem e do Cidadão: 'O princípio de toda soberania reside essencialmente na nação'. É essa ideia de soberania do povo. O liberalismo, porém, implica a restrição do poder governamental, seja qual for a forma que o governo possa assumir. Também implica a restrição do poder democrático. Portanto, a democracia é essencialmente um governo *do* povo. O elemento processual fica em primeiro plano e o elemento liberal – enquanto conteúdo específico da ordem social – tem importância secundária. Até mesmo a democracia liberal é, em primeiro lugar, um processo específico".

357 Nas palavras do jurista Hans Kelsen (KELSEN, Hans. *A Democracia*. 3ª ed. São Paulo: Martins Fontes, 2019, p. 99): "historicamente a luta pela democracia é uma luta pela liberdade política, vale dizer pela participação do povo nas funções legislativas e executiva. A ideia de igualdade, por ser diferente da ideia de igualdade formal na democracia, isto é, da igualdade dos direitos políticos, nada tem a ver com a ideia de democracia. Isto fica claramente demonstrado pelo fato de a igualdade material – não a igualdade política formal – poder ser realizada tão bem ou talvez melhor em regimes ditatoriais, autocráticos, do que em regime democrático".

358 BOBBIO, Norberto. *Liberalismo e Democracia*. Trad. Marco Aurélio Nogueira. São Paulo: Brasiliense, 2000, pp. 37-41.

359 BERCOVICI, Gilberto. *Soberania e Constituição*: para uma crítica do constitucionalismo. 2ª ed. São Paulo: Quartier Latin, 2013, p. 186.

e democracia, é um dos 'mitos' do pensamento político moderno".[360] Para o autor português, "o governo dos homens é sempre um governo sob leis e através das leis",[361] ou seja, "um governo de homens segundo a lei constitucional, ela própria imperativamente informada pelos princípios jurídicos radicados na consciência jurídica geral nacional e internacional".[362]

Portanto, dessa dialética – que se manifesta pelo confronto entre os valores da liberdade e da igualdade –, resulta a essência das democracias constitucionais, cujo núcleo central pode ser expresso pelos elementos já destacados na seção anterior, sendo eles:

(i) a submissão do poder soberano ao império do Direito (*princípio da legalidade*);

(ii) a criação de procedimentos jurídicos que impeçam o acúmulo do poder soberano, que passa a ter suas diferentes funções atribuídas a diferentes órgãos e instituições, onde todas estão submissas ao Direito (*princípio da distribuição de poderes*);

(iii) a elevação de direitos naturais subjetivos, que visam *à* proteção dos cidadãos dos arbítrios do poder soberano, a um patamar jurídico (*diretos* e *garantias fundamentais*);

(iv) o estabelecimento de procedimentos jurídicos que permitam ao povo a escolha indireta de seus representantes para formulação da *vontade estatal final* (*princípio do sufrágio universal*).

De mais a mais, também é importante ressaltar o fato de que o *constitucionalismo liberal*, em um segundo momento, integrou – de forma mais robusta – o valor da igualdade, o que se deu por meio do

---

360 CANOTILHO, J. J. Gomes. *Direito Constitucional e Teoria da Constituição*. 7ª ed. Coimbra: Edições Almedina, 2003, p. 231.

361 CANOTILHO, J. J. Gomes. *Direito Constitucional e Teoria da Constituição*. 7ª ed. Coimbra: Edições Almedina, 2003, p. 231.

362 CANOTILHO, J. J. Gomes. *Direito Constitucional e Teoria da Constituição*. 7ª ed. Coimbra: Edições Almedina, 2003, p. 231.

já mencionado constitucionalismo social.[363] Assim, houve uma adaptação dos textos constitucionais puramente liberais às reais e concretas necessidades materiais dos cidadãos,[364] pela implementação dos chamados *direitos sociais.*[365] Estes, diferentemente dos direitos individuais – que operam a partir de uma *omissão* (ou um *não fazer*) do Estado[366] –, *exigem* uma conduta positiva das autoridades públicas,[367] ou seja, *exigem* uma ação positiva do próprio corpo soberano estatal para a contribuição na redução de desigualdades sociais e regionais, o que ocorre pela concretização efetiva de políticas públicas, como políticas de habitação, saúde e educação, bem como por meio da promoção e ampliação de direitos trabalhistas e previdenciários.[368]

O período em questão teve, como marcos históricos, a promulgação da Constituição de Weimar (1919) e da Constituição do México (1917).[369] No Brasil, a Constituição de 1988 implementou este modelo constitucional em diversos de seus dispositivos, dentre os quais destaca-se o artigo 3º, que *assegura*, como um dos "objetivos fundamentais da República Federativa do Brasil (...) erradicar a pobreza e a marginalização e reduzir as desigualdades sociais e regionais".[370]

---

363 SILVA, José Afonso da. *Teoria do Conhecimento Constitucional.* São Paulo: Malheiros, 2014, pp. 68-72.

364 SILVA, José Afonso da. *Teoria do Conhecimento Constitucional.* São Paulo: Malheiros, 2014, pp. 518-520.

365 SILVA, José Afonso da. *Teoria do Conhecimento Constitucional.* São Paulo: Malheiros, 2014, pp. 518-520.

366 MENDES, Gilmar; BRANCO, Paulo Gustavo Gonet. *Curso de Direito Constitucional.* 10ª ed. São Paulo: Saraiva, 2015, p. 631.

367 MENDES, Gilmar; BRANCO, Paulo Gustavo Gonet. *Curso de Direito Constitucional.* 10ª ed. São Paulo: Saraiva, 2015.

368 MENDES, Gilmar; BRANCO, Paulo Gustavo Gonet. *Curso de Direito Constitucional.* 10ª ed. São Paulo: Saraiva, 2015, p. 137.

369 Cf. SILVA, José Afonso da. *Teoria do Conhecimento Constitucional.* São Paulo: Malheiros, 2014, p. 516; SCHIOPPA, Antonio Padoa. *História do Direito na Europa*: da Idade Média à Idade Contemporânea. Trad. Marcos Marcionilo. São Paulo: Martins Fontes, 2014, p. 420.

370 BRASIL. Constituição da República Federativa do Brasil de 1988. Disponível em: http://www.planalto.gov.br/ccivil_03/constituicao/constituicao.htm/.

Além do constitucionalismo social, houve ainda uma terceira fase de constitucionalismo, cujo marco histórico é o final da Segunda Guerra Mundial.[371] Esse terceiro constitucionalismo orientou-se com a finalidade de impedir o retorno das atrocidades que ocorreram no período das grandes guerras.[372] Para tanto, essa nova postura constitucional visou garantir a *efetividade* das normas constitucionais, via positivação dos direitos fundamentais nas Cartas Políticas das sociedades ocidentais, as quais, de sua vez, estariam protegidas pela jurisdição constitucional.[373] Assim, destaca-se, nessa nova fase, a atuação dos Tribunais Constitucionais como garantes e intérpretes últimos dos valores civilizatórios expressos nas respectivas Constituições.

Contudo, como afirma Serrano, o modelo democrático do *pós-guerra* vem sofrendo um profundo desgaste, com a erosão dos valores fundamentais estabelecidos naquele período.[374] Esse enfraquecimento

---

371 Cf. SCHIOPPA, Antonio Padoa. *História do Direito na Europa*: da Idade Média à Idade Contemporânea. Trad. Marcos Marcionilo. São Paulo: Martins Fontes, 2014, pp. 436-476.

372 SCHIOPPA, Antonio Padoa. *História do Direito na Europa*: da Idade Média à Idade Contemporânea. Trad. Marcos Marcionilo. São Paulo: Martins Fontes, 2014, pp. 436-476.

373 Sobre o tema, vide STRECK, Lenio Luiz. *Jurisdição constitucional e decisão jurídica*. 4ª ed. São Paulo: Revista dos Tribunais, 2014, pp. 37-47. Clássica é a obra de Konrad Hesse, *A força normativa da constituição,* que se tornou símbolo desta nova fase do constitucionalismo (HESSE, Konrad. *A força normativa da constituição*. Trad. Gilmar Ferreira Mendes. Porto Alegre: Sérgio Antônio Fabris Editor, 1991).

374 Não à toa, consagrados autores das ciências políticas e jurídicas passaram a retratar essa nova realidade, conforme indica Pedro Serrano: "de alguma forma, vários autores nacionais e estrangeiros perceberam esse fenômeno que pesquisamos desde 2007 e que temos denominado de medidas de exceção adotadas como técnicas de governo no interior das sociedades democráticas. Norberto Bobbio chama de novos despotismos, que apesar de tratar da Itália na sua fase berlusconista, é uma forma que se universaliza; Luigi Ferrajoli descreve o processo de esvaziamento da constituição e da crise democrática italiana como 'poder desconstituinte', conceito que também pode ser partilhado entre os países de constituições rígidas adotadas no pós-segunda guerra; Ronald Dworkin aponta a perda do 'common ground' da sociedade; Boaventura de Souza Santos fala de 'democracia de baixa intensidade'; Claus Roxin chama de 'populismo penal'; Rubens Casara de 'Estado Pós-Democrático' e, finalmente, 'Estado de exceção' em Giorgio Agamben, conceito que adotamos e estudamos neste livro em capítulo anterior, e que também é utilizado por diversos

dos sistemas democráticos contemporâneos levou Serrano a indicar o surgimento de um tipo de autoritarismo, que denomina *autoritarismo líquido*.[375] Para Serrano, esse novo autoritarismo surgiu a partir do estabelecimento do fenômeno político-econômico conhecido como *neoliberalismo*[376] e não se manifesta mais a partir de inequívocos e claros rompimentos institucionais, mas por aquilo que o autor chama de *medidas de exceção*, as quais *suspendem* direitos fundamentais de modo camuflado e esparso, ainda que no interior das próprias democracias.[377]

De todo modo, para Gilberto Bercovici, o movimento constitucionalista *é, por si só*, um movimento de viés *conservador*,[378] porquanto objetiva "terminar a revolução".[379] Por *revolução*, Bercovici compreende a manifestação política do *poder constituinte originário*, que se expressa pela deposição do *velho poder constituído* para a criação de um *novo*.[380] Ademais, o *poder constituinte* só é *constituinte* na medida em que *cria* e *constitui* um *novo* Estado,

---

autores, tais como: Carpentier, Codaccioni, Goupy, Rafael Valim, Georges Abboud, Lenio Luiz Streck, Fernando Hideo I. Lacerda, Gilberto Bercovici, entre tantos outros que tratam do tema". SERRANO, Pedro Estevam Alves Pinto. *Autoritarismo e golpes na América Latina*: breve ensaio sobre jurisdição e exceção. 2ª ed. São Paulo: Alameda, 2016.

375 Cf. GARZILLO, Rômulo Monteiro. "Pedro Serrano e as medidas de exceção na modernidade periférica: sistematização dos elementos conceituais". *In*: LOPES, Anderson Bezerra (*et al.*). *Democracia em crise*. São Paulo: Autonomia Literária, 2019, pp. 361-379.

376 GARZILLO, Rômulo Monteiro. "Pedro Serrano e as medidas de exceção na modernidade periférica: sistematização dos elementos conceituais". *In*: LOPES, Anderson Bezerra (*et al.*). *Democracia em crise*. São Paulo: Autonomia Literária, 2019, pp. 361-379.

377 GARZILLO, Rômulo Monteiro. "Pedro Serrano e as medidas de exceção na modernidade periférica: sistematização dos elementos conceituais". *In*: LOPES, Anderson Bezerra (*et al.*). *Democracia em crise*. São Paulo: Autonomia Literária, 2019, pp. 361-379.

378 BECOVICI, Gilberto. "A problemática da constituição dirigente: algumas considerações sobre o caso brasileiro". *Revista de Informação Legislativa*, vol. 36, nº 142, Brasília, abr. 1999, p. 36.

379 BERCOVICI, Gilberto. *Soberania e Constituição*: para uma crítica do constitucionalismo. 2ª ed. São Paulo: Quartier Latin, 2013, pp. 158-176.

380 BERCOVICI, Gilberto. *Soberania e Constituição*: para uma crítica do constitucionalismo. 2ª ed. São Paulo: Quartier Latin, 2013, pp. 144-154.

cuja *forma* jurídica apresenta-se a partir de *nova* Constituição.[381] Isto é, a Constituição é, *per se*, a fixação e a limitação do *poder constituinte* que passa, após sua promulgação, a ganhar *forma jurídica* de *poder constituído*. Assim, é pela racionalização e limitação do *poder constituinte* que a Constituição impede que a *revolução* se torne uma *revolução permanente*.[382] Ou seja, a Constituição – como defende a doutrina do constitucionalismo liberal – é o documento jurídico que impõe limites ao poder *soberano* e, como tal, ao próprio *poder constituinte originário* – expressão máxima do poder soberano[383] –, de modo a determinar, ao fim e ao cabo, sua forma jurídica final.[384]

Isto posto, verifica-se que a interpretação de Gilberto Bercovici em nada se contrapõe aos ensinamentos de Loewenstein, Goyard-Fabre

---

381 Nelson Saldanha, no clássico *O Poder Constituinte*, afirma que: "sendo o poder constituinte o fundamento jurídico do Estado moderno enquanto instituído este por um processo de consciência constitucional, distingue-se do poder do Estado, que é (neste tipo de Estado), fundado pelo constituinte e, portanto, constituído. Esta é, efetivamente, a mais elementar distinção que se apresenta quando se quer fixar a posição do poder constituinte: ele se distingue de todo poder constituído". SALDANHA, Nelson. *O Poder Constituinte*. São Paulo: Revista dos Tribunais, 1983, p. 83.

382 BERCOVICI, Gilberto. *Soberania e Constituição*: para uma crítica do constitucionalismo. 2ª ed. São Paulo: Quartier Latin, 2013, pp. 29-37. Cf. TROTSKY, Leon. *The permanent revolution and results and prospects*. Seattle: Red Letter Press, 2010; BENJAMIN, Walter. "Para a crítica da violência". *In*: BENJAMIN, Walter. *Escritos sobre mito e linguagem*. Trad. Susana Kampff Lages e Ernani Chaves. 2ª ed. São Paulo: Editora 34, 2013, pp. 155/156.

383 Neste ponto, Bercovici afirma que "o poder constituinte não é oposto à soberania, pelo contrário, é a sua manifestação máxima" (BERCOVICI, Gilberto. *Soberania e Constituição*: para uma crítica do constitucionalismo. 2ª ed. São Paulo: Quartier Latin, 2013, p. 34).

384 Nas palavras de Gilberto Bercovici (BERCOVICI, Gilberto. *Soberania e Constituição*: para uma crítica do constitucionalismo. 2ª ed. São Paulo: Quartier Latin, 2013, p. 169), "o liberalismo do século XIX isola e marginaliza a teoria do poder constituinte, associada ao terror jacobino (...). O despotismo democrático é inimigo da incerteza jurídica, o poder constituinte se opõe à estabilidade da constituição. O equilíbrio liberal busca, assim, restaurar a idéia de balanço de poderes das antigas doutrinas do governo misto. A negação do poder constituinte é necessária para manter o Estado liberal de direito. Para os sucessores da Revolução Francesa, integrantes da Contra-Revolução ou não, os eventos revolucionários serão utilizados durante todo o século XIX para identificar democracia com tirania".

e Zaffaroni. Isso porque, segundo tais autores, a lógica da democracia constitucional encontra-se, justamente, na *submissão* do poder soberano à Constituição (*princípio da legalidade*). Percebe-se, enfim, que o constitucionalismo representa um ideário inverso a posturas de viés *disruptivo*, pois está orientado para *racionalizar* e conter (e não *sublevar*) o poder político *soberano*.

2.3 Autoritarismo e crise constitucional: entre a patologia do sistema normativo e o estado de exceção

Uma vez fixado o termo *autoritarismo*, é possível avançar para um segundo plano, que é responder à seguinte pergunta: *como* ou *de que modo* ocorre a subversão e a supressão dos elementos fundantes das democracias constitucionais? Para responder esse questionamento, pode-se recorrer à própria definição de *autoritarismo*, conforme ora proposta, que revela, em si mesma, uma pista metodológica a ser seguida. Isso porque se é o *autoritarismo* o *modo de ser* de regimes que visam à subversão dos elementos estruturantes da democracia constitucional, basta que a análise esteja direcionada às *causas*[385] dessa subversão.

A estratégia a ser adotada, vale reiterar, é aquela que parte da própria definição de *autoritarismo* enquanto, como dito por Serrano, fenômeno que opera "às avessas do Estado de direito".[386] É pela observação da própria supressão dos elementos da democracia constitucional

---

385 O termo *causa* não foi utilizado sem o devido cuidado. Em verdade, o termo aqui foi utilizado no sentido *aristotélico* "enquanto princípio de inteligibilidade porque compreender a causa significa compreender a organização interna de uma substância, isto é, a razão pela qual uma substância qualquer (p. ex., o homem, Deus ou a pedra) é o que é e não pode ser ou agir diferentemente. P. ex., se o homem é 'animal racional', o que ele é ou faz depende da sua substância assim definida, que opera como força irresistível para produzir as determinações do seu ser e do seu agir". ABBAGNANO, Nicola. *Dicionário de Filosofia*. Trad. Alfredo Bosi. 5ª ed. São Paulo: Martins Fontes, 2007, p. 125. Desse modo, conhecer a *causa* da subversão das normas constitucionais, significa, compreender a substância dessa subversão e, tão logo, a substância e a essência do próprio *autoritarismo*.

386 SERRANO, Pedro Estevam Alves Pinto. *Autoritarismo e golpes na América Latina*: breve ensaio sobre jurisdição e exceção. 2ª ed. São Paulo: Alameda, 2016, p. 18.

que se chegará ao *modus operandi* do *autoritarismo*. Por fim, vale notar que estratégia semelhante já fora bem desenvolvida pelo processualista penal Fernando Hideo em sua tese doutoral *Processo Penal de Exceção*.[387] Nesse estudo, o autor analisa e descreve quais as formas em que o *autoritarismo* se manifesta no dia a dia do processo penal brasileiro. Para tanto, Hideo estuda a erosão dos elementos do processo penal *garantista*,[388] tal qual proposto por Luigi Ferrajoli em *Direito e Razão*.[389]

Das diversas doutrinas jurídicas aptas a interpretar e descrever o *modus operandi* do fenômeno *autoritário*, o presente estudo debruçar-se-á em duas delas: a *normativista* e a *decisionista*.

2.3.1 O autoritarismo sob a lente normativista

Como ponto de partida do estudo do *autoritarismo* a partir de uma lente *normativista*,[390] é imperioso reconhecer que, para esta corrente, o Estado é concebido em termos estritamente jurídicos e/ou normativos.[391]

---

387 LACERDA, Fernando Hideo Iochida. *Processo penal de exceção*. Tese (Doutorado). Faculdade de Direito, Pontifícia Universidade Católica de São Paulo, 2018.

388 LACERDA, Fernando Hideo Iochida. *Processo penal de exceção*. Tese (Doutorado). Faculdade de Direito, Pontifícia Universidade Católica de São Paulo, 2018, pp. 212-398.

389 FERRAJOLI, Luigi. *Direito e razão*: Teoria do Garantismo Penal. Trad. Ana Paula Zomer, Fauzi Hassan Choukr, Juarez Tavares e Luiz Flávio Gomes. 2ª ed. São Paulo: Revista dos Tribunais, 2012.

390 Embora poder-se-ia utilizar o termo *positivista* no lugar de *normativista*, preferiu-se dar ênfase no aspecto *puramente normativista* da teoria de Kelsen. Nesse sentido, José Afonso da Silva utiliza o termo *sentido jurídico* para se referir a Kelsen da mesma maneira, já que, para o autor, "a concepção jurídica da constituição coloca-se em posição antagônica à concepção sociológica. Kelsen levou-a às últimas consequências. A constituição, então, considerada como norma, e norma pura, em coerência com seu *normativismo metodológico*, que concebe o Direito apenas como direito positivo, como puro *dever*-ser, sem qualquer pretensão a fundamentação sociológica, política ou filosófica, no que vem claramente se opõe aos conceitos sociológicos, político e ideal de constituição". SILVA, José Afonso da. *Aplicabilidade das normas constitucionais*. 8ª ed. São Paulo: Malheiros, 2012, p. 30, itálico do autor.

391 Nas palavras de Hans Kelsen: "uma vez reconhecido que o Estado, como ordem de conduta humana, é uma ordem de coação relativamente centralizada, e que o Estado como pessoa jurídica é a personificação desta ordem coercitiva, desaparece

Significa dizer que, para a visão *normativista*, as normas jurídicas constitucionais não apenas *definem*, mas elas próprias *são* o Estado, enquanto Estado normativo (ou Estado *de* Direito).[392] Desse primeiro passo, resulta que qualquer manifestação *autoritária* não pode ser interpretada como fenômeno político, isto é, oriunda das relações de poderes que emanam da realidade concreta (*ser*), mas como *crise* das próprias normas jurídicas que *são* e *compõem* o Estado de Direito (*dever-ser*). Em resumo, para a visão *normativista*, o *autoritarismo* é uma crise da esfera do *dever-ser* (Direito), não uma crise do *ser* (política).

Ao reduzir o Estado ao âmbito da *pura* normatividade formal, Gilberto Bercovici entende que a perspectiva kelseniana *despolitiza* o Direito, na medida em que o fundamento do Estado deixa de ser o elemento *político* do *poder soberano,* passando a ser o elemento *normativo* e abstrato da *norma hipotética fundamental.*[393] Dessa forma, para Kelsen, o

---

o dualismo de Estado e Direito como uma daquelas duplicações que têm a sua origem no fato de o conhecimento hispostasiar a unidade (e uma tal expressão de unidade é o conceito de pessoa), por ele mesmo constituída, do seu objeto. Então, o dualismo de pessoa do Estado e ordem jurídica surge, considerado de um ponto de vista teorético-gnoseológico, em paralelo com o dualismo, igualmente contraditório, de Deus e o mundo. Assim como a teologia afirma o poder e a vontade como essência de Deus, assim também o poder e a vontade são considerados, pela teoria do Estado e do Direito, como essência do Estado. Assim como a teologia afirma a transcendência de Deus em face do mundo e, ao mesmo tempo, a sua imanência no mundo, assim também a teoria dualista do Estado e do Direito afirma a transcendência do Estado em face do Direito, a sua existência metajurídica e, ao mesmo tempo, a sua imanência ao Direito. Assim como o Deus criador do mundo, no mito da sua humanização, tem de vir ao mundo, de submeter-se às leis do mundo – o que quer dizer: à ordem da natureza –, tem de nascer, sofrer e morrer, assim também o Estado, na teoria da sua autovinculação, tem de submeter-se ao Direito por ele próprio criado". KELSEN, Hans. *Teoria Pura do Direito*. Trad. João Baptista Machado. 8ª ed. São Paulo: Martins Fontes, 2009, p. 352.

392 KELSEN, Hans. *Teoria Pura do Direito*. Trad. João Baptista Machado. 8ª ed. São Paulo: Martins Fontes, 2009, p. 352.

393 BERCOVICI, Gilberto. *Soberania e Constituição*: para uma crítica do constitucionalismo. 2ª ed. São Paulo: Quartier Latin, 2013, pp. 20/21; KELSEN, Hans. *Teoria Pura do Direito*. Trad. João Baptista Machado. 8ª ed. São Paulo: Martins Fontes, 2009, pp. 215-246. Não obstante, explica Miguel Reale que: "seduzido pelo ideal de uma 'ciência jurídica pura', na qual o Direito deveria aparecer como

Estado de Direito – que encontra sua "existência na validade e eficácia de uma ordem normativa"[394] – "manifesta-se sobretudo na tendência em estabelecer a ordem jurídica do Estado como um sistema de normas gerais criadas"[395] e que, não obstante, "há uma franca necessidade de racionalizar o processo no qual o poder do Estado se manifesta", uma vez que "o ideal da legalidade desempenha um papel decisivo",[396] bem como "a segurança jurídica".[397] Nesse sentido, a subversão *global* dessa ordem jurídica culmina na perda de sua *eficácia*[398] – que não apenas a compõe, mas que *é* o próprio Estado de Direito democrático –, levando-o a se tornar o seu extremo oposto, a *autocracia,* ou seja, o regime *autoritário.*[399]

Nas palavras do próprio autor:

> (...) a autocracia, por outro lado, despreza essa racionalização do poder. Evita, o mais que pode, qualquer determinação dos atos do Estado, especialmente a dos atos de um governante autocrático, por normas gerais preestabelecidas que possam implicar numa restrição de seu poder discricionário. Como supremo legislador, o autocrata não é visto como passível de submeter-se às leis que ele próprio pôs em circulação: *princeps legibus solutus est.*[400]

---

uma expressão de pura normatividade, com todas as características de uma ciência do 'Sollen', sem contacto com o multíplice e substancioso conteúdo da vida social, assim como as figuras geométricas pairam acima dos corpos grosseiros que os nossos sentidos apreendem, Hans Kelsen e os seus discípulos repudiam a doutrina clássica segundo a qual não se realiza o Direito sem a participação do poder". REALE, Miguel. *Teoria do Direito e do Estado.* 5ª ed. São Paulo: Saraiva, 2000, p. 80.

394 KELSEN, Hans. *A Democracia.* 3ª ed. São Paulo: Martins Fontes, 2019, p. 193.

395 KELSEN, Hans. *A Democracia.* 3ª ed. São Paulo: Martins Fontes, 2019, p. 185.

396 KELSEN, Hans. *A Democracia.* 3ª ed. São Paulo: Martins Fontes, 2019, p. 185.

397 KELSEN, Hans. *A Democracia.* 3ª ed. São Paulo: Martins Fontes, 2019, p. 185.

398 KELSEN, Hans. *Teoria Pura do Direito.* Trad. João Baptista Machado. 8ª ed. São Paulo: Martins Fontes, 2009, p. 237.

399 KELSEN, Hans. *A Democracia.* 3ª ed. São Paulo: Martins Fontes, 2019, p. 28.

400 KELSEN, Hans. *A Democracia.* 3ª ed. São Paulo: Martins Fontes, 2019, pp. 185/186.

Para a visão *normativista*, a crise do Estado de Direito não decorre de uma crise *política* ou *econômica*, tal qual proposta, por exemplo, por Lassalle – representante da perspectiva *sociológica* do Direito[401] – que vê na derrocada da Constituição a influência direta de elementos políticos, sociais e econômicos.[402] Para a concepção normativista, a crise do Estado de Direito se dá no plano da própria norma jurídica – que compõe e que *é* o próprio Estado de Direito – por meio de uma crise de *inefetividade* normativa. Segundo Kelsen, a crise de *ineficácia* (ou *inefetividade*) afeta o ordenamento jurídico de forma *global*, não isolada, culminando na perda estrutural de sua *validade*.[403]

Dessarte, para a devida compreensão da perspectiva *normativista* do fenômeno *autoritário*, faz-se necessário, *prima facie*, a compreensão do conceito dogmático da (*in*) *efetividade* normativa.[404]

---

401 KELSEN, Hans. *A Democracia*. 3ª ed. São Paulo: Martins Fontes, 2019, pp. 22-26.

402 KELSEN, Hans. *A Democracia*. 3ª ed. São Paulo: Martins Fontes, 2019; cf. LASSALLE, Ferdinand. *Que é uma constituição?*. Tradução: Walter Stönner. E-book: Edições e Publicações Brasil, 2006. Disponível em: http://bibliotecadigital.puc-campinas.edu.br/services/e-books/Ferdinand%20Lassalle-1.pdf/.

403 KELSEN, Hans. *Teoria Pura do Direito*. Trad. João Baptista Machado. 8ª ed. São Paulo: Martins Fontes, 2009, p. 237.

404 Embora José Afonso da Silva advogue que o conceito de *efetividade* não se aplica no estudo estritamente jurídico e dogmático do Direito. Entretanto, Luís Virgílio Afonso da Silva diverge desse posicionamento, uma vez que compreende que o estudo da *efetividade* é também um estudo dogmático e atinente à esfera jurídica. Desse modo, adotaremos a perspectiva de Virgílio Afonso da Silva, para quem: "as condições fáticas *não são algo externo ao direito* e devem, por isso, ser consideradas também na análise constitucional que alguns autores denominam de *estritamente jurídica*". Cf. SILVA, José Afonso da. *Aplicabilidade das normas constitucionais*. 8ª ed. São Paulo: Malheiros, 2012, p. 13 e pp. 16/17; SILVA, Luís Virgílio Afonso da. *O conteúdo essencial dos Direitos Fundamentais e a eficácia das normas constitucionais*. Tese apresentada para o concurso de provas e títulos para provimento do cargo de Professor Titular da Faculdade de Direito da Universidade de São Paulo (USP). São Paulo, 2005, p. 310.

2.3.1.1 O conceito de (in)efetividade das normas constitucionais

Da tradução brasileira do clássico *Teoria Pura do Direito*, Hans Kelsen define o conceito de *eficácia* – em alemão *Wirksamkeit*[405] – como a *efetiva* observação e aplicação da norma jurídica.[406] Embora nas traduções brasileiras não haja menção ao termo *efetividade,* Kelsen não estabelece qualquer *discrímen* entre os vocábulos *eficácia* e *efetividade*, utilizando-os de modo indistinto.[407] Sendo assim, para Kelsen, tanto a *eficácia* como a *efetividade* são conceitos que, igualmente, concernem à *materialização* dos preceitos abstratos da norma jurídica (*dever-ser*) ao mundo social (*ser*). Segundo o autor austríaco, a *eficácia* (ou *efetividade*) pode ser definida também como condição de *validade* (ou *vigência*) das normas jurídicas.[408]

Para Kelsen, a *validade* (ou *vigência*) revela a aptidão de determinada norma jurídica para vincular seus preceitos normativos (comandos linguísticos) a seus respectivos destinatários. Ou seja, uma norma só é jurídica – e, portanto, existe no plano jurídico – quando seu comando possui a qualidade de subordinar dado sujeito a seu comando.[409] Seguindo essa linha argumentativa, a partir das suas definições de *eficácia*, conclui-se

---

405 KELSEN, Hans. *Reine Rechtslehre*. Österreichische Staatsdruckerei, 1992, p. 215.

406 Para Kelsen, como a "vigência da norma pertence à ordem do dever-ser, e não à ordem do ser, deve, também distinguir-se a vigência da norma da sua eficácia, isto é, *do fato real de ela ser efetivamente aplicada e observada, da circunstância de uma conduta humana conforme à norma se verificar na ordem dos fatos*" (KELSEN, Hans. *Teoria Pura do Direito*. Trad. João Baptista Machado. 8ª ed. São Paulo: Martins Fontes, 2009, p. 11, grifo nosso).

407 Nesse sentido: "*en cambio, es de notar que Kelsen emplea indistintamente las palabras 'efectividad' y 'eficácia'. De eso puede dar cuenta tanto el texto alemán como el de la mejor traducción al francés o la tradución al español que hizo Roberto Vernengo*". JEAMMAUD, Antoine. "En torno al problema de la efectividad del Derecho". *Revista Latinoamericana de Política, Filosofia y Derecho*. Universidade Autónoma de Puebla e Universidad Autónoma de Zacotecas, 1984, p. 6.

408 KELSEN, Hans. *Teoria Pura do Direito*. Trad. João Baptista Machado. 8ª ed. São Paulo: Martins Fontes, 2009, pp. 12 e 236.

409 KELSEN, Hans. *Teoria Pura do Direito*. Trad. João Baptista Machado. 8ª ed. São Paulo: Martins Fontes, 2009, pp. 5-10.

que, para Kelsen, toda norma jurídica, para existir enquanto tal – dotada, pois, de *validade* ou *vigência* –, necessita, para a manutenção de sua *validade*, de um *mínimo de eficácia,* isto é, de um *mínimo* de adequação social.[410]

Também no Brasil, o célebre Miguel Reale, em suas *Lições Preliminares de Direito,* não estabelece uma distinção terminológica clara e precisa entre os conceitos de *eficácia* e *efetividade.*[411] Para Reale, do mesmo modo que para Kelsen, a *eficácia* (ou *efetividade*) atine "à aplicação ou execução da norma jurídica, ou por outras palavras, é a regra jurídica enquanto momento da conduta humana".[412] Ou seja, tanto a *eficácia* como a *efetividade* possuem um âmbito empírico, eis que se caracterizam pela *efetiva* concretização ou materialização do direito em seu plano fático.[413] Tal como Hans Kelsen, Miguel Reale também entende que "não há norma jurídica sem um *mínimo de eficácia,* de execução ou aplicação no seio do grupo".[414]

---

410 KELSEN, Hans. *Teoria Pura do Direito.* Trad. João Baptista Machado. 8ª ed. São Paulo: Martins Fontes, 2009, pp. 12 e 236. Sobre o posicionamento de Kelsen, explica Miguel Reale que "Kelsen tinha inicialmente uma posição radicalmente normativa, sustentando que o elemento essencial do Direito é a validade formal. Escreveu ele as suas primeiras obras sob influência do meio austríaco, onde o primado da lei escrita é tradicional. Para subtrair-se à perseguição radical do nazismo, mudou-se para os Estados Unidos e lá entrou em contato com um tipo de Direito que, antes de ser escrito, é de base costumeira e jurisprudencial, vendo-se, assim, obrigado a reconhecer que o Direito, tomado na sua acepção ampla, *pressupõe um mínimo de eficácia.* De certa forma, voltava ao ensinamento do mestre da geração anterior à dele, Rudolf Stammler, que, com base na sua concepção da norma de direito como 'norma de cultura', só compreendia a *positividade do Direito, como uma relação necessária entre validade formal e eficácia,* ensinamento que merece ser guardado". REALE, Miguel. *Lições preliminares de Direito.* 27ª ed. São Paulo: Saraiva, pp. 114/115.

411 Veja-se, pois, que, como prova de que para Miguel Reale (REALE, Miguel. *Lições preliminares de Direito.* 27ª ed. São Paulo: Saraiva, p. 112, itálico nosso) os conceitos de *eficácia* e *efetividade* são sinônimos, o título do terceiro subcapítulo do décimo capítulo de suas *Lições Preliminares de Direto,* é "Da eficácia *ou* efetividade".

412 REALE, Miguel. *Lições preliminares de Direito.* 27ª ed. São Paulo: Saraiva, p. 112.

413 REALE, Miguel. *Lições preliminares de Direito.* 27ª ed. São Paulo: Saraiva, p. 114.

414 REALE, Miguel. *Lições preliminares de Direito.* 27ª ed. São Paulo: Saraiva, pp. 112/113.

A primeira distinção entre os conceitos de *eficácia* e *efetividade* remonta ao clássico *Aplicabilidade das Normas Constitucionais,* do então professor da Faculdade de Direito da Universidade de São Paulo José Afonso da Silva. Para este autor, o conceito de *eficácia* divide-se em dois sentidos, sendo eles: (i) *eficácia social* (sinônimo de *efetividade*) e (ii) *eficácia jurídica.*[415]

José Afonso da Silva, no que se refere à *eficácia jurídica*, caracteriza o conceito como a *capacidade* da norma jurídica alcançar os objetivos insculpidos pelo legislador em sua estrutura.[416] Trata-se, assim, da "possibilidade de aplicação da norma".[417] Diz respeito, pois, à *potencialidade* ou *capacidade* de produção de efeitos normativos. No que tange à *eficácia social* (*efetividade*), compreende o conceito enquanto *efetiva* materialização das normas constitucionais no âmbito social, no exato sentido já exposto por Kelsen e Reale. Diz respeito, pois, à produção dos efeitos normativos, isto é, à alteração da realidade social a partir dos mandamentos (preceitos linguísticos) contidos na norma jurídica (realização da potencialidade normativa). Ou seja, enquanto a *eficácia jurídica* diz respeito aos elementos *internos* e *formais* da própria estrutura da norma, a *eficácia social* é justamente *social* porque se refere à concretização material dos preceitos da normativos.[418]

Em que pesem tais correções, é fato que a distinção entre *eficácia jurídica* e *efetividade*, de José Afonso da Silva, resultou em importantes adesões no campo das ciências jurídicas brasileiras. Desta feita, é possível verificar a adoção da nomenclatura proposta por José Afonso da Silva em autores como Tércio Sampaio Ferraz Junior e Luís Roberto Barroso.[419]

---

415 SILVA, José Afonso da. *Aplicabilidade das normas constitucionais.* 8ª ed. São Paulo: Malheiros, 2012, pp. 65/66.

416 SILVA, José Afonso da. *Aplicabilidade das normas constitucionais.* 8ª ed. São Paulo: Malheiros, 2012, p. 66.

417 SILVA, José Afonso da. *Aplicabilidade das normas constitucionais.* 8ª ed. São Paulo: Malheiros, 2012, p. 66.

418 SILVA, José Afonso da. *Aplicabilidade das normas constitucionais.* 8ª ed. São Paulo: Malheiros, 2012, p. 66.

419 Cf. SILVA, José Afonso da. *Aplicabilidade das normas constitucionais.* 8ª ed. São Paulo: Malheiros, 2012, pp. 13-17; SILVA, Luís Virgílio Afonso da. *O conteúdo essencial dos Direitos Fundamentais e a eficácia das normas constitucionais.* Tese apresentada para

De todo o modo, foi Luís Roberto Barroso quem apresentou, talvez, a mais clara e precisa definição de *efetividade*.[420] Para ele, a *efetividade* pode ser caracterizada como "a realização do Direito, o desempenho concreto de sua função social".[421] Segundo Barroso, a *efetividade* "representa a materialização, no mundo dos fatos, dos preceitos legais e simboliza a aproximação, tão íntima quanto possível, entre o dever-ser normativo e o ser da realidade social".[422]

---

o concurso de provas e títulos para provimento do cargo de Professor Titular da Faculdade de Direito da Universidade de São Paulo (USP). São Paulo, 2005, pp. 301/302. FERRAZ JUNIOR, Tercio Sampaio. *Introdução ao estudo do Direito*: técnica, decisão e dominação. 10ª ed. São Paulo: Atlas, 2018, pp. 207-213.

420 Também não se pode deixar de lado outras contribuições para a nomenclatura em torno do conceito de *efetividade* e *eficácia*. Nesta toada, outra relevante distinção - entre os conceitos de *efetividade* e *eficácia* - está muito bem explicada no importante artigo *En torno al problema de la efectividad del derecho,* de 1982, do já citado professor francês, Antoine Jeammaud. Em um primeiro momento, Jeammaud define a *efetividade* no exato sentido da definição de Barroso (e, logo, de José Afonso da Silva), enquanto *efetiva* aplicação e adequação da norma jurídica às situações e fatos concretos. Mas é ao definir a *eficácia* que Jeammaud rompe inova em relação aos autores apresentados até o momento. Para ele, a *eficácia,* diferentemente da *efetividade,* diz respeito à materialização *efetiva* das finalidades buscadas pelo legislador. Ou seja, uma norma só é *eficaz* quando, além de *efetivada,* alcança os resultados intencionados pelo legislador no momento de sua criação. Este conceito, como se vê, há muito destoa da *eficácia jurídica* apresentada por José Afonso da Silva e Ferraz Jr., bem como da *eficácia* (sinônima de *efetividade*) enquanto materialização do direito, como proposto por Kelsen e Reale. Por fim, há ainda uma última classificação que também vale ser elencada, decorrente da sistematização proposta pelo professor da Faculdade de Direito da Universidade de Brasília (UnB), Marcelo Neves, na obra *A Constitucionalização Simbólica.* Neste trabalho, Neves entende os sentidos de *efetividade* e *eficácia* de modo diametralmente oposto ao que foi formulado por Antoine Jeammaud. Isto é, para ele, enquanto a *eficácia* seria a materialização da norma ao mundo fático, concreto, a *efetividade* seria a realização das finalidades da norma, tal como intencionadas pelo legislador, correspondendo, pois, ao conceito de *eficácia* de Jeammaud. Cf. JEAMMAUD, Antoine. "En torno al problema de la efectividad del Derecho". *Revista Latinoamericana de Política, Filosofia y Derecho*, Universidade Autónoma de Puebla e Universidad Autónoma de Zacotecas, 1984, p. 6; NEVES, Marcelo. *A constitucionalização simbólica.* 3ª ed. São Paulo: Martins Fontes, 2011, pp. 42-55.

421 BARROSO, Luís Roberto. *O Direito Constitucional e a efetividade de suas normas*: limites e possibilidades da Constituição brasileira. 4ª ed. Rio de Janeiro: Renovar, 2000, p. 85.

422 BARROSO, Luís Roberto. *O Direito Constitucional e a efetividade de suas normas*: limites e possibilidades da Constituição brasileira. 4ª ed. Rio de Janeiro: Renovar, 2000, p. 85.

Assim, a *inefetividade* – que nada mais é senão o antônimo de *efetividade* – pode ser definida como a *não* realização do Direito, o *não* desempenho concreto de sua função social, a *não* materialização, no mundo dos fatos, dos preceitos legais e, por fim, a *não* aproximação, tão íntima quanto possível, entre o dever-ser normativo e o ser da realidade social.

2.3.1.2 Autoritarismo enquanto patologia do sistema jurídico constitucional

Como visto, estuda-se, nesta subseção, as *causas* da subversão das normas constitucionais enquanto *modus operandi* dos regimes *autoritários* sob a lente *normativista*. Nesse sentido, não se trata de um estudo voltado para as *causas* de *inefetividade* de toda ou qualquer norma jurídica, senão daquelas normas de natureza (ou hierarquia) constitucional. Além disso, é imperioso ressaltar que também não se busca apenas compreender as *causas* de *inefetividade* de uma ou outra norma constitucional consideradas de forma isolada, mas das normas constitucionais *globalmente consideradas*[423] ou, de outro modo, da Constituição como um todo. Assim, pouco importa se uma norma constitucional específica deixou de ser aplicada em determinado caso isolado, pois o que interessa são os casos em que a própria Constituição – em sua inteireza e unidade normativa[424] – perde a *efetividade*, não em dada situação, mas de forma reiterada, sistêmica ou de maneira *patológica*.[425]

---

423 KELSEN, Hans. *Teoria Pura do Direito*. Trad. João Baptista Machado. 8ª ed. São Paulo: Martins Fontes, 2009, p. 237.

424 Acerca do conceito de unidade, sistema e ordem jurídica, atine Simone Goyard-Fabre que "a teoria constitucionalista, ao ordenar todas as regras de direito sob a Constituição do Estado num todo substancial, também ele articulado, como o Código Civil, segundo encadeamentos de razões, e que é precisamente chamado de ordem jurídica, caracteriza-se necessariamente por sua homogeneidade e sua unidade lógica. Logo de saída, isso significa que nenhuma lei, e, de modo geral, nenhuma regra de direito, pode ser definida em si e para si, isto é, isoladamente: ela pertence à organização institucional do espaço estatal". GOYARD-FABRE. *Os fundamentos da ordem jurídica*. Trad. Claudia Berliner e Maria Ermantina Galvão. São Paulo: Martins Fontes, 2002, p. 116.

425 FERRAJOLI, Luigi. *Poderes selvagens*. Trad. Alexander Araujo de Souza. São Paulo: Saraiva, 2014, p. 29.

O termo *patologia*, empregado por Luigi Ferrajoli em *Poderes Selvagens*, encontra razão lógica de ser quando se analisa a finalidade das normas jurídicas, sobretudo as constitucionais, cuja *efetividade* é *conditio sine qua non* para a vitalidade do próprio ordenamento jurídico e da democracia constitucional.[426] Isso porque toda Constituição é criada e existe para ser aplicada.[427] Sem a aplicação de suas normas (*globalmente consideradas*), a Constituição não cumpre sua função precípua de regular e racionalizar o poder *soberano*, padecendo, pois, de disfuncionalidade. Em comparação com o corpo humano, qualquer órgão que não desempenhe corretamente sua função final – como os olhos que deixam de enxergar – é considerado um órgão doente, acometido por uma *patologia*. Diferente não é com a Constituição, sobretudo quando passa a sofrer de algum mal que a impeça de produzir efeitos jurídicos na realidade concreta.

Outro termo utilizado por Luigi Ferrajoli é *poder desconstituinte* ou *processo de desconstitucionalização* que, como explica Serrano, é "caracterizado pelo esvaziamento de sentido da Constituição vigente, transformando-a em uma mera casca, um disfarce, reduzindo a democracia à prática do voto universal".[428] Com efeito, embora o Estado de Direito exista *formalmente*, uma vez que seus preceitos se encontram insculpidos em texto constitucional, tais preceitos não se *materializam*, isto é, não se *efetivam*.[429] É inevitável que, na prática – devido às influências da dinâmica social –, as Constituições acabem encontrando dificuldades para se realizarem de maneira integral. Vale repetir as lições de Pedro Serrano, que entende ser o Estado de Direito "um projeto humano e político, uma concepção abstrata que nunca se realizou completamente

---

426 FERRAJOLI, Luigi. *Poderes selvagens*. Trad. Alexander Araujo de Souza. São Paulo: Saraiva, 2014, p. 18.

427 SILVA, José Afonso da. *Aplicabilidade das normas constitucionais*. 8ª ed. São Paulo: Malheiros, 2012, p. 47.

428 SERRANO, Pedro Estevam Alves Pinto. *Autoritarismo e golpes na América Latina*: breve ensaio sobre jurisdição e exceção. 2ª ed. São Paulo: Alameda, 2016.

429 FERRAJOLI, Luigi. *Poderes selvagens*. Trad. Alexander Araujo de Souza. São Paulo: Saraiva, 2014, p. 29.

em nenhuma sociedade histórica conhecida".[430] Porém, diversa é a situação da Constituição que vive em situação de *anormalidade* permanente, caracterizada pela *patologia* do sistema normativo, que passa de um contexto em que a norma era cumprida, ao menos em *regra*, para outro, cujo cumprimento torna-se a *exceção*. Nas palavras de Luigi Ferrajoli:

> (...) certo grau de inefetividade e de ilegitimidade é, contudo, inevitável e, portanto, fisiológico em qualquer democracia constitucional, por causa exatamente do caráter normativo das suas fontes de legitimação. Além de certo limite, todavia, o grau de inefetividade do paradigma constitucional pode tornar-se patológico.[431]

Para Ferrajoli, este *poder desconstituinte* que leva à *patologia* das normas constitucionais e à crise *sistêmica* de *inefetividade* normativa tanto deu *causa* ao *autoritarismo* do século XX – gerando movimentos *autoritários* como o nazismo e o fascismo – como é hoje *causa*, inclusive, de um *autoritarismo* contemporâneo.[432] De modo semelhante, em sua

---

430 SERRANO, Pedro Estevam Alves Pinto. *Autoritarismo e golpes na América Latina*: breve ensaio sobre jurisdição e exceção. 2ª ed. São Paulo: Alameda, 2016, p. 15.

431 FERRAJOLI, Luigi. *Poderes selvagens*. Trad. Alexander Araujo de Souza. São Paulo: Saraiva, 2014, p. 29. Outrossim, interessante verificar que, já na primeira metade do século XX, Hans Kelsen (KELSEN, Hans. *Teoria Pura do Direito*. Trad. João Baptista Machado. 8ª ed. São Paulo: Martins Fontes, 2009, p. 237) havia afirmado que: "uma ordem jurídica não perde, porém, a sua validade pelo fato de uma norma jurídica singular perder a sua eficácia, isto é, pelo fato de ela não ser aplicada em geral ou em casos isolados. Uma ordem jurídica é considerada válida quando as suas normas são, *numa consideração global*, eficazes, quer dizer, são de fato observadas e aplicadas. E também uma norma jurídica singular não perde a sua validade quando apenas não é eficaz em casos particulares, isto é, não é observada ou aplicada, embora deva ser observada e aplicada".

432 Nas palavras de Ferrajoli: "*lo que hoy acontece exatamente es este vaciamiento de la olítica y del derecho. La política, repito, puede también destruir los derechos. Puede reducir, y no solo poner limites y vínculos a los poderes. Puede muy bien ser desconstituyente em vez de constituyente. Y puede serlo también bajo las formas no violentas ni diretamente destructivas com que lo fue em el treintenio de las guerras mundiales y los fascismos del siglo passado. Aunque sea de forma pacíficas, a través de silenciosas involuciones autoritárias, democracia y derechos pueden ser banalizados desde arriba, com políticas anticonstitucionales, y también desde abajo cuando no sean defendidos ni ejercidos. Por lo común, los processos desconstituyentes marchan juntos. En el siglo passado, por ejemplo, fascismo y nazismo destruyeron desde arriba*

Teoria Pura do Direito – ainda que sem mencionar diretamente o tema do *autoritarismo* –, Kelsen já observava que tanto a *revolução* como o *golpe de Estado* se caracterizavam pela "modificação ilegítima da Constituição",[433] feita à revelia do que é estabelecido por suas normas, de modo a *causar* a perda de sua *validade*.[434] Contudo, em *A Democracia,* o autor *é claro* ao dizer que "o tipo ideal de *autocracia* em nada favorece o princípio da regra de Direito (*Rule of Law* ou Estado de Direito), uma vez que não há interesse em uma racionalização das atividades governamentais".[435]

Exemplo empírico e atual de crise *patológica* de *inefetividade* constitucional pode ser verificado da importante decisão do Supremo Tribunal Federal brasileiro, no bojo da Medida Cautelar na Arguição de Descumprimento de Preceito Fundamental (AD PF) n. 347, referente à violação sistemática de direitos fundamentais no interior dos sistemas prisionais do país.[436] Na ocasião, o Ministro Celso de Mello, invocando a doutrina de Karl Loewenstein, asseverou que:

> O fato inquestionável é um só: a inércia estatal em tornar *efetivas* as imposições constitucionais traduz inaceitável gesto de *desprezo pela Constituição* e configura comportamento que revela um incompreensível sentimento de desapreço pela autoridade, pelo valor e pelo alto significado de que se reveste a Constituição

---

la democracia y los derechos. Pero pudieron hacerlo a causa de su adaptación desde abajo. Del mismo modo, hoy, los derechos son agredidos desde arriba y desde abajo, em ambos casos por um vacío de política. Desde arriba, por la subordinación de la política a los mercados: el vacío de poder no existe, y cuando los poderes políticos retroceden, otros poderes, los económicos y financeiros, avanzan y toman la delantera. Desde abajo por la esterilización política de la sociedade, la desmobilización territorial de los partidos, la difusión de racismos y egoísmos sociales y la quebra de la representación. El resultado es el processo desconstituyente em curso em casi todos los países ocidentales" (FERRAJOLI, Luigi. *Constitucionalismo más allá del Estado*. Trad. espanhola de Perfecto Andrés Ibáñez. Madrid: Trotta, 2018, p. 72).

433 FERRAJOLI, Luigi. *Constitucionalismo más allá del Estado*. Trad. espanhola de Perfecto Andrés Ibáñez. Madrid: Trotta, 2018, p. 233.

434 FERRAJOLI, Luigi. *Constitucionalismo más allá del Estado*. Trad. espanhola de Perfecto Andrés Ibáñez. Madrid: Trotta, 2018, p. 233.

435 KELSEN, Hans. *A Democracia*. 3ª ed. São Paulo: Martins Fontes, 2019, p. 273.

436 STF, ADPF 347 MC/DF. Rel. Min. Marco Aurélio. Plenário. DJE 19.02.2016.

> da República. Nada mais nocivo, perigoso e ilegítimo do que elaborar uma Constituição sem a vontade de fazê-la cumprir integralmente ou, então, de apenas executá-la com o propósito subalterno de torná-la aplicável somente nos pontos que se mostrarem convenientes aos desígnios dos governantes, em detrimento dos interesses maiores dos cidadãos (...). Essa constatação, feita por KARL LOEWENSTEIN ("Teoria de la Constitución", p. 222, 1983, Ariel, Barcelona), coloca em pauta o fenômeno da *erosão da consciência constitucional*, motivado pela instauração, no âmbito do Estado, de um *preocupante processo de desvalorização funcional da Constituição escrita*, como já ressaltado, pelo Supremo Tribunal Federal (...).[437]

De todo modo, o chamado *poder desconstituinte*, que leva à *inefetividade patológica* da democracia constitucional, pode ser visto enquanto a forma ou *modus operandi* do *autoritarismo,* a partir de uma visão *normativa* do Direito, que separa a normatividade (*dever-ser*) da realidade social (*ser*). Isso porque, conforme *já* analisado, a *inefetividade patológica* das normas constitucionais culmina na perda de validade do ordenamento jurídico que funda a democracia constitucional. Uma vez morta a democracia constitucional – cujo espírito reside sobretudo na distribuição do poder político e proteção dos direitos fundamentais dos indivíduos – o Estado de polícia, na alusão de Zaffaroni,[438] torna-se livre para centralizar o poder em torno de si e agir de forma *autoritária.*

2.3.2 O autoritarismo sob a lente decisionista

Diferentemente da ótica *normativista*, cuja característica central é descrever o Direito em termos puramente *formais,* ou melhor, enquanto um conjunto de normas (*dever-ser*) separado da realidade social (*ser*), a perspectiva *decisionista* compreende o Direito para além dessa dicotomia. Assim, debruçando-se sobre a obra de Carl Schmitt – maior representante

---

437 STF, ADPF 347 MC/DF. Rel. Min. Marco Aurélio. Plenário. DJE 19.02.2016, grifo nosso.

438 Vide item 2.1.

do *decisionismo* e objeto central do presente estudo –, José Afonso da Silva afirma que "para Schmitt a essência da constituição não se acha numa lei ou norma",[439] mas no fato de que no fundo e "por detrás de toda normatividade, está uma *decisão política do titular do poder constituinte*".[440]

Desta primeira aproximação, resulta que, para a concepção *decisionista*, ao contrário da *normativista*, não há sentido na separação de *norma* (*dever-ser*) e realidade (*ser*), na medida em que a própria *norma* é produto da *decisão política* fundamental (*ser*) e, portanto, *dever-ser* e *ser* são indistinguíveis, pois compõem a mesma realidade. De conseguinte, o conceito de *efetividade* (ou *inefetividade*) deixa de fazer sentido, pois – conforme a lição de Luís Roberto Barroso – sua definição depende da dicotomia normativista que separa *ser* e *dever-ser.*[441]

Disso resulta que, para Schmitt, a eventual ausência de correspondência entre texto normativo e realidade social – o que, para os *normativistas* recebe o nome de *inefetividade* – não deriva de qualquer *poder desconstituinte* do Estado de Direito, tal como exposto por Luigi Ferrajoli, senão o contrário. Ou seja, é o *poder constituinte*, enquanto *poder soberano*, que possui a condição de *suspender* – desaplicar[442] – o texto constitucional a partir da *decisão soberana*. É desse modo que Schmitt define a figura do *soberano* como "aquele que decide pelo estado de exceção".[443] Por *estado de exceção*, leia-se, justamente, a *suspensão* da Constituição em sua totalidade,[444] o que, para um *normativista,* poderia ser traduzido em termos de *inefetividade global.*

---

439 SILVA, José Afonso da. *Teoria do Conhecimento Constitucional.* São Paulo: Malheiros, 2014, p. 159.

440 SILVA, José Afonso da. *Teoria do Conhecimento Constitucional.* São Paulo: Malheiros, 2014, p. 159.

441 Vide item 2.3.1.1 *supra.*

442 AGAMBEN, Giorgio. *Estado de exceção.* Trad. Iraci D. Poleti. 2ª ed. São Paulo: Boitempo, 2004, p. 63

443 SCHMITT, Carl. *Teologia Política.* Trad. Elisete Antoniuk. Belo Horizonte: Del Rey, 2006, p. 7.

444 SCHMITT, Carl. *Teologia Política.* Trad. Elisete Antoniuk. Belo Horizonte: Del Rey, 2006, p. 8.

Portanto, é justamente por isso que, para a visão normativista, o *autoritarismo* revela-se enquanto *poder desconstituinte,* ao passo que, para a visão *decisionista*, o *autoritarismo* é o próprio *poder constituinte soberano* que se manifesta pelo *estado de exceção* que *suspende* a Constituição. Em outras palavras, para Ferrajoli, a *inefetividade* das normas constitucionais é uma *patologia* que afeta a *validade* da Constituição, razão pela qual ela é *esvaziada* de seu elemento *constituinte*, isto é, ela perde *força normativa* para ser *efetivada*. Já para Schmitt, na visão *decisionista*, o *autoritarismo* é o próprio *poder constituinte* que se manifesta pela *aclamação*. Nota-se, pois, que para a visão *decisionista* há uma certa confusão entre a Constituição material e o *poder constituinte*. É que, enquanto para um normativista o *poder constituinte* resta *fixado* no passado, isto é, no momento em que se tornou *poder constituído* (dando luz a uma Constituição), para um *decisionista* o *poder constituinte* é *vivo*, permanece sempre *pulsando*, sendo, ele próprio, a verdadeira Constituição.

Ocorre que essa *suspensão* das normas constitucionais, fenômeno posto em termos de *estado de exceção*, não acomete *patologicamente* o Estado de Direito, conforme já dito por Luigi Ferrajoli.[445] Isso porque, como será à frente melhor analisado, os conceitos de *Estado* e *Direito* (e de Estado *de* Direito), para Carl Schmitt, são substancialmente diferentes daqueles desenvolvidos pelo pensamento *normativista*, cujo maior expoente é Hans Kelsen. Segundo o ilustre especialista da obra *schmittiana*, Alexandre Franco de Sá, para Carl Schmitt:

> (...) a expressão *Estado de direito* aparece, neste contexto, não para distinguir Estados ilegítimos de Estados que se subordinem a um *rule of law*, ou que encontrem no direito um limite ao exercício do seu poder, mas para assinalar que *o Estado é já sempre enquanto tal a realização do direito e que o direito não pode dispensar o Estado para a sua efetivação, realizando-se sempre facticamente no Estado e através do Estado*.[446]

---

445 FERRAJOLI, Luigi. *Poderes selvagens*. Trad. Alexander Araujo de Souza. São Paulo: Saraiva, 2014, p. 29.

446 SÁ, Alexandre Franco de. "O ficcionalismo na emergência do decisionismo schmittiano". *In*: MORAIS, Carlos Blanco de; COUTINHO, Luís Pereira (Coord.).

Deste cristalino esclarecimento, Franco de Sá revela que, para o *decisionismo* de Schmitt, não é a aplicação do texto constitucional que *valida* o Direito, mas sim a *decisão estatal soberana política*, ainda que ela *suspenda* o ordenamento jurídico em sua totalidade.[447]

Trata-se, aqui, do ponto nevrálgico que distingue o *decisionismo* do *normativismo*. A distinção aí já foi verificada na análise da obra *Teoria da Constituição* de Carl Schmitt, em que o autor propõe uma cisão entre os conceitos de Constituição e Lei Constitucional.[448] Para Kelsen, todo e qualquer Estado *de* Direito é um Estado formado por normas jurídicas que, na visão de Schmitt, seriam meras *leis constitucionais*. Nesse sentido, na perspectiva de Schmitt, Hans Kelsen ignora o que é mais essencial em uma Constituição, que é o elemento de *decisão política soberana* (manifestado via *aclamação*). Por isso, para Schmitt, Kelsen defende uma visão *despolitizada* do Direito.

De mais a mais, nota-se que, para o pensamento *normativista*, todo Estado só pode ser "Estado *de* Direito", uma vez que o próprio Estado *é* um Estado normativo, construído por normas jurídicas, a partir do Direito e com ele identificado e, principalmente, submetido. Já para o pensamento *decisionista*, ocorre o inverso: o Estado é figura *anterior* ao Direito que, por meio da *decisão soberana*, cria o Direito, sendo, portanto, "antecedente e prevalente ao direito".[449]

Carl Schmitt revisitado. Lisboa: Instituto de Ciências Jurídico-Políticas da Faculdade de Direito da Universidade de Lisboa, 2014, p. 10, itálico nosso.

447 Explicando o *decisionismo schmittiano,* Gilberto Bercovici é assertivo ao dizer que "é a exceção que revela o fundamento da ordem jurídica, portanto, da normatividade. A normatividade está, assim, subordinada às condições efetivas de sua instauração, ou seja, às decisões fundadoras da ordem jurídica" (BERCOVICI, Gilberto. *Entre o Estado Total e o Estado Social*: atualidade do debate sobre Direito, Estado e Economia na República de Weimar. Tese (Livre-Docência). Universidade de São Paulo, 2003, p. 52). Ver também: SCHMITT, Carl. *Teologia Política*. Trad. Elisete Antoniuk. Belo Horizonte: Del Rey, 2006, pp. 8 e 10.

448 Vide item 1.2.2 *supra*.

449 SERRANO, Pedro Estevam Alves Pinto. *Autoritarismo e golpes na América Latina*: breve ensaio sobre jurisdição e exceção. 2ª ed. São Paulo: Alameda, 2016, p. 56.

Vale, neste ponto, reiterar as lições de Gilberto Bercovici, para quem, no *normativismo*, há uma *despolitização* do Direito, ao passo que, para o *decisionismo*, há verdadeira *politização*. Não por outro motivo, para essa última corrente, é a própria *decisão* política que fundamenta o Direito. Essa concepção vem da clara influência de autores como Jean Bodin, Thomas Hobbes e Donoso Cortés, os quais influenciaram[450] Schmitt no entendimento de que a *decisão soberana* é criadora e, portanto, "antecedente e prevalente ao direito".[451] Para Carl Schmitt, o *soberano* existe, paradoxalmente, dentro e fora do ordenamento jurídico.[452] Está dentro em situações de plena normalidade política e institucional, mas se revela fora quando em situações excepcionais,[453] *decidindo* pelo *estado de exceção* e *suspendendo* a ordem jurídica *in toto*.[454]

Nesse sentido, o *autoritarismo* aqui não é tratado de forma estritamente jurídica – no sentido de que a norma jurídica perde sua *efetividade* face à realidade social –, mas dentro do vácuo existente entre a Política e o Direito. Nas palavras de Giorgio Agamben, o *estado de exceção* não pode ser visto "nem exterior nem interior ao ordenamento jurídico e o problema de sua definição diz respeito a um patamar, ou a uma zona de indiferença, em que dentro e fora não se excluem, mas se indeterminam".[455] De modo mais claro, o *estado de exceção* se caracteriza pela *suspensão* das normas do ordenamento jurídico com a finalidade de proteger o próprio ordenamento jurídico, principalmente perante situações extremas, emergenciais, caóticas e de profunda instabilidade

---

450 Vide SCHMITT, Carl. *Teologia Política*. Trad. Elisete Antoniuk. Belo Horizonte: Del Rey, 2006, pp. 9 e 31-36.

451 SERRANO, Pedro Estevam Alves Pinto. *Autoritarismo e golpes na América Latina*: breve ensaio sobre jurisdição e exceção. 2ª ed. São Paulo: Alameda, 2016, p. 56.

452 SCHMITT, Carl. Teologia Política. Trad. Elisete Antoniuk. Belo Horizonte: Del Rey, 2006, p. 8.

453 SCHMITT, Carl. Teologia Política. Trad. Elisete Antoniuk. Belo Horizonte: Del Rey, 2006.

454 SCHMITT, Carl. Teologia Política. Trad. Elisete Antoniuk. Belo Horizonte: Del Rey, 2006.

455 AGAMBEN, Giorgio. *Estado de exceção*. Trad. Iraci D. Poleti. 2ª ed. São Paulo: Boitempo, 2004, p. 39.

social e institucional. Neste passo, o *estado de exceção* tem como objetivo a restauração e preservação da normalidade constitucional e social.[456] Para tanto, em casos de anormalidade social, ocorre "a abolição provisória da distinção entre poder legislativo, executivo e judiciário",[457] a fim de que o *soberano* possa agir para além dos limites ordinários do que preveem as normas constitucionais.

Em interessante trabalho intitulado *Estado de exceção,* Giorgio Agamben localiza esse fenômeno jurídico desde a República romana.[458] Com efeito, o autor leciona acerca do instituto do *iustitium* que, segundo o autor, pode ser considerado o arquétipo do *estado de exceção* moderno.[459]

Nas palavras do autor italiano:

> Quando tinha notícia de alguma situação que punha em perigo a República, o Senado emitia um *senatus consultum ultimum* por meio do qual pedia aos cônsules (ou a seus substitutos em Roma, *interrex* ou pró-cônsules) e, em alguns casos, também aos pretores e aos tribunos da plebe e, no limite, a cada cidadão, que tomasse

---

456 Nas palavras de Manoel Gonçalves Ferreira Filho, "a normalidade constitucional pressupõe a normalidade social. A ordem jurídica estatal, mormente quando estruturada com freios e contrapesos, depende de uma ordem social aberta e receptiva para com ela e seus valores, que se manifesta pelo acatamento pacífico pelo povo de suas disposições. As crises, porém, que quebram essa normalidade, são previsíveis. A experiência histórica ensina que todos os povos, inclusive os cultos e os prósperos, passam por momentos de agitação, de desordem, de insubmissão, que não podem ser sufocados pelas medidas ordinárias de polícia, que não podem ser extintos dentro do respeito absoluto às garantias dos direitos fundamentais. O Estado moderno, porém, é um estado de direito e, como tal, pretende regular por meio de normas jurídicas a vida social mesmo em momentos de crise. Preveem, por isso, as Constituições para enfrentar circunstâncias anormais a atribuição ao governo de poderes anormais". FERREIRA FILHO, Manuel Gonçalves. *Curso de Direito Constitucional.* 32ª ed. São Paulo: Saraiva, 2006, p. 332.

457 AGAMBEN, Giorgio. *Estado de exceção.* Trad. Iraci D. Poleti. 2ª ed. São Paulo: Boitempo, 2004, p. 19.

458 AGAMBEN, Giorgio. *Estado de exceção.* Trad. Iraci D. Poleti. 2ª ed. São Paulo: Boitempo, 2004, p. 67.

459 AGAMBEN, Giorgio. *Estado de exceção.* Trad. Iraci D. Poleti. 2ª ed. São Paulo: Boitempo, 2004.

> qualquer medida considerada necessária para a salvação do estado (*rem publicam defendant, operam que dente ne quid republica detrimenti capiat*). Esse senatus-consulto tinha por base um decreto que declarava o *tumultus* (isto é, a situação de emergência em Roma, provocada por uma guerra externa, uma insurreição ou uma guerra civil) e dava lugar, habitualmente, à proclamação de um *iustitium* (*iustitium edicere* ou *indicere*). O termo *iustitium* – construído exatamente como *solstitium* – significava literalmente "interrupção, suspensão do direito" (...). Implicava, pois, uma suspensão não apenas da administração da justiça, mas do direito enquanto tal.[460]

Agamben distingue o *estado de exceção* de outros institutos jurídicos de caráter emergencial – como o *estado de sítio,* o *estado de guerra* e a *lei marcial* –, bem como defende a impossibilidade de normatizá-lo. Para o autor, diferentemente de tais institutos jurídicos, "o estado de exceção não é um direito especial (como o direito de guerra), mas, enquanto *suspensão* da própria ordem jurídica, define seu patamar ou seu conceito-limite".[461]

No bojo do Estado moderno, Agamben indica que foi a partir da Primeira Guerra Mundial, sobretudo nos Estados totalitários do século XX, que a figura do *estado de exceção* se aperfeiçoou para se tornar uma *técnica* ou *paradigma* de governo".[462] Significa dizer que, a partir do totalitarismo moderno do século XX, o *estado de exceção* perdeu seu caráter *provisório* e transformou-se em um *estado de exceção permanente,* culminando na eliminação física de milhões de seres humanos.[463]

Nesse sentido, a relação do *estado de exceção* com o *autoritarismo é total, na medida em que, ao decidir* pela *suspensão* da ordem constitucional, o *soberano*

---

460 AGAMBEN, Giorgio. *Estado de exceção.* Trad. Iraci D. Poleti. 2ª ed. São Paulo: Boitempo, 2004, pp. 67/68.

461 AGAMBEN, Giorgio. *Estado de exceção.* Trad. Iraci D. Poleti. 2ª ed. São Paulo: Boitempo, 2004, p. 15.

462 AGAMBEN, Giorgio. *Estado de exceção.* Trad. Iraci D. Poleti. 2ª ed. São Paulo: Boitempo, 2004, p. 13.

463 AGAMBEN, Giorgio. *Estado de exceção.* Trad. Iraci D. Poleti. 2ª ed. São Paulo: Boitempo, 2004, p. 13.

livra-se das amarras jurídicas que antes limitavam seu poder. Finalmente, conclui-se que a perspectiva *decisionista* possui ferramentas mais aptas a descrever e caracterizar o *autoritarismo*. Isso porque, diferentemente do que ocorre com a corrente *normativista*, o *decisionismo* – por integrar os elementos políticos no interior de seu espectro de análise – identifica, por exemplo, os elementos próprios da violência do Estado, por exemplo quando estabelece o conceito do *inimigo*, como sendo aquele que coloca em risco a normalidade do Estado e, justamente por isso, perde sua qualidade de *pessoa*, por meio do *estado de exceção* que *suspende* a *validade* do ordenamento jurídico.

2.4 Terceiro Reich: uma análise empírica do autoritarismo

A primeira metade do século XX foi marcada pelo exaurimento dos valores liberais que deram luz ao constitucionalismo moderno.[464]

---

464 Nesse sentido, afirma Eric Hobsbawm (HOBSBAWM. Eric. *Era dos Extremos*: o breve século XX. Trad. Marcos Santarrita. 2ª ed. São Paulo: Companhia das Letras, 1995, pp. 113-115, itálico nosso) que "de todos os fatos da Era da Catástrofe, os sobreviventes do século XIX ficaram talvez mais chocados com o *colapso dos valores e instituições da civilização liberal cujo progresso seu século tivera como certo, pelo menos nas partes 'avançadas' e 'em avanço' do mundo. Esses valores eram a desconfiança da ditadura e do governo absoluto*; o compromisso com um governo constitucional com ou sob governos e assembleias representativas livremente eleitos, que garantissem o domínio da lei; e um conjunto aceito de direitos e liberdades dos cidadãos, incluindo a liberdade de expressão, publicação e reunião. De fato, as instituições da democracia liberal haviam avançado politicamente, e a erupção de barbarismo em 1914-8 aparentemente apenas apressou esse avanço. Com exceção da Rússia soviética, todos os regimes que emergiam da Primeira Guerra Mundial, novos e velhos, eram basicamente regimes parlamentares representativos eleitos, mesmo a Turquia (...). Mesmo assim, os regimes eleitorais representativos eram bastante frequentes. E no entanto os 23 anos entre a chamada 'Marcha sobre Roma' de Mussolini e o auge do sucesso do Eixo na Segunda Guerra Mundial viram *uma retirada acelerada e cada vez mais catastrófica das instituições políticas liberais*. Em 1918-20, assembleias legislativas foram dissolvidas ou se tornaram ineficazes em dois Estados europeus, na década de 1920 em seis, na de 1930 em nove, enquanto a ocupação alemã destruía o poder constitucional em outros cinco durante a Segunda Guerra Mundial. Em suma, os únicos países europeus com instituições políticas adequadamente democráticas que funcionaram sem interrupção durante todo o período entre guerras foram a Grã-Bretanha, a Finlândia (minimamente), o Estado Livre Irlandês, a Suécia e a Suíça (...). Em resumo, *o liberalismo fez uma retirada durante*

O resultado desse exaurimento valorativo não poderia ser outro, senão o fato de que o século XX foi caracterizado pela violência brutal e pela barbárie com que regimes *totalitários* – fascismo, nazismo, stalinismo, franquismo etc. – deturparam seus respectivos sistemas constitucionais, levando à morte – tanto em razão da guerra como por suas próprias políticas punitivas – dezenas de *milhões* de vidas humanas.[465]

Dos argumentos estruturados nas seções anteriores, verificou-se que a subversão das Constituições – seja à luz de uma visão *normativista* como *decisionista* – é fator intimamente ligado ao *arbítrio* do poder *soberano* contra regimes democráticos e contra direitos individuais. Em *Origens do Totalitarismo*, Hannah Arendt afirma que a marca do *autoritarismo* daquele período traduzia-se pelo total desprezo às Constituições e às instituições democráticas que visavam frear o arbítrio do poder soberano.[466] Segundo a autora, tanto a Constituição alemã de Weimar (1919)

---

toda a Era da Catástrofe, movimento que se acelerou acentuadamente depois que Adolf Hitler se tornou chanceler da Alemanha em 1933. Tomando-se o mundo como um todo, havia talvez 35 ou mais governos constitucionais e eleitos em 1920 (dependendo de onde situamos algumas repúblicas latino-americanas). Até 1938, havia talvez dezessete desses Estados, em 1944 talvez doze, de um total global de 65. A tendência mundial parecia clara".

465 Nas palavras de Schioppa (SCHIOPPA, Antonio Padoa. *História do Direito na Europa*: da Idade Média à Idade Contemporânea. Trad. Marcos Marcionilo. São Paulo: Martins Fontes, 2014, p. 417), "nasce um ordenamento jurídico caracterizado pelo controle total do poder político sobre a economia e sobre a própria liberdade física e espiritual das pessoas. O recurso indiscriminado à violência legalizada culmina no sistema brutal dos *gulagui*, com o sacrifício de milhões de seres humanos inocentes. Em decorrência das feridas da guerra, mal curadas (mas seria melhor dizer exacerbadas) pelo regulamento de paz de 1919, instalam-se em três países europeus – na Itália, na Alemanha e na Espanha – os regimes autoritários do fascismo, do nazismo e do franquismo que de formas diferentes suprimem liberdades políticas e marcam a passagem dos três países da democracia formal à ditadura. Na Alemanha, o regime autoritário de Hitler assume traços cruéis da exaltação nacionalista e do ódio racial, até gerar o extermínio organizado de milhões de judeus. Bastariam esses eventos – todos, observe-se, ocorridos com o recurso sistemático também às armas do direito: eleições, leis, regulamentos, doutrinas, sentenças – para concluir que na primeira metade do século XX a Europa conheceu, também na esfera do direito, fenômeno de autêntica barbárie".

466 ARENDT, Hannah. *Origens do Totalitarismo*. Trad. Roberto Raposo. São Paulo: Companhia das Letras, 2012, pp. 532/533.

como a Constituição *stalinista* da URSS (1936), embora formalmente vigentes, foram reduzidas à condição de letra morta[467] ou, como diria Ferdinand Lassalle, foram reduzidas a mera *folha de papel.*[468]

---

467 Para Hannah Arendt (ARENDT, Hannah. *Origens do Totalitarismo*. Trad. Roberto Raposo. São Paulo: Companhia das Letras, 2012, pp. 532-534), "mais perturbador ainda era o *modo pelo qual os regimes totalitários tratavam a questão constitucional.* Nos primeiros anos de poder, os nazistas desencadearam uma avalanche de leis e decretos, *mas nunca se deram ao trabalho de abolir oficialmente a Constituição de Weimar*; chegaram até a deixar mais ou menos intactos os serviços públicos - fato que levou muitos observadores locais e estrangeiros a esperar que o partido mostrasse comedimento e que o novo regime caminhasse rapidamente para a normalização. Mas, após a promulgação das *Leis de Nuremberg*, verificou-se que os nazistas não tinham o menor respeito sequer pelas suas próprias leis. Em vez disso, continuou a 'constante caminhada na direção de setores sempre novos', de modo que, afinal, 'o objetivo e a alçada da polícia secreta do Estado', bem como de todas as outras instituições estatais ou partidárias criadas pelos nazistas, não poderiam 'de forma alguma definir-se pelas leis e normas que as regiam'. Na prática, esse *estado permanente de ilegalidade* era expresso pelo fato de que 'muitas das normas em vigor já não [eram] do domínio público'. Teoricamente, correspondiam ao postulado de Hitler, segundo o qual 'Estado total não deve reconhecer qualquer diferença entre a lei e a ética', porque, quando se presume que a lei em vigor é idêntica à ética comum que emana a consciência de todos, então não há mais necessidade de decretos públicos. A União Soviética, onde os serviços públicos pré-revolucionários haviam sido exterminados durante a revolução, e onde o regime pouco havia se incomodado com questões constitucionais durante o período de mudança revolucionária, chegou a dar-se ao trabalho de promulgar em 1936 uma constituição inteiramente nova e muito minuciosa ('*um véu de frases e preceitos liberais encobrindo a guilhotina escondida ao fundo*'), fato que foi aclamado na Rússia e no exterior como o fim do período revolucionário. No entanto, a publicação da Constituição coincidiu com o início do gigantesco *super expurgo* que, em menos de dois anos, liquidou a administração existente e apagou todos os vestígios de vida normal e da recuperação econômica conseguida durante os quatro anos que se seguiram à liquidação dos *kulaks* e à coletivização forçada da população rural. *Daí por diante, a Constituição stalinista de 1936 teve exatamente o mesmo papel que a Constituição de Weimar sob o regime nazista*: *completamente ignorada, nunca foi abolida*; a única diferença é que Stálin pôde dar-se ao luxo de mais um absurdo – com a exceção de Vishinski, *todos os autores da Constituição (que nunca foi repudiada) foram executados como traidores*" [itálico nosso].

468 LASSALLE, Ferdinand. *Que é uma constituição?*. Trad. Walter Stönner. E-book: Edições e Publicações Brasil, 2006. Disponível em: http://bibliotecadigital.puc-campinas.edu.br/services/e-books/Ferdinand%20Lassalle-1.pdf/.

No caso do regime nazista, a derrocada da Constituição de Weimar foi resultado da aplicação de decretos pautados no artigo 48 do seu próprio texto. Esse dispositivo possibilitava ao chefe do Poder Executivo o manejo de *decretos com força de lei* que poderiam ser expedidos com a finalidade de fazer cessar eventual instabilidade política.[469] Com base nesse artigo, Hitler pôde livrar a máquina estatal dos limites jurídicos que davam forma e substância ao regime democrático,[470] dando-se início a um movimento assustadoramente veloz e autoritário, cuja virulência levou o mundo à guerra apenas seis anos depois.[471] Quanto à velocidade e brutalidade do regime nazista,[472] basta uma breve consulta às datas de cada evento. No dia 30 de janeiro de 1933, Hitler sobe ao poder ao ser nomeado para o cargo de chanceler.[473] Menos de um mês depois, aos 28 de fevereiro daquele ano – após um estranho incidente conhecido como "incêndio do *Reichstag*"[474] –, Hitler expediu, com força no citado artigo 48, o chamado *Decreto de Incêndio do Reichstag*, *suspendendo* as garantias individuais dos alemães.[475] Em 5 de março, os nazistas conse-

---

469 Vide item 1.2.1, do presente estudo.

470 SCHIOPPA, Antonio Padoa. *História do Direito na Europa*: da Idade Média à Idade Contemporânea. Trad. Marcos Marcionilo. São Paulo: Martins Fontes, 2014, p. 427.

471 Segundo Eric Hobsbawm (HOBSBAWM. Eric. *Era dos Extremos*: o breve século XX. Trad. Marcos Santarrita. 2ª ed. São Paulo: Companhia das Letras, 1995, p. 43): "(e)m termos mais simples, a pergunta sobre quem o que causou a Segunda Guerra Mundial pode ser respondida em duas palavras: Adolf Hitler".

472 EVANS, Richard. *O Terceiro Reich no poder*. Trad. Lúcia Brito. 2ª ed. São Paulo: Planeta, 2014, p. 20.

473 EVANS, Richard. *O Terceiro Reich no poder*. Trad. Lúcia Brito. 2ª ed. São Paulo: Planeta, 2014, p. 29.

474 EVANS, Richard. *O Terceiro Reich no poder*. Trad. Lúcia Brito. 2ª ed. São Paulo: Planeta, 2014, p. 30.

475 Sobre o texto do mencionado decreto, Richard Evans pontua que: "o decreto entrou em vigor imediatamente. O parágrafo 1 suspendeu artigos-chave da Constituição de Weimar e declarou: 'Assim, restrições à liberdade pessoal, ao direito de livre expressão de opinião, inclusive liberdade de imprensa, ao direito de reunião e associação, e violações da privacidade das comunicações postais, telegráficas e telefônicas, e mandados para buscas domiciliares, ordens de confisco, bem como restrições aos direitos à propriedade são permissíveis além dos limites legais prescritos de outro modo'. O parágrafo 2 permitia ao governo assumir o controle dos estados federados

guiram a maioria no parlamento,[476] levando Hitler a aprovar, já no dia 23 de março, a Lei Plenipotenciária que "deu ao gabinete o direito de governar por decreto sem prestar contas ao *Reichstag* (parlamento) ou ao Presidente".[477] Aduz Richard Evans que "com o *Decreto de Incêndio do Reichstag,* a lei (Plenipotenciária) proporcionou o pretexto legal para a criação de uma ditadura".[478] Nos primeiros meses de governo, ao menos "70 campos (de concentração) foram erguidos às pressas (...)",[479] sendo o primeiro deles o campo de Dachau.[480]

A construção dos campos foi destinada ao aprisionamento de inimigos políticos, sobretudo comunistas, sociais-democratas e sindicalistas que, de início, representavam a oposição política.[481] Em fevereiro

---

caso a ordem pública estivesse em perigo. Esses dois parágrafos, válidos 'até aviso em contrário', forneceram o pretexto legal para tudo que viria nos meses seguintes. A tomada do poder pelos nazistas agora podia começar para valer". EVANS, Richard. *A chegada do Terceiro Reich.* Trad. Lúcia Brito. São Paulo: Planeta, 2010, p. 313.

476 Richard Evans afirma (EVANS, Richard. *A chegada do Terceiro Reich.* Trad. Lúcia Brito. São Paulo: Planeta, 2010, p. 319) que "quando saíram os resultados das eleições para o Reichstag, pareceu que as táticas haviam funcionado. Os partidos da coalizão, nazistas e nacionalistas, ganharam 51,9% dos votos. 'Números inacreditáveis', escreveu Goebbels triunfante em seu diário pessoal a 5 de março de 1933: 'É como se estivéssemos nas nuvens'".

477 EVANS, Richard. *O Terceiro Reich no poder.* Trad. Lúcia Brito. 2ª ed. São Paulo: Planeta, 2014, p. 31.

478 EVANS, Richard. *O Terceiro Reich no poder.* Trad. Lúcia Brito. 2ª ed. São Paulo: Planeta, 2014, p. 31.

479 EVANS, Richard. *O Terceiro Reich no poder.* Trad. Lúcia Brito. 2ª ed. São Paulo: Planeta, 2014, p.106.

480 Nesse sentido, no sítio eletrônico do museu americano do Holocausto, afirma-se que "Dachau foi criado em março de 1933, sendo o primeiro campo de concentração regular assentado pelo governo Nacional Socialista, isto é, nazista. Heinrich Himmler, o diretor da polícia da cidade de Munique, descreveu-o oficialmente como 'o primeiro campo de concentração para prisioneiros políticos'. Ele foi estabelecido nas dependências de uma fábrica abandonada de munição, próxima à parte nordeste da cidade de Dachau, a cerca de 15 quilômetros ao noroeste de Munique, no sul da Alemanha". Disponível em: https://encyclopedia.ushmm.org/content/pt-br/article/dachau/. Acessado em: 23.02.2020.

481 EVANS, Richard. *O Terceiro Reich no poder.* Trad. Lúcia Brito. 2ª ed. São Paulo: Planeta, 2014, p. 106.

de 1936, após a eliminação total da oposição,[482] Hitler reorienta a SS e a Gestapo a "expurgar a raça alemã de elementos indesejáveis (...) sobretudo de criminosos habituais, antissociais e, de modo mais geral, todos aqueles que se desviavam da ideia e prática do membro saudável normal da comunidade racial alemã".[483] Em dezembro de 1937, após novo decreto, por "antissocial" passou a entender todo o tipo de pessoas, de judeus a ciganos e andarilhos.[484]

A justificativa do regime era "purificar a raça alemã e deixá-la apta para uma guerra de conquista do mundo".[485] Nota-se, pois, que a *suspensão* das normas da Constituição de Weimar visava à eliminação da figura do *inimigo*. Nessa toada, foram aprovadas as Leis de Nuremberg, que visavam a "remoção dos judeus da sociedade alemã".[486] Dentre elas, aprovou-se a *Lei para a Proteção do Sangue Alemão e da Honra Alemã*, que proibia o casamento entre alemães e judeus.[487] Como mencionado, o *inimigo* perde sua qualidade *ôntica* do ser,[488] deixando de ser *pessoa*.[489] Chama a atenção os

---

482 EVANS, Richard. *O Terceiro Reich no poder*. Trad. Lúcia Brito. 2ª ed. São Paulo: Planeta, 2014, p. 111.

483 EVANS, Richard. *O Terceiro Reich no poder*. Trad. Lúcia Brito. 2ª ed. São Paulo: Planeta, 2014, p. 111.

484 EVANS, Richard. *O Terceiro Reich no poder*. Trad. Lúcia Brito. 2ª ed. São Paulo: Planeta, 2014, p. 114. Nesse sentido, Roney Cytrynowicz (CYTRYNOWICZ, Roney. *Memórias da barbárie*: a história do genocídio dos judeus na Segunda Guerra Mundial. São Paulo: Nova Stella, 1990, p. 19) aduz que: "a repressão atingiu comunistas, social-democratas, pacifistas, sindicalistas, Testemunhas de Jeová (que se recusavam ao alistamento militar), ciganos, mendigos, padres católicos, pastores protestantes, homossexuais e indivíduos considerados 'anti-sociais'".

485 EVANS, Richard. *O Terceiro Reich no poder*. Trad. Lúcia Brito. 2ª ed. São Paulo: Planeta, 2014, p. 604.

486 EVANS, Richard. *O Terceiro Reich no poder*. Trad. Lúcia Brito. 2ª ed. São Paulo: Planeta, 2014, p. 620.

487 EVANS, Richard. *O Terceiro Reich no poder*. Trad. Lúcia Brito. 2ª ed. São Paulo: Planeta, 2014, p. 620.

488 SCHMITT, Carl. *O conceito do Político*. Trad. Geraldo de Carvalho. Belo Horizonte: Del Rey, 2008, p. 35.

489 ZAFFARONI, Eugenio Raúl. *O inimigo no Direito Penal*. Trad. Sérgio Lamarão. 3ª ed. Rio de Janeiro: Revan, 2011, p. 18.

adjetivos com que não apenas os nazistas, mas larga parcela da sociedade civil, dirigia-se aos judeus: "parasitas", "bacilos", "piolhos", "pragas".[490]

Embora estivesse previsto na segunda parte da Constituição de Weimar um rol de direitos fundamentais, as medidas de Hitler *suspenderam* e esvaziaram o seu conteúdo: ainda que *formalmente*, suas normas tornaram-se *inefetivas*, acometidas pela *patologia* das medidas *hitleristas* que impediam sua aplicação naquela triste realidade social. O *estado de exceção*, naquele caso, embora aplicado para afastar o perigo e a instabilidade e, portanto, decretado de forma supostamente provisória, manteve-se até 1945, com o término da Segunda Guerra Mundial.[491] Nas palavras de Evans, "os nazistas violaram a lei a cada passo do processo"[492] para a realização de seus planos políticos.[493] A carência da *efetividade* normativa como ferramenta do *modus operandi autoritário* pode ser verificada a partir das palavras do próprio Adolf Hitler, quando, em 1934, após o massacre conhecido como *noite das facas longas*,[494] proferiu o seguinte discurso:

---

490 Nas palavras ditas pelo Ministro da Propaganda, Joseph Goebbels, "mostraremos sem medo o judeu... o *inimigo* do mundo, o destruidor de civilizações, o parasita dos povos, o filho do caos, a encarnação do Mal, o fermento da decomposição, o demônio que causa a degeneração da humanidade". CYTRYNOWICZ, Roney. *Memórias da barbárie*: a história do genocídio dos judeus na Segunda Guerra Mundial. São Paulo: Nova Stella, 1990, p. 21, itálico nosso.

491 Nas palavras de Richard Evans, "em primeiro lugar, contrariaram o espírito em que as leis haviam sido aprovadas. O artigo 48 da Constituição de Weimar, em especial, que dava ao presidente o poder de governar por decreto em momentos de emergência, jamais pretendeu ser a base para nada mais do que medidas puramente interinas; os nazistas fizeram dele a base para um estado de emergência permanente que era mais fictício do que real e que, em um sentido técnico, durou sem interrupção até 1945". EVANS, Richard. *A chegada do Terceiro Reich*. Trad. Lúcia Brito. São Paulo: Planeta, 2010, p. 416.

492 EVANS, Richard. *A chegada do Terceiro Reich*. Trad. Lúcia Brito. São Paulo: Planeta, 2010, p. 416.

493 São diversos os trechos em que Richard Evans (EVANS, Richard. *A chegada do Terceiro Reich*. Trad. Lúcia Brito. São Paulo: Planeta, 2010, pp. 416-418) aponta a questão da *inefetividade*, ou da *ilegalidade* das normas da Constituição de Weimar (1919) como estratégia calculada para alcançar as finalidades políticas do regime nazista.

494 EVANS, Richard. *O Terceiro Reich no poder*. Trad. Lúcia Brito. 2ª ed. São Paulo: Planeta, 2014, pp. 38-62.

> Se alguém me reprova e pergunta por que *não invocamos os tribunais regulares para sentenciar*, minha única resposta é a seguinte: naquela hora, *eu* era responsável pelo destino da nação alemã e era, portanto, o *magistrado supremo do povo alemão*!... Dei a ordem para *fuzilar* os principais cúmplices responsáveis por essa traição... A nação deve saber que ninguém pode ameaçar sua existência – que é garantida pela lei e ordem internas – e escapar impune! E cada pessoa deve saber para sempre que, *se erguer a mão para atingir o Estado, seu destino será a morte certa.*[495]

Perante a *autoridade* suprema e centralizadora do *Führer*, perde-se de vista a noção de *princípio da distribuição dos poderes* que, conforme bem esclarecem Karl Loewenstein e Simone Goyard-Fabre, constitui a essência da democracia constitucional, cuja violação, por definição, é a manifestação do próprio *autoritarismo*. É simples verificar, da imagem de Zaffaroni, que Hitler, por meio de suas condutas *autoritárias* que *suspenderam* as normas da Constituição de Weimar, liberou a fúria do Estado de polícia das amarras do Estado de Direito. Aqui, novamente, encontra-se a manifestação do *Estado duplo* de Ernst Frankel, em que o "Estado prerrogativa" – figura correspondente ao "Estado de polícia" de Zaffaroni – convivia paralelamente com o "Estado de Direito".[496]

---

495 Sobre a fala de Hitler, o historiador Richard Evans (EVANS, Richard. *O Terceiro Reich no poder*. Trad. Lúcia Brito. 2ª ed. São Paulo: Planeta, 2014, pp. 57/58, itálico nosso) afirmou que "essa confissão pública da completa ilegalidade de sua ação em termos formais não deparou com nenhuma crítica das autoridades judiciárias. Pelo contrário: o Reichstag aplaudiu a justificativa de Hitler com entusiasmo e aprovou uma resolução agradecendo-lhe por sua ação. O secretário de Estado, Otto Meissner, enviou um telegrama em nome do presidente enfermo Hinderburg concedendo-lhe sua aprovação. Uma lei foi rapidamente aprovada, conferindo legalidade retroativa à ação".

496 Frankel explica que: "*we have not attempted and exhaustive picture of the whole of the emerging legal system; rather we have sought to analyze the two states, the 'Prerrogative State' and the 'Normative State', as we shall call them, which co-exist in National-Socialist Germany. By the Prerrogative State we mean that governmental system which exercises unlimited arbitrariness and violence unchecked by any legal guarantees, and by the Normative State and administrative body endowed with elaborate powers for safeguarding the legal order as expressed in statutes, decisions of the courts, and activities of the administrative agencies*". FRAENKEL, Ernst. *The Dual State*: a contribution to the Theory of Dictatorship. Nova York: Oxford University Press, 1941, p. 13.

CAPÍTULO III

ELEMENTOS AUTORITÁRIOS EM CARL SCHMITT

> (...) *para o fascista tudo está no Estado, nada humano ou espiritual existe fora do Estado. Nesse sentido, o fascismo é totalitário, e o Estado fascista, síntese e unidade de todos os valores, interpreta, desenvolve e se apropria de toda a vida do povo.*
>
> Benito Mussolini[497]

Uma vez percorridos os dois capítulos anteriores, chega-se ao momento da realização da síntese de tudo aquilo que foi estudado até o presente momento. Consoante já afirmado, os objetivos específicos desta obra são *identificar, descrever* e *sistematizar* os *elementos autoritários* que emanam da obra de Carl Schmitt, escrita durante o período da República de Weimar (1919-1932).

497 MUSSOLINI, Benito. "La dottrina del Fascismo". *In*: *Opera omnia*. vol. 24, Firenzi: La Fenice, 1961, p. 119, tradução livre.

Para tanto, impõe-se a tarefa de estabelecer uma conexão entre (i) os conceitos e elementos elaborados por Carl Schmitt, que se encontram no primeiro capítulo, e (ii) as características do *autoritarismo*, tal qual analisadas no segundo capítulo. Com efeito, durante a análise do fenômeno jurídico-político do *autoritarismo*, verificou-se que sua natureza pode ser colocada enquanto *contraface* ou *antítese* dos regimes constitucionais. Dessa afirmação, resulta que o objetivo da terceira e derradeira parte está em *identificar, descrever* e *sistematizar* os elementos da obra de Carl Schmitt que se *opõem* às principais características das chamadas democracias constitucionais já analisadas.

Outrossim, do exame feito já ao final do segundo capítulo, verificou-se que a obra schmittiana – conquanto voltado à compreensão da ordem, *não* se limitou a uma única área do conhecimento, uma vez que permeou os mais diversos campos do saber. Assim, a partir da *sistematização* proposta por Jens Meierhenrich e Oliver Simons, no artigo "*A fanatic of order in an epoch of confusing turmoil: the political, legal, and cultural thought of Carl Schmitt*", os escritos de Schmitt podem ser divididos em três principais temas – muitas vezes entrelaçados entre si –, sendo eles: a *cultura*, o *Direito* e a *política*.[498] Seguindo tal premissa, os elementos *autoritários* em Carl Schmitt serão *identificados, descritos* e *sistematizados* no esteio da classificação de Meierhenrich e Simons, dividindo-se em elementos *autoritários* de tipo *culturais, jurídicos* e *políticos*, nessa ordem.[499]

Por último, vale ainda esclarecer que tais elementos serão assim *identificados, classificados* e *sistematizados* apenas para fins didáticos, ou seja, para a finalidade de proporcionar, ao leitor, maior compreensão da estrutura do pensamento de Schmitt. Trata-se, portanto, de uma *cisão*

---

498 Vide item 1.4 da presente obra.

499 Pode-se notar que a ordem dos elementos *autoritários*, tal qual sistematizada por nós, não segue a ordem prevista no título do artigo mencionado de Jens Meierhenrich e Oliver Simons. Trata-se, pois, de uma opção nossa, uma vez que, como será argumentado adiante, entendemos que é a partir do elemento *autoritário* de natureza *cultural* – no caso, a *antimodernidade* – que decorrem os dois outros elementos *autoritários* mais importantes da obra schmittiana, o *anticonstitucionalismo* – elemento *jurídico* – e a *antipolítica* – elemento *político*.

artificial, abstrata, teórica, uma vez que cada um dos componentes da obra de Carl Schmitt constitui uma unidade indissociável de seu pensamento. Neste sentido, os elementos *autoritários* de Schmitt, ainda que teoricamente organizados em gavetas estanques, estão, em realidade, entrelaçados.

De todo o exposto, afirma-se que os elementos *autoritários* gerais do pensamento de Carl Schmitt são: (i) a *antimodernidade* (elemento *cultural*), (ii) o *anticonstitucionalismo* (elemento jurídico) e (iii) o *antagonismo político* (elemento político). Diz-se "gerais" na medida em que cada um desses elementos representam um gênero de outros elementos mais específicos.

3.1 Antimodernidade

A *antimodernidade*, primeiro elemento *autoritário* schmittiano a ser estudado, é, como se afirmou acima, um elemento de caráter *cultural*. Trata-se, como se pode deduzir do próprio termo, de um elemento caracterizado pela *oposição* aos valores, ideias e ideais oriundos daquilo que se pode chamar de *modernidade*.[500]

---

500 Sobre a era moderna, cf. ARENDT, Hannah. *A condição humana*. Trad. Roberto Raposo. 10ª ed. Rio de Janeiro: Forense Universitária, 2007, cap. VI; LE GOFF, Jacques. "Antigo/Moderno". *In*: *Enciclopedia Einaudi*. Turim, 1977, pp. 678-700; PANOFSKY, Erwin. *Renascimento e Renascimentos na Arte Ocidental*. Lisboa: Presença, 1981, cap. II; MELLO E SOUZA, Laura de. "Idade Média e Época Moderna: fronteiras e problemas". *Signum - Revista da Associação Brasileira de Estudos Medievais*, nº 7, 2005, pp. 223-248. Sobre o pensamento moderno, STRAUSS, Leo. *Direito Natural e História*. Trad. Miguel Morgado. Lisboa: Edições 70, 2009. pp. 143-214; REALE, Giovanni; ANTISERI, Dario. *História da Filosofia*: do humanismo a Descartes. Trad. Ivo Storniolo. vol. 3, São Paulo: Paulus, 2004. Sobre a relação de oposição do pensamento schmittiano com a modernidade, BLUMENBERG, Hans. *The legitimacy of the modern age*. Trad. inglesa de Robert M. Wallace. 7ª ed. Cambridge, Massachusetts e Londres: MIT Press, 1999, cap. 8; VEGA, Facundo. "On the tragedy of the Modern Condition: the 'Theologico-Political Problem' in Carl Schmitt, Leo Strauss, and Hannah Arendt". *The European Legacy*, Nova York: College of Arts & Sciences of Cornell University, 2017. Sobre uma perspectiva estética da modernidade, BAUDELAIRE, Charles. "O pintor da vida moderna". *Poesia e prosa*. Rio de Janeiro: Nova Aguilar, 2006. Sobre a etimologia do termo "modernidade", o filósofo espanhol José Ortega y Gasset (ORTEGA Y GASSET, José. *A rebelião das massas*. Trad. Felipe

Como bem destacado no primeiro capítulo, Carl Schmitt nasceu numa família católica, cujas influências foram fundamentais para seu desenvolvimento moral e intelectual, da infância à maturidade.[501] Segundo explica Hobsbawm, havia um posicionamento institucional "antissecular" por parte da Igreja Católica daquele período, face à veloz "modernização" que ocorria dentre os países capitalistas europeus.[502] Desse modo, o catolicismo de Schmitt olhava a época moderna com desconfiança, um período marcado pelo egoísmo e individualismo burguês.[503] Por outro lado, a influência *cultural* que Schmitt recebera

---

Denardi. Campinas: Vide, 2016, p. 102) afirma que "o sentido original de 'moderno', 'modernidade', com que os últimos tempos batizaram a si mesmos, expressa muitíssimo bem essa sensação de 'altura dos tempos' que analiso agora. Moderno é o que está segundo o *modo*: entenda-se o modo novo, modificação ou moda que surgiu em tal presente contra os modos velhos, tradicionais, usados no passado. A palavra 'moderno' expressa, portanto, a consciência de uma nova vida, superior à antiga, e ao mesmo tempo o imperativo de estar à altura dos tempos. Para o 'moderno', não sê-lo equivale a cair abaixo do nível histórico".

501 Vide item 1.1.

502 Nas palavras do historiador (HOBSBAWM, Eric. *A era dos Impérios*. Trad. Sieni Maria Campos e Yolanda Steidel de Toledo. Rio de Janeiro: Paz e Terra, 1988, p. 86): "a Igreja, portanto, costumava apoiar partidos conservadores ou reacionários, de vários tipos, ou, em nações católicas subordinadas no interior de Estados multinacionais, mantinha-se em boas relações com movimentos nacionalistas, não contaminados pelo vírus secular".

503 Nesse sentido, Roberto Bueno (BUENO, Roberto. *Uma interpretação conservadora revolucionária do político e da ditadura*: o potencial totalitário de Carl Schmitt. Tese [Doutorado]. Faculdade de Direito da Universidade do Paraná, 2011, p. 585) afirma que: "entre os temas tornados alvo pelo trabalho crítico de Schmitt ao liberalismo encontramos secularização, a análise da crise da modernidade, assim como também de sua forma estatal. A modernidade é medida criticamente pelos seus maus frutos. Identificados pelo conservadorismo de von Salomon como a razão da decadência do espírito germano, ali encontrava-se a razão da corrupção de um povo virtuoso, e à raiz disso, a cultura liberal-burguesa. Em consonância com este diagnóstico intelectual, Schmitt desenvolve uma teologia política contraposta às tradições liberais assim como a crítica à sua racionalidade ilustrada, bem como sua atenção ao niilismo, e nisto compartilha tema com a tradição conservadora revolucionária jüngeriano-heideggeriano, cultura histórica que aproxima estes autores de fundamentos teóricos capazes de, sem rupturas, permitir que pudessem apoiar o nacional-socialismo". Outros são os escritos de Bueno sobre o tema, cf. BUENO, Roberto. "A representação em Carl Schmitt: O catolicismo romano e o caso da política". *Revista de Filosofia*, Curitiba,

dos setores mais *reacionários* da sociedade alemã – no alvorecer do século XX – também foi determinante para que o autor interpretasse a vida e os valores modernos enquanto um período marcado pela ideia de *decadência*.[504]

Como já se afirmou no primeiro capítulo, Roberto Bueno enxerga, na obra schmittiana, a defesa consciente e proposital de um projeto *ditatorial* a ser, de fato, implementado na Alemanha.[505]

Para Bueno, a influência que o pensamento *autoritário* exerceu em Schmitt não ocorreu de forma isolada, sendo, em verdade, uma "ideia compartilhada em muitos dos mais influentes círculos intelectuais no começo da década de 1920".[506] No mais, esse tipo de visão ideológica – avessa aos princípios da democracia liberal – era "povoado por muitos simpatizantes do então ascendente fascismo italiano, centralizado que se encontrava na figura de Benito Mussolini, simpatia que sabidamente era compartilhada por Schmitt (...)".[507] Sistematizando as influências *autoritárias* em Schmitt, Roberto Bueno aponta para três diferentes fontes, sendo elas: (i) o catolicismo conservador do século XIX, de

---

vol. 29, nº 47, pp. 455-479, mai. 2017. Disponível em: https://periodicos.pucpr.br/index.php/aurora/article/view/7295/. Acessado em: 02.07.2020; BUENO, Roberto. "Antiliberalismo e conservadorismo teológico: de Donoso Cortés a Carl Schmitt". *In*: BUENO, Roberto; RAMIRO, Caio Henrique Lopes (Coord.). *Sonhos e pesadelos da democracia de Weimar*. São Paulo: Liber Ars, 2017; BUENO, Roberto. "A aventura autoritária e o diálogo teológico: entre Donoso Cortés, Jaime Balmes e Carl Schmitt". *Revista da Faculdade de Direito*, UFPR, Curitiba, nº 47, pp. 29-64, 2008; BUENO, Roberto. "Carl Schmitt, leitor de Donoso Cortés: ditadura e exceção em chave teológico-medieval". *Revista Brasileira de Estudos Políticos*, Belo Horizonte, nº 105, pp. 453-494, jul. 2012.

504 Sobre a ideia de decadência, vide item 1.2.1, *supra*.

505 Vide item 1.2.2, *supra*.

506 BUENO, Roberto. "Antiliberalismo e conservadorismo teológico: de Donoso Cortés a Carl Schmitt". *In*: BUENO, Roberto; RAMIRO, Caio Henrique Lopes (Coord.). *Sonhos e pesadelos da democracia de Weimar*. São Paulo: Liber Ars, 2017, p. 82.

507 BUENO, Roberto. "Antiliberalismo e conservadorismo teológico: de Donoso Cortés a Carl Schmitt". *In*: BUENO, Roberto; RAMIRO, Caio Henrique Lopes (Coord.). *Sonhos e pesadelos da democracia de Weimar*. São Paulo: Liber Ars, 2017, p. 82.

Donoso Cortés; (ii) o contrarrevolucionarismo francês de De Maistre e De Bonald; e (iii) o conservadorismo reacionário alemão.[508]

Dentre essas três fontes que serviram de base às ideias *autoritárias* de Carl Schmitt, pode-se identificar um fator *cultural* comum, que diz respeito ao elemento da *antimodernidade*; é dizer, de uma visão de mundo que se *opõe* ao conjunto de valores e ideias que fundamentam e integram aquilo que se compreende por *Modernidade* ou, em seu sentido amplo e histórico, por Idade Moderna.[509]

O conceito de Modernidade pode ser apresentado como um conjunto de fatos históricos, valores, ideias e ideais que rompem com o antigo mundo medieval.[510] No campo dos acontecimentos históricos, Hannah Arendt aponta três marcos principais que foram determinantes para o início da época moderna, sendo eles (i) as grandes navegações e o domínio geográfico do ser humano sobre o globo terrestre; (ii) a Reforma Protestante, apresentando-se como nova via dentro do universo cristão, para além da hegemonia do pensamento católico; e, por fim, (iii) a invenção do telescópio, que permitiu o giro científico realizado por Nicolau Copérnico.[511] Já no que se refere ao campo do pensamento

---

508 Nas palavras de Roberto Bueno (BUENO, Roberto. *Uma interpretação conservadora revolucionária do político e da ditadura*: o potencial totalitário de Carl Schmitt. Tese [Doutorado]. Faculdade de Direito da Universidade do Paraná, 2011, pp. 61/62): "é certo que existe uma diversidade de tradições conservadoras, mas o recorte aqui proposto fará com que nos ocupemos com a tradição mais diretamente influente em Schmitt como o conservadorismo católico (Donoso Cortés), o contrarrevolucionarismo francês (De Maistre e De Bonald) e o conservadorismo revolucionário alemão".

509 BUENO, Roberto. *Uma interpretação conservadora revolucionária do político e da ditadura*: o potencial totalitário de Carl Schmitt. Tese (Doutorado). Faculdade de Direito da Universidade do Paraná, 2011, p. 106.

510 Sobre o tema, valioso o artigo de Laura de Mello e Souza (MELLO E SOUZA, Laura de. "Idade Média e Época Moderna: fronteiras e problemas". *Signum - Revista da Associação Brasileira de Estudos Medievais*, nº 7, 2005), que faz um levantamento historiográfico sobre a passagem da Idade Média à Época Moderna. Ainda, cf. VECCHIO, Giorgio Del. *Lições de Filosofia do Direito*. Trad. Antônio José Brandão. vol. 1, 3ª ed. Coimbra: Arménio Amado, 1959, pp. 92-96.

511 ARENDT, Hannah. *A condição humana*. Trad. Roberto Raposo. 10ª ed. Rio de Janeiro: Forense Universitária, 2007, p. 260.

filosófico, o rompimento com o pensamento medieval (*escolástico*) tem como marco a elaboração do *método científico* desenvolvido por René Descartes.[512] Como consequência de todas essas revoluções – que se afastam de uma visão medieval de mundo – há uma (re)valorização da *razão*, da *dúvida*, do *método*, da *ciência* e do *experimento científico* perante a *fé*.[513] Já em meados do século XVIII, com a ascensão de uma nova classe social – a *sociedade liberal burguesa* –, surge o movimento iluminista, em defesa da *razão*, do *indivíduo* e da *liberdade*, como forma de alçar o ser humano a um novo patamar perante si mesmo e o universo.[514]

---

512 REALE, Giovanni; ANTISERI, Dario. *História da Filosofia*: do humanismo a Descartes. Trad. Ivo Storniolo. vol. 3, São Paulo: Paulus, 2004, pp. 288-290.

513 Nesse sentido, os filósofos Giovanni Reale e Dario Antiseri (REALE, Giovanni; ANTISERI, Dario. *História da Filosofia*: do humanismo a Descartes. Trad. Ivo Storniolo. vol. 3, São Paulo: Paulus, 2004, p. 144) afirmam que "o traço mais característico desse fenômeno que é a ciência moderna resume-se precisamente no método, que, por um lado, exige imaginação e criatividade de hipóteses e, por outro lado, o controle público dessas imaginações. Em sua essência, a ciência é pública - e o é por questões de método. É a ideia de ciência metodologicamente regulada e publicamente controlável que exige as novas instituições científicas, como as academias, os laboratórios, os contatos internacionais (basta pensar em todos os epistolários importantes). E é com base no método experimental que se funda a autonomia da ciência: esta encontra suas verdades independentemente da filosofia e da fé".

514 Sobre o apreço à *razão* no século XVIII e no movimento iluminista, explica o filósofo Ernst Cassirer (CASSIRER, Ernst. *A filosofia do Iluminismo*. Trad. Álvaro Cabral. Campinas: Unicamp, 1992, pp. 22/23) que: "é nesse sentido que se apresenta, para o conjunto do século XVIII, o problema do 'progresso' intelectual. Não existe um século que tenha sido tão profundamente penetrado e empolgado pela idéia de progresso intelectual quanto o Século das Luzes. Equivocar-se-iam, porém, sobre o sentido essencial dessa idéia, aqueles que tomassem 'progresso' num sentido *quantitativo* como uma simples *extensão* do saber, como um *progressus in indefinitum* (...). Quando o século XVIII quer *designar* essa força, sintetizar numa palavra a sua natureza. Recorre ao nome de '*razão*'. A 'razão' é o ponto de encontro e o centro de expansão do século, a expressão de todos os seus desejos, de todos os seus esforços, de seu querer e de suas realizações. Cuidemos, porém, de não cometer o erro de nos satisfazermos precipitadamente com essa característica, de acreditarmos que o historiador do século VXIII vai encontrar aí o ponto de partida e de chegada de suas investigações. O que foi aos olhos do século o seu programa e a sua realização é para o historiador apenas o começo, o início de seu trabalho; onde se acreditou encontrar então uma *resposta*, apresenta-se a verdadeira *questão*. O século XVIII está impregnado de fé na unidade

Segundo Ernst Cassirer, a ciência iluminista havia concretizado "o processo outrora intentado por Galileu".[515] Para ele, essa ciência colocava um ponto final às questões anteriormente levantadas desde a Renascença – período em que se dá o primeiro passo da Modernidade – acerca da autonomia do conhecimento racional perante a dogmática religiosa.[516] Seguindo a linha de raciocínio presente naquela época, Immanuel Kant, um dos grandes formuladores do Iluminismo, afirma que esse movimento intelectual representaria a possibilidade da libertação do ser humano de uma condição de "menoridade" existencial, o que se daria por meio da razão.[517] Nas palavras de Kant:

> *Iluminismo é a saída do homem da sua menoridade de que ele próprio é culpado.* A *menoridade é* a incapacidade de se servir do entendimento sem a orientação de outrem. Tal menoridade *é por culpa própria,* se a sua causa não residir na carência de entendimento, mas na falta de decisão e de coragem em se servir de si mesmo, sem a guia de outrem. *Sapere aude*! Tem a coragem de te servires do teu próprio entendimento! Eis a palavra de ordem do Iluminismo.[518]

Nesse sentido, pode-se mencionar que, dentre as principais características que compõem o Iluminismo, está o fortalecimento da *razão* e a perda da influência da *tradição religiosa* como ponto de apoio das condutas

---

e imutabilidade da razão. A razão é uma e idêntica para todo o indivíduo-pensante; para toda a nação, toda a época, toda a cultura. De todas as variações dos dogmas religiosos, das máximas e convicções morais, das idéias e dos julgamentos teóricos, destaca-se um conteúdo firme e imutável, consistente, e sua unidade e sua consistência são justamente a expressão da essência própria da razão" (itálico do autor).

515 CASSIRER, Ernst. *A filosofia do Iluminismo*. Trad. Álvaro Cabral. Campinas: Unicamp, 1992, p. 80.

516 CASSIRER, Ernst. *A filosofia do Iluminismo*. Trad. Álvaro Cabral. Campinas: Unicamp, 1992, p. 80.

517 KANT, Immanuel. "Resposta à pergunta: que é 'Esclarecimento' ['Aufklärung']?". *In*: KANT, Immanuel. *Textos seletos*. Trad. Floriano de Souza Fernandes. 2ª ed. (bilíngue) Petrópolis: Vozes, 1985, pp. 100-117.

518 KANT, Immanuel. "Resposta à Pergunta: Que é 'Esclarecimento' ['Aufklärung']"? *In*: KANT, Immanuel. *Textos seletos*. Trad. Floriano de Souza Fernandes. 2ª ed. (bilíngue) Petrópolis: Vozes, 1985, p. 100, grifo nosso.

humanas.[519] Essa perda de espaço da *tradição religiosa* também pode ser verificada na esfera pública, através do fenômeno da *secularização*[520] que *laiciza* o Estado, esvaziando-o de seu conteúdo religioso.[521] Do movimento iluminista nasce o já estudado movimento liberal que, segundo Merquior, está intimamente conectado com a *Modernidade*, com o *individualismo* e com proteção de *direitos individuais* fundamentais, bem como com a ideia de um Estado Constitucional, que sirva como anteparo jurídico às arbitrariedades do poder político.[522] Nesse sentido, a *oposição* ao liberalismo – que juridicamente pode ser representado pelo *constitucionalismo* –, também se faz presente na obra de Carl Schmitt, conforme será analisado mais adiante.

Do exposto, conclui-se que é *contra* esse conjunto de ideias modernas, dentre as quais estão as ideias iluministas e, consequentemente, as liberais, que Carl Schmitt lança-se em combate.

Tal posicionamento é tão claro em Schmitt, que pode ser percebido durante todas as suas obras publicadas durante a República de Weimar, o que se verifica com maior intensidade e expressão em *Romantismo Político, Catolicismo Romano e Forma Política* e *Teologia Política.*

Em *Romantismo político*, de 1919, Carl Schmitt perfaz sua crítica cultural e filosófica (não jurídica) a característicos elementos da Modernidade, do Iluminismo e do liberalismo. Nesse texto, os valores modernos acabam personificados na figura schmittiana do *indivíduo romântico.* Para Schmitt, esse *indivíduo romântico* – arquétipo do *indivíduo moderno, ilustrado, liberal, neutro, despolitizado, cosmopolita* e, sobretudo, *burguês* – é um tipo egoísta, estético, carente de valores objetivos, consistindo, pois,

---

519 Cf. CASSIRER, Ernst. *A filosofia do Iluminismo.* Trad. Álvaro Cabral. Campinas: Unicamp, 1992, pp. 189-267.

520 Cf. BLUMENBERG, Hans. *The legitimacy of the Modern Age.* Trad. inglesa de Robert M. Wallace. 7ª ed. Cambridge, Massachusetts e Londres: MIT Press, 1999, cap. 1.

521 Cf. SCHIOPPA, Antonio Padoa. *História do Direito na Europa*: da Idade Média à Idade Contemporânea. Trad. Marcos Marcionilo. São Paulo: Martins Fontes, 2014, pp. 281-292; BOBBIO, Norberto. *Dicionário político.* Trad. Carmen C. Varriale e João Ferreira. Brasília: UnB, 1998, p. 670.

522 MERQUIOR, José Guilherme. *O liberalismo antigo e moderno.* Trad. Henrique de Araújo Mesquita. 3ª ed. São Paulo: É Realizações, 2016, p. 47.

em alguém de caráter volátil, moralmente frágil, persuadível e refém das circunstâncias e interesses político-econômicos imediatos da vida social.[523] Diante desse quadro, Ronaldo Porto explica que "para que o romântico mantenha sua essência todo o mundo torna-se para ele pura contingência, uma pura *occasio*, veículo, 'incitamento' e 'ponto elástico' para o seu Eu irônico. O conceito de *occasio* nega qualquer vínculo com uma norma".[524] Carl Schmitt então identifica o conceito de *romantismo* com o de *ocasionalismo subjetivado*. Segundo Schmitt, o indivíduo moderno vê o mundo como uma mera oportunidade para exercitar seu romantismo,[525] isto é, seu egoísmo niilista, em que qualquer valor toma o valor objetivo de Deus.[526] Vê-se, aqui, clara oposição à razão, ao indi-

---

523 MACEDO JÚNIOR, Ronaldo Porto. "Constituição, Soberania e Ditadura em Carl Schmitt". *Lua Nova*, nº 42, 1997, pp. 123-125. Disponível em: https://www.scielo.br/pdf/ln/n42/a05n42.pdf/. Acessado em: 03.06.2020.

524 MACEDO JÚNIOR, Ronaldo Porto. "Constituição, Soberania e Ditadura em Carl Schmitt". *Lua Nova*, nº 42, 1997, p. 124. Disponível em: https://www.scielo.br/pdf/ln/n42/a05n42.pdf. Acessado em: 03.06.2020.

525 SCHMITT, Carl. *Political romanticism*. Trad. inglesa de Guy Oakes. Massachusetts: MIT Press, 1986, p. 17.

526 Nas palavras de Carl Schmitt (SCHMITT, Carl. *Political romanticism*. Trad. inglesa de Guy Oakes. Massachusetts: MIT Press, 1986, pp. 18/19): "*romanticism is subjectified occasionalism because an occasional relationship to the world is essential to it. Instead of God, however, the romantic subject occupies the central position and makes the world and everything that occurs in it into a mere occasion. Because the final authority is shifted from God to the genius of the 'ego', the entire foreground changes, and that which is genuinely occasionalistic appears in a pristine fashion. It is true that the old philosophers of occasionalism, such as Malebranche, also possessed the disintegrative concept of the occasio. However, they recovered law and order in God, the objective absolute. And in the same way, a certain objectivity and cohesion always remain possible whenever another objective authority, like the state, takes the place of God in such an occasionalist attitude. It is different, however, when the isolated and emancipated individual brings his occasional attitude to realization. Only now does the occasional display the total consistency of its repudiation of all consistency. Only now can everything really become the occasion for everything else. Only now does everything that will happen and all sequential order become incalculable in a fantastic manner, which is precisely the immense attraction of this attitude. That is because this attitude makes it possible to take any concrete point as a departure and stray into the infinite and the incomprehensible — either in an emotionally fervent fashion or in a demonically malicious fashion, depending upon the individuality of the particular romantic. Only now does it become clear how much the occasional is the relation of the fantastical, and also — again, varying with the individuality of the particular romantic — the relation of intoxication or the dream, the relation of the adventure, the fairy tale, and the magical game*".

vidualismo, à *secularização*, elementos que caracterizam a Modernidade. Carl Schmitt compreende que o *ocasionalismo subjetivado* faz da classe burguesa uma classe discutidora e incapaz de decidir politicamente em momentos de crise.[527] Não há dificuldades em se constatar – sobretudo diante da recém-fundada República alemã – que, ao se referir ao *indivíduo romântico* (moderno) e a todos os seus (não) valores, Carl Schmitt direcionava sua crítica aos ideários da democracia constitucional liberal parlamentar, defensores ávidos da Carta de Weimar.[528]

Outrossim, o elemento *autoritário* da antimodernidade também pode ser extraído da obra *Catolicismo Romano e Forma Política*. O elo desse texto com o *autoritarismo* está na alteração que o modelo de *representação* moderno, liberal – o que, para Schmitt, traduzia-se numa *falsa representação* – causa no bojo da autoridade *soberana*.[529] Isso porque, com o giro de uma cosmovisão medieval centrada em Deus (teocentrismo) para o crescente individualismo da vida moderna (antropocentrismo), a posição da autoridade – que, para Schmitt, revela-se tanto em Deus como no Estado – acaba deixando de ocupar uma posição hierárquica superior "da estrutura piramidal da política".[530] Como bem afirma Roberto Bueno:

> (...) isto denota a perfeita inversão da perspectiva schmittiana de que a Salvação reside no ápice da pirâmide ocupada por Deus,

---

527 MACEDO JÚNIOR, Ronaldo Porto. "Constituição, Soberania e Ditadura em Carl Schmitt". *Lua Nova*, nº 42, 1997, pp. 123-125. Disponível em: https://www.scielo.br/pdf/ln/n42/a05n42.pdf/. Acessado em: 03.06.2020.

528 Cf. RAMIRO, Caio Henrique Lopes; BELTRAM, Fernanda Ewelyn. "Os primeiros passos rumo ao autoritarismo: aproximação da crítica de Carl Schmitt a democracia weimariana". *In*: BUENO, Roberto Bueno; RAMIRO, Caio Henrique Lopes (Coord.). *Sonhos e pesadelos da democracia de Weimar. São Paulo*: Liber Ars, 2017, pp. 101-122.

529 SCHMITT, Carl. *Political romanticism*. Trad. inglesa de Guy Oakes. Massachusetts: MIT Press, 1986, pp. 24-26.

530 BUENO, Roberto. "A representação em Carl Schmitt: o catolicismo romano e o caso da política". *Revista de Filosofia*, vol. 29, nº 47, pp. 455-479, Curitiba, mai. 2017, p. 459. Disponível em: https://periodicos.pucpr.br/index.php/aurora/article/view/7295/. Acessado em: 02.06.2020.

> mas não em que o próprio homem se converta na divindade, muito embora em sua concepção da política alguém possa ocupar a posição de força e poder que Ele dispõe. É pelo distanciamento desta perspectiva patrocinada pela modernidade que Schmitt detecta uma grave crise de representação, verdadeira impotência estrutural para realizar a genuína representação em face da inspiração moderna através de seu pensar tecnicizante e econômico.[531]

Verifica-se, portanto, uma tendência *secularizadora* e moderna, de matiz liberal, que resulta na "pretensão de cortar os vínculos teológicos da política, movimento que aproxima a compreensão sobre o sentido da oposição visceral de Schmitt à democracia liberal".[532] Visando superar essa *falsa representação* liberal e buscando uma aproximação com a *representação legítima* de Cristo realizada pela Igreja Católica, Schmitt aponta para a noção de *homogeneidade*.[533] Vale ressaltar que o autor já tinha bem formulada sua ideia de democracia pautada na *igualdade substancial* e na *homogeneidade* do povo, elementos presentes em *Crise*

---

531 BUENO, Roberto. "A representação em Carl Schmitt: o catolicismo romano e o caso da política". *Revista de Filosofia*, vol. 29, nº 47, pp. 455-479, Curitiba, mai. 2017, p. 459. Disponível em: https://periodicos.pucpr.br/index.php/aurora/article/view/7295/. Acessado em: 02.06.020.

532 BUENO, Roberto. "A representação em Carl Schmitt: o catolicismo romano e o caso da política". *Revista de Filosofia*, vol. 29, nº 47, pp. 455-479, Curitiba, mai. 2017, pp. 457/458. Disponível em: https://periodicos.pucpr.br/index.php/aurora/article/view/7295/. Acessado em: 02.06.020.

533 Nesse sentido, Roberto Bueno (BUENO, Roberto. "A representação em Carl Schmitt: o catolicismo romano e o caso da política". *Revista de Filosofia*, vol. 29, nº 47, pp. 455-479, Curitiba, mai. 2017, pp. 466. Disponível em: https://periodicos.pucpr.br/index.php/aurora/article/view/7295/. Acessado em: 02.06.020) aponta que: "este movimento de Schmitt pressupõe uma necessidade subjacente, justamente o primeiro dos níveis de identidade citado logo acima, e que redundaria na homogeneidade do povo. Esta homogeneidade é que permitiria a aclamação do líder, leitura que aponta para a necessária forja da identidade entre governante e governados, representante e representados, o que na gramática de Schmitt, é a referência a aqueles que estão em posição de mando e os demais que se encontram em posição de prestar obediência ou, ainda, se preferirmos, entre o dominante (*Herrscher*) e os dominados (*Beherrschten*)".

da Democracia Parlamentar, publicada no mesmo ano de *Catolicismo Romano e Forma Política*.

Entretanto, para além de *Romantismo Político,* Roberto Bueno aponta que "este movimento de negação da racionalidade secularizadora que desde a Revolução Francesa se propõe substituir a legitimação política desde os referenciais religiosos"[534] também estava presente na obra *Teologia Política*, de 1922. O fundo *cultural* de *Teologia Política* pode ser percebido desde seu título até seu famoso brocado de que "todos os conceitos concisos da teoria do Estado moderna são conceitos teológicos secularizados".[535] Para Bueno, os elementos *antimodernos* de *Teologia Política* recebem clara influência de Donoso Cortés, autor católico espanhol da metade do século XIX. Segundo Cortés, a vida moderna é marcada pelo pecado e ligada ao rebaixamento do espírito humano.[536] Explica Bueno que, para Cortés, a única solução encontrada pelo cristão para se livrar das más influências da Modernidade seria "a mera opção pelo retorno ao passado, mas não a qualquer passado, mas, isto sim, a um retrocesso aos puros termos do espírito cristão medieval".[537] Crítico das revoluções – principalmente das revoluções francesas de 1789 e 1848 –, como do pensamento rousseauniano e marxista, Donoso Cortés defendia abertamente que esse retorno ao passado, bem como aos verdadeiros valores cristãos, fosse realizado por meio de uma violenta *ditadura*.[538]

---

534 BUENO, Roberto. *Uma interpretação conservadora revolucionária do político e da ditadura*: o potencial totalitário de Carl Schmitt. Tese (Doutorado). Faculdade de Direito da Universidade do Paraná, 2011, p. 106.

535 SCHMITT, Carl. *Teologia Política*. Trad. espanhola de Francisco Javier Conde y Jorge Navarro Pérez. Madri: Trotta, 2009, p. 35.

536 BUENO, Roberto. *Uma interpretação conservadora revolucionária do político e da ditadura*: o potencial totalitário de Carl Schmitt. Tese (Doutorado). Faculdade de Direito da Universidade do Paraná, 2011, pp. 51-158.

537 BUENO, Roberto. "Antiliberalismo e conservadorismo teológico: de Donoso Cortés a Carl Schmitt". *In*: BUENO, Roberto; RAMIRO, Caio Henrique Lopes (Coord.). *Sonhos e pesadelos da democracia de Weimar*. São Paulo: Liber Ars, 2017, p. 94.

538 BUENO, Roberto. *Uma interpretação conservadora revolucionária do político e da ditadura*: o potencial totalitário de Carl Schmitt. Tese (Doutorado). Faculdade de Direito da Universidade do Paraná, 2011, pp. 106/107.

Para Cortés, assim como para Schmitt, a burguesia liberal era uma classe discutidora, de modo que apenas a *decisão ditatorial* poria fim ao seu "eterno diálogo" liberal, bem ilustrado pela figura do parlamento. Acolhendo a tese donosiana, Schmitt afirma em *Teologia Política* que "Ditadura é o oposto de discussão".[539] Em *Teologia Política,* essa *ditadura* será defendida a partir da *decisão soberana* pelo *estado de exceção,* que *suspende* a Constituição e combate o *inimigo.*[540]

Portanto, afirma-se que, dentre os elementos *autoritários* schmittianos, decorrentes da *antimodernidade,* está seu fervoroso *antiparlamentarismo.* E, embora o presente livro classifique-o como um elemento *jurídico,* há que se admitir as importantes influências *culturais* que motivaram Schmitt a desenvolvê-lo, o que já aparecia em diversos trechos de *Romantismo Político.* A razão para sua existência é simples, já que seguem o fluxo lógico do pensamento do autor que – a essa altura já se pode-notar – se desenvolve num simétrico *antagonismo* aos valores modernos e liberais. Com efeito, é por meio de sua crítica direcionada ao excessivo *subjetivismo* moderno que Carl Schmitt se opõe *à forma política da democracia* constitucional parlamentar.

De todos os argumentos levantados nesta subseção, resta claro que a *antimodernidade*, dentro do pensamento de Carl Schmitt, é um elemento *autoritário.* Esse *autoritarismo* decorre do fato de que sua *oposição* aos elementos modernos não se dá de forma pacífica – como simples discordância – mas propõe uma resposta disruptiva –, é dizer, de subversão do Estado de Direito – por meio de uma *ditadura reacionária,* isto é, de retorno a um passo idílico, que nunca existiu, mas como fuga do sentimento de *decadência* experimentado pela Alemanha nos tempos de Weimar. Assim, esse *reacionarismo* de Schmitt, baseado no pensamento de autores como Donoso Cortés, De Maistre e De Bonald, visa a um abrupto e violento retorno a um passado medieval idealizado, como resposta à negação dos valores modernos.[541]

---

539 SCHMITT, Carl. *Teologia Política.* Trad. espanhola de Francisco Javier Conde y Jorge Navarro Pérez. Madri: Trotta, 2009, p. 57.

540 Vide item 1.2.2, *supra.*

541 BUENO, Roberto. *Uma interpretação conservadora revolucionária do político e da ditadura*: o potencial totalitário de Carl Schmitt. Tese (Doutorado). Faculdade de Direito da Universidade do Paraná, 2011, p. 735. Ainda, segundo João Pereira Coutinho

Vê-se, nessa linha, a clara influência da leitura donosiana em Schmitt. Explica Roberto Bueno que Donoso Cortés entendia o período medieval como um tempo de acúmulo e sedimentação dos verdadeiros valores católicos. Haveria, nesse sentido, uma *unidade* em torno de tais valores. Ocorre que, ao interpretar a vida humana de forma pessimista, como uma eterna e falha batalha humana contra o pecado, Cortés encara o surgimento da Modernidade como a corrosão de uma vida sacra para uma vida mundana, resultando na queda espiritual do ser humano, cuja consequência seria o surgimento de revoluções e de ideologias individualistas. A resposta de Cortés, explica Bueno, seria uma ditadura. Esse tipo de visão, anti-ilustrada, antiliberal, contra o individualismo e o materialismo (leia-se também aqui o economicismo exagerado) marca o pensamento schmittiano, sobretudo em *Romantismo Político* e *Catolicismo Romano e Forma Política.* Entretanto, a luta por uma *representação legítima*, contra um secularismo que fere o Estado face à Igreja, mas também o Estado face ao *político*, ao *soberano*, ao *povo*, também pode ser deduzido de *Catolicismo Romano* e *Teologia Política*, que analisam a questão da Modernidade não apenas em relação às práticas e tendências morais dos indivíduos modernos, mas joga uma luz sobre o *modus operandi* de um Estado moderno, liberal, apolítico e *neutro*.

3.2 Anticonstitucionalismo (ou antiliberalismo jurídico)

Seguindo a lógica do subcapítulo anterior, o *anticonstitucionalismo* – assim como a *antimodernidade* – constitui um elemento *autoritário* de *oposição* ao liberalismo. Entretanto, sendo o liberalismo um movimento

---

(COUTINHO, João Pereira. *As ideias conservadoras*: explicadas a revolucionários e reacionários. São Paulo: Três Estrelas, 2014, pp. 24-26 e 97-101), o *reacionário* seria uma espécie de "irmão gêmeo" do *revolucionário*. Nesse sentido, segundo o autor, o *reacionário* e o *revolucionário* se assemelhariam por serem, ambos, *radicais politicamente* (afastando-os tanto dos conservadores como dos liberais). A diferença entre eles, no entanto, diria respeito às suas utopias políticas. Segundo Coutinho, enquanto o *revolucionário* é aquele que idealiza e romantiza um *futuro* glorioso – através da revolução – o *reacionário* seria aquele que romantiza e idealiza um passado utópico, heroico – via contrarrevolução, ou golpe de Estado.

muito amplo – de faceta filosófica, política, jurídica, econômica[542] – nos referimos, no presente caso, ao liberalismo em seu sentido estritamente *jurídico*, cuja linhagem de pensamento, no campo do Direito, dá-se pelo movimento *constitucionalista*.[543]

Segundo o filósofo brasileiro José Guilherme Merquior, "porque nasceu como um protesto contra os abusos do poder estatal, o Liberalismo

542 Nas palavras de José Guilherme Merquior (MERQUIOR, José Guilherme. *O liberalismo antigo e moderno*. Trad. Henrique de Araújo Mesquita. 3ª ed. São Paulo: É Realizações, 2016, p. 30): "assim, o liberalismo, um fenômeno histórico com muitos aspectos, dificilmente pode ser definido. Tendo ele próprio moldado grande parte do nosso mundo moderno, o liberalismo reflete a diversidade da história moderna, a mais antiga e a recente. O alcance de ideias liberais compreende pensadores tão diversos em formação e motivação quanto Tocqueville e Mill, Dewey e Keynes, e, em nossos dias, Hayek e Rawls, para não falar em seus 'antepassados de eleição', tais como Locke, Montesquieu e Adam Smith". Em sentido semelhante, Alex Catharino (CATHARINO, Alex. "Fundamentos teóricos do liberalismo". *In*: PAIM, Antônio. (Coord.). *Evolução histórica do liberalismo*. 2ª ed. São Paulo: LVM Editora, 2019, p. 21), "a palavra 'liberal' como rótulo político, foi utilizada pela primeira vez nas *Cortes* espanholas, em 1812, quando o parlamento se revoltou contra o absolutismo monárquico, advogando a adoção de uma carta constitucional que limitasse os poderes do Executivo. Todavia, o liberalismo como doutrina política surgiu na Inglaterra, como fruto da Revolução Puritana de 1640 e da Revolução Gloriosa de 1688, sendo apresentado originalmente de modo sistematizado pelo médico e filósofo John Locke (1632-1704), nos *Two Treatises of Gouvernment [Dois Tratados sobre o Governo*], de 1689, e nas quatro *Lettter Concering Toleration* [*Cartas da Tolerância*], publicadas entre 1689 e 1692. Nesses trabalhos os ideários do liberalismo são caracterizados pela salvaguarda da tolerância religiosa e pela defesa da limitação do poder discricionário do monarca, por intermédio de uma preponderância da representação parlamentar e, acima de tudo, pela proteção dos direitos naturais dos indivíduos à vida, à liberdade e à propriedade. A difusão de tais convicções fora do ambiente inglês se deu, principalmente, por causa da obra *De l'esprit des lois* [*O Espírito das Leis*], publicada em 1748, na qual Charles-Louis de Secondat (1689-1755), o barão de La Bréde e de Montesquieu, defendeu o modelo governamental britânico e apresentou a famosa teoria da tripartição do poder político. Estes princípios, juntamente com as noções de constitucionalismo, decorrentes do processo de Independência dos Estados Unidos da América iniciado em 1776, bem como do ideal de Estado de Direito, cujas bases teóricas foram originalmente formuladas por Immanuel Kant (1724-1804) e aperfeiçoadas por Benjamin Constant (1767-1830), pelos liberais doutrinários franceses e por Wilhelm von Humbolt (1767-1835), se tornaram os pilares do pensamento jurídico e político chamado liberalismo clássico".

543 Vide item 2.2, *supra*.

procurou instituir tanto uma *limitação* da autoridade quanto uma divisão da autoridade".[544] Ou seja, ao se opor ao movimento constitucionalista, o *anticonstitucionalismo* de Carl Schmitt advoga pela *não* limitação dos poderes políticos e pela *não* distribuição dos poderes políticos, o que culmina, invariavelmente, na defesa de um Estado insubmisso ao império da Constituição e por um acúmulo de poderes políticos em torno da figura do *soberano*.

Vê-se, pois, que a própria definição do *anticonstitucionalismo* em muito coincide com a própria definição de *autoritarismo*, enquanto modo de ser do regime que se *opõe* à democracia constitucional, à limitação do poder soberano pelas normas constitucionais, à distribuição de poderes políticos e ao respeito aos direitos fundamentais. Portanto, aqui é possível perceber que o *anticonstitucionalismo* de Schmitt compõe o núcleo de seu *autoritarismo jurídico*, uma vez que se manifesta *contra* a democracia constitucional, definida tanto por Karl Loewenstein como por Simone Goyard-Fabre como o regime da distribuição e limitação dos poderes pela Constituição.[545]

A obra de Schmitt é muito mais do que uma fonte de elementos *opostos* ao *constitucionalismo*, sendo, em verdade, um ataque frontal à sua essência. Não à toa, enquanto jurista que era, Carl Schmitt buscou elaborar seus próprios conceitos de *soberania, decisão, poder constituinte, constituição* e *democracia*, a fim de opô-los às suas respectivas versões liberais.

Por isso, José Guilherme Merquior, ao definir a essência do movimento liberal – na obra *Liberalismo: Antigo e Moderno* –, cita Carl Schmitt como "um grande antiliberal moderno".[546] Ao fim e ao cabo, esse elemento *autoritário* – que pode ser percebido em toda sua obra escrita durante o período da República de Weimar – propõe, para o campo do Direito, uma *inversão* à proposta liberal original, no sentido

544 MERQUIOR, José Guilherme. *O liberalismo antigo e moderno*. Trad. Henrique de Araújo Mesquita. 3ª ed. São Paulo: É Realizações, 2016, p. 31, itálico nosso.

545 Vide item 2.1, *supra*.

546 MERQUIOR, José Guilherme. *O liberalismo antigo e moderno*. Trad. Henrique de Araújo Mesquita. 3ª ed. São Paulo: É Realizações, 2016, p. 31.

de que o Direito *não é* e *não deve ser* um instrumento de contenção dos desígnios arbitrários da autoridade estatal, mas o inverso. Ou seja, para Schmitt, a Constituição *é* resultado vivo da vontade do *poder soberano*, o *povo*, representada diretamente pelo Estado. Segundo Carl Schmitt, liberalismo e democracia são elementos opostos, inconciliáveis, ao passo que democracia e a ditadura podem conviver em união. Assim, Schmitt afirma que:

> A crise do Estado moderno consiste na incapacidade da democracia humana e de massas de construir qualquer forma de Estado, e muito menos um Estado democrático. Por outro lado, como qualquer ditadura, o bolchevismo e o fascismo são anti-liberais, mas não necessariamente antidemocráticos.[547]

Ou seja, o *anticonstitucionalismo* (ou *antiliberalismo jurídico*) é o elemento primeiro e mais importante elemento *autoritário* em sentido *jurídico* da obra schmittiana, pois visa à subversão da lógica do *constitucionalismo* e do Estado de Direito, pautados, como visto, em valores liberais.

Em sua obra, o *anticonstitucionalismo* pode ser verificado na grande maioria de seus textos weimarianos, sendo mais perceptíveis em *A Ditadura*, *Teologia Política*, *Crítica à Democracia Parlamentar*, *Teoria da Constituição*, *Guardião da Constituição* e *Legalidade e Legitimidade*. Nestes textos, o elemento *anticonstitucionalista* fecunda outros elementos *autoritários jurídicos*, sendo, os mais relevantes, o *decisionismo*, o *antipositivismo*, o *Estado total*, as *garantias institucionais*, a crítica à *neutralidade*, o *antiparlamentarismo*, a *democracia* (schmittiana), o conceito de *igualdade substancial* e a *aclamação*, que em conjunto abrem fogo contra a democracia constitucional liberal.

Assim, partindo-se dos livros *A Ditadura* e *Teologia Política*, verifica-se que o elemento do *decisionismo* é estruturado como condição *jurídica* de possibilidade da instauração de um regime *autoritário* (e até mesmo *totalitário*) pela *suspensão* da Constituição. Nutrido de uma

547 SCHMITT, Carl. *A crise da Democracia Parlamentar*. Trad. Inês Lohbauer. São Paulo: Scritta, 1996, p. 16.

concepção *antimoderna* e *antiliberal* de compreender o mundo, Carl Schmitt denunciava a tendência *neutra* e *despolitizada* do individualismo da burguesia liberal cosmopolita e de seus pensadores. Outrossim, essa crítica à *neutralização* e à *despolitização* estava ligada, justamente, à característica liberal de racionalização do poder político que, para Schmitt, era tida como um fetiche estético das elites burguesas, que visavam à manutenção no poder, bem como de sua influência política.[548]

De todo o modo, enquanto em *Romantismo Político*, o *antiliberalismo* schmittiano se apresenta segundo uma perspectiva *cultural* de mundo, em *Teologia Política,* de 1922, esse mesmo *antiliberalismo* recebe contornos *jurídicos*, sendo a utilização do termo *anticonstitucionalismo* mais precisa para tratar a questão. Em *Teologia Política* – obra essencialmente *jurídica* – o autor, inspirado nos reacionários Donoso Cortés, De Bonald e De Maistre, dá luz a uma versão do *decisionismo oposta* ao positivismo jurídico de Hans Kelsen. A razão dessa *oposição* utiliza o mesmo argumento feito em *Romantismo Político,* pois condena a teoria kelseniana de ser excessivamente (ou *puramente*) *neutra* e *despolitizada.* Nas palavras de Carl Schmitt: "Kelsen resolve o problema do conceito de soberania negando-o (...). *De fato, isto é a antiga negação liberal do Estado frente ao Direito e a desconsideração do problema autônomo da realização do Direito*".[549]

Assim, Schmitt inverte o sentido lógico da Doutrina Liberal – imbuída em racionalizar o arbítrio estatal pela Constituição – ao romper com a proposta positivista que identifica o Estado com o Direito, entendendo o Estado enquanto um ente normativo, construído por normas jurídicas. Kelsen separa *ser* de *dever-ser* em universos estanques. O ordenamento jurídico normativo, para Kelsen, é resultado de outra norma superior, a norma hipotética fundamental.[550] Já Schmitt se opõe à divisão kelseniana entre *ser* e *dever-ser,* e compreende que o Direito possui

---

548 Sobre o tema, ver análise da obra *Romantismo Político* de Carl Schmitt feita acima, cf. Item 1.2.2.

549 SCHMITT, Carl. *Teologia Política.* Trad. espanhola de Francisco Javier Conde y Jorge Navarro Pérez. Madri: Trotta, 2009, p. 21, itálico nosso.

550 Vide capítulo intitulado "O autoritarismo sob a lente normativista", cf. item 2.3.1.

íntima ligação com a vida concreta e política.[551] Segundo Schmitt, não existe um Estado *puramente* normativo, feito de normas jurídicas, *neutro,* mas, pelo contrário, o Estado, para ele, é a expressão viva da política de uma nação e de um povo, conceito que nasce da *soberania popular,* não abstrata, mas concreta pela *aclamação.*[552] Partindo de uma interpretação de Thomas Hobbes, Schmitt passa a enxergar o Estado como um ser pacificador, *anterior* e *acima* do Direito.[553] Essa característica, segundo Schmitt, coloca o Direito (e a Constituição) como refém do *soberano*

---

551 Nesse sentido, ratifica Roberto Bueno (BUENO, Roberto. *Uma interpretação conservadora revolucionária do político e da ditadura*: o potencial totalitário de Carl Schmitt. Tese (Doutorado). Faculdade de Direito da Universidade do Paraná, 2011, pp. 1.019/1.020), para quem "a opção de Schmitt é contrária ao normativismo de corte kelseniano que estrutura a validade das normas em uma cadeia delas e encontra neste regresso validatório uma norma última e fundamental, a *Grundnorm.* Para Schmitt a validade do ordenamento jurídico não poderia repousar senão em uma decisão, a qual deveria, por definição, ser incondicionada. Assim, enquanto para Kelsen uma norma remete a outra e todo o ordenamento a uma hipótese última, para Schmitt, a vontade soberana é mesmo o fundamento que empresta validade ao ordenamento. O *Politische Theologie* é, portanto, livro que apresenta a necessidade de uma resposta schmittiana ao positivismo normativista de Kelsen em que o autor atribui a decisão política à precedência ao mundo normativo do direito, o qual da decisão toda validade extrairá". No mesmo trilho, Bercovici (BERCOVICI, Gilberto. *Entre o Estado Total e o Estado Social*: atualidade do debate sobre Direito, Estado e Economia na República de Weimar. Tese [Livre-Docência]. Universidade de São Paulo, 2003, p. 54) entende que "o normativismo formalista, assim como o liberalismo, foram acusados por Carl Schmitt de serem incapazes de pensar a origem do ordenamento, a soberania, pois não teriam como pensar a exceção. Para os liberais e os positivistas, a exceção não pertenceria ao direito público. O liberalismo não conseguia encarar a exceção como algo que, além de não ser estranho à política, também a constitui. O liberalismo nunca percebeu as verdadeiras questões políticas, que são questões sobre a unidade e o conflito, não sobre a liberdade dos indivíduos".

552 BERCOVICI, Gilberto. *Entre o Estado Total e o Estado Social*: atualidade do debate sobre Direito, Estado e Economia na República de Weimar. Tese (Livre-Docência). Universidade de São Paulo, 2003, p. 1.021.

553 Sobre a questão, afirma Roberto Bueno (BUENO, Roberto. *Uma interpretação conservadora revolucionária do político e da ditadura*: o potencial totalitário de Carl Schmitt. Tese [Doutorado]. Faculdade de Direito da Universidade do Paraná, 2011, p. 1.019) que: "embora radicando como caso clássico do pensamento decisionista a Hobbes, filósofo no qual se encontra a estrutura lógica do decisionismo de forma evidente, e, embora também possa Hobbes encontrar inserção na tradição positivista, o decisionismo schmittiano representa toda uma resposta ao problema da fundamentação

que, no momento de *crise* e *instabilidade* (circunstâncias políticas), pode *suspendê-la* a partir da *decisão* que impõe o *estado de exceção*.[554]

Vê-se, portanto, que o *decisionismo* de Carl Schmitt é um elemento *autoritário* que resulta logicamente de seu *anticonstitucionalismo*. Sobre a questão, destaca Roberto Bueno que:

> À lógica liberal do Estado de Direito Schmitt se apresenta em intensa oposição, em consonância com a tradição conservadora. Ao mostrar-se um intenso crítico liberal, Schmitt igualmente revela quão avesso encontra-se de sua versão jurídica, ou seja, da cultura do império da lei no sentido em que o tomamos logo nos parágrafos anteriores. Na leitura de Schmitt, o império da lei significa pouco mais do que a busca da legitimação da sociedade nos termos em que ela se apresentasse constituída em um determinado momento historicamente. Naquele caso, em específico, tratava-se de uma sociedade liberal que em matéria política visava um Estado neutro, para tudo antagônico ao Estado total (*totalen Staat*) uma mostra de sua defesa do Estado autoritário (...).[555]

Essa oposição à *neutralização positivista* – que pode ser compreendida enquanto elemento *autoritário* do *antipositivismo* – nada mais é que uma defesa da *politização* do Direito e, por consequência, da possibilidade da *decisão* que determina o *estado de exceção* e a *ditadura*. O que Schmitt faz, portanto, é argumentar em favor de uma justificativa *jurídica* para

---

do direito e do político. Hobbes é reputado como máximo representante do tipo decisionista".

554 BUENO, Roberto. *Uma interpretação conservadora revolucionária do político e da ditadura*: o potencial totalitário de Carl Schmitt. Tese (Doutorado). Faculdade de Direito da Universidade do Paraná, 2011, p. 1.037.

555 BUENO, Roberto. *Uma interpretação conservadora revolucionária do político e da ditadura*: o potencial totalitário de Carl Schmitt. Tese (Doutorado). Faculdade de Direito da Universidade do Paraná, 2011, p. 1.068.

a desaplicação do próprio Direito.[556] Essa justificativa é posta também num plano concreto, referente ao mundo do *ser* (não do *dever-ser*) e diz respeito à *instabilidade*, ao *caos* e à *crise* política.[557] Para Schmitt, as normas constitucionais dependem de uma situação de normalidade para serem aplicadas, o que não ocorre em situações caóticas.[558] Assim, ao *decidir* pelo *estado de exceção* e, consequentemente, pela *suspensão* da Constituição, o *soberano* age de forma *autoritária* já que: (i) concentra, em torno de si, todo o poder político, tornando-se única *autoridade* e (ii) liberta-se das amarras e freios constitucionais, seja em relação à distribuição de poderes, seja no que tange aos direitos individuais negativos. No segundo capítulo, foi apresentado o "*autoritarismo* sob a lente *decisionista*".[559] Ou seja, não apenas Schmitt possui uma visão e uma proposta *autoritária* – contrária aos fundamentos do Estado constitucional liberal –, mas sua obra serve como base para a própria compreensão da natureza do *autoritarismo*, sendo o *decisionismo* a principal chave de compreensão.

No Brasil, o constitucionalista Pedro Serrano – baseando-se no *decisionismo* schmittiano e na ideia de *estado de exceção* – desenvolveu o conceito de *medidas de exceção*, para interpretar o *autoritarismo* contemporâneo, principalmente nos países latino-americanos.[560] Para Serrano, o *autoritarismo* do século XXI – que recebe o nome de *autoritarismo líquido* – ao contrário das ditaduras do século XX, não ocorre por meio da *suspensão* integral da Constituição, como defendia Schmitt. Segundo o autor brasileiro, tais *medidas de exceção* ocorrem no interior de regimes democráticos, em casos isolados e pontuais, culminando na *suspensão* de determinados direitos fundamentais por determinada autoridade

---

556 BUENO, Roberto. *Uma interpretação conservadora revolucionária do político e da ditadura*: o potencial totalitário de Carl Schmitt. Tese (Doutorado). Faculdade de Direito da Universidade do Paraná, 2011, p. 1.028.

557 Vide item 2.3.1, *supra*.

558 SCHMITT, Carl. Teologia Política. Trad. Elisete Antoniuk. Belo Horizonte: Del Rey, 2006, p. 13.

559 Vide item 2.3.1, *supra*.

560 Cf. SERRANO, Pedro Estevam Alves Pinto. *Autoritarismo e golpes na América Latina*: breve ensaio sobre jurisdição e exceção. 2ª ed. São Paulo: Alameda, 2016.

soberana, que pode ser identificável caso a caso.[561] Portanto, Serrano adota a estrutura *decisionista* schmittiana para interpretar as *medidas de exceção* que ocorrem no interior das democracias hodiernas, uma vez que, em tal formulação, estão presentes elementos como o *soberano*, a *exceção*, a *instabilidade política*, a *suspensão* de direitos e garantias fundamentais e, por fim – e não menos importante –, a figura *antipolítica* do *inimigo*.[562]

De todo o modo, o Estado de Direito liberal representa, para Carl Schmitt, um impasse à atuação livre do *soberano* e, portanto, é um elemento que frustra a vontade popular. De mais a mais, conclui-se: o elemento *autoritário* do *estado de exceção* é um resultado do elemento *autoritário* geral do *anticonstitucionalismo*. Entretanto, diferentemente deste, o *estado de exceção* não é apenas um elemento genericamente *autoritário*, podendo ainda ganhar contornos *totalitários* a depender da forma de sua aplicação na vida social. Como estudado no segundo capítulo, o *totalitarismo*, enquanto subespécie de regime *autoritário*, possui características próprias, atinentes, sobretudo, à penetração da vontade *arbitrária* do Estado em todos os poros e instituições sociais, como ocorreu no

561 Nesse sentido, Pedro Serrano (SERRANO, Pedro Estevam Alves Pinto. *Autoritarismo e golpes na América Latina*: breve ensaio sobre jurisdição e exceção. 2ª ed. São Paulo: Alameda, 2016) explica que: "na América Latina, golpes militares clássicos como os ocorridos no Brasil, na Argentina e no Chile, são um fenômeno do século XX, que ficaram para trás. No século XXI, estabeleceu-se no mundo ocidental um forte consenso democrático, ou seja, consolidou-se um discurso de legitimação da democracia como valor universal. Entretanto, isso não significa que o autoritarismo deixou de existir no interior dos Estados democráticos. As medidas autoritárias apenas passaram a ser revestidas de uma aparência de legitimidade democrática, sem interdição declarada da ordem jurídica. Essas medidas representam uma fraude, pois embora tenham uma forma jurídica que procura ter aparência de adequação, descumprem princípios fundamentais do Estado de direito, sendo chamadas pela doutrina moderna de medidas de exceção, tal como descritas por Giorgio Agamben".

562 Sobre a adoção de Pedro Serrano da estrutura teórica *decisionista*, para a elaboração de seu conceito de *medidas de* exceção, cf. GARZILLO, Rômulo Monteiro. "Pedro Serrano e as medidas de exceção na modernidade periférica: sistematização dos elementos conceituais". *In*: LOPES, Anderson Bezerra (*et al*). *Democracia em crise*. São Paulo: Autonomia Literária, 2019, pp. 361-379.

regime nazista e stalinista, cujas ideologias estatais inundava todos os poros da sociedade.[563]

Ocorre que, sem a *decisão* que *suspende* a Constituição e impõe o *estado de exceção,* não seria possível o advento do *totalitarismo.* É em razão disso que o filósofo Giorgio Agamben afirma que "por meio do estado de exceção, de uma guerra civil legal que permite a eliminação física não só dos adversários políticos, mas também de uma categoria inteira de cidadãos"[564] que se pode definir o que seria o "totalitarismo moderno".[565] Com efeito, o *estado de exceção* representa a condição *jurídica* de possibilidade para a implementação da ditadura e de regimes *totalitários.* Significa dizer que a teoria da *ditadura* e do *estado de exceção* – e mesmo suas formulações aparentemente abstratas acerca do *decisionismo* e da relação entre política e Direito – estavam direcionadas a criticar a República de Weimar e não eram apenas temas para debates estritamente acadêmicos, mas representavam, ao menos no caso de Schmitt, um modelo de Estado e de sociedade que pudesse recuperar os verdadeiros valores cristãos antisseculares e nacionais corrompidos pela guerra, pela crise econômica, pelas elites burguesas e pelos ideais do Liberalismo, do Iluminismo e da Modernidade.[566] Assim, suas críticas à República de Weimar se con-

---

563 Cf. item 2.1.1, *supra.*

564 AGAMBEN, Giorgio. *Estado de exceção.* Trad. Iraci D. Poleti. 2ª ed. São Paulo: Boitempo, 2004, p. 13.

565 AGAMBEN, Giorgio. *Estado de exceção.* Trad. Iraci D. Poleti. 2ª ed. São Paulo: Boitempo, 2004.

566 Segundo Roberto Bueno (BUENO, Roberto. *Uma interpretação conservadora revolucionária do político e da ditadura*: o potencial totalitário de Carl Schmitt. Tese [Doutorado]. Faculdade de Direito da Universidade do Paraná, 2011, p. 1.033), "esta inversão conceitual favorece os roteiros totalitários que eram gestados à época em profunda oposição à cultura político-jurídica weimariana, visando disseminar crenças de que apenas leis sanguinárias seriam suficientemente eficazes para estabelecer os novos valores do homem heroico. Contudo, estratégias de separação conceitual entre democracia e liberalismo, e parlamentarismo, como esta adotada por Schmitt para logo compatibilizar com a ditadura, é movimento que não diretamente daria suporte ao nacional-socialismo mas, em alguma medida, auxiliar o seu projeto, ao tornar receptível a sua teoria nas fileiras nacional-socialistas. Restava aplainada uma

centraram em torno da enérgica defesa da aplicação do artigo 48 da Constituição. Conforme já analisado anteriormente, esse dispositivo constitucional possibilitava ao Presidente da República "adotar as medidas necessárias para o reestabelecimento da segurança e ordem públicas, inclusive com ajuda da força armada caso necessário",[567] inclusive podendo "suspender temporariamente, em todo ou em parte, os direitos fundamentais consignados nos artigos 114, 115, 117, 118, 123, 124 e 153"[568] da Constituição. Entretanto, Schmitt aponta que o artigo 48 da Carta de Weimar, embora explique o *estado de exceção*, está "sob o controle do parlamento do reino que pode, a qualquer tempo, exigir sua revogação".[569] Mais uma vez, crítico à figura do parlamento e às amarras constitucionais que visam limitar o arbítrio e o acúmulo do poder político nas mãos de uma autoridade, Schmitt afirma que:

> para isso precisa-se de uma competência, a princípio, ilimitada, ou seja, a suspensão de toda ordem existente. Entrando-se nessa situação, fica claro que, em detrimento do Direito, o Estado permanece (...). A decisão liberta-se de qualquer vínculo normativo e torna-se absoluta em sentido real. Em estado de exceção, o Estado suspende o Direito por fazer jus à autoconservação, como se diz. Os dois elementos do conceito *ordem jurídica* defrontam-se e comprovam sua autonomia conceitual. Assim como no caso normal, o momento autônomo da decisão pode ser repelido a um mínimo; no caso excepcional, a norma é aniquilada.[570]

---

das vias teóricas para o avanço nacional-socialista rumo ao poder, ao desconstituir parte das resistências teórico-políticas weimarianas, as quais havia de enfrentar-se, também com a resistência antidemocrática proveniente de vários setores".

567 Vide item 1.2.1, *supra*.

568 BUENO, Roberto. *Uma interpretação conservadora revolucionária do político e da ditadura*: o potencial totalitário de Carl Schmitt. Tese (Doutorado). Faculdade de Direito da Universidade do Paraná, 2011.

569 SCHMITT, Carl. *Teologia Política*. Trad. espanhola de Francisco Javier Conde y Jorge Navarro Pérez. Madri: Trotta, 2009, p. 12.

570 SCHMITT, Carl. *Teologia Política*. Trad. espanhola de Francisco Javier Conde y Jorge Navarro Pérez. Madri: Trotta, 2009, p. 12.

Não obstante, além do elemento *autoritário* do *decisionismo,* há ainda outro elemento *autoritário*, também de viés *jurídico*, que pode ser verificado como consequência do elemento *autoritário* mais geral (ou primeiro) do *anticonstitucionalismo*: o *antiparlamentarismo.* Como visto, o *antiparlamentarismo* schmittiano é um elemento cujas origens, num primeiro momento, são de viés *cultural.* Decorrem da crítica de Schmitt à *Modernidade* e ao *Liberalismo*, consequência imediata de uma axiologia liberal-burguesa condenada à *indecisão* política, à *despolitização,* à *neutralidade,* ao *procedimentalismo* excessivo e, *in fine*, à "eterna discussão". Todas essas características, que dão forma ao *antiparlamentarismo* schmittiano, vale reiterar, já estavam postos desde seu *Romantismo Político* de 1919 e seguem presentes nos demais escritos weimarianos, manifestando-se em outros campos do saber, seja no *jurídico*, como no *político.*[571]

Partindo de um enfoque voltado ao campo do Direito e, tão logo, *anticonstitucionalista,* a figura do *antiparlamentarismo* revela-se como crítica à doutrina liberal da democracia indireta, da separação e da limitação dos poderes políticos do soberano. Segundo Hans Kelsen, velho adversário de Schmitt, "a luta contra a autocracia nos fins do século XVIII foi, essencialmente, uma luta em favor do parlamentarismo".[572] Para o professor austríaco, a única possibilidade de existência de uma democracia *sem parlamentarismo* seria a partir de uma democracia direta que, segundo o autor, seria praticamente impossível.[573] Assim, Kelsen define o parlamentarismo como "formação da vontade normativa do Estado mediante um órgão colegiado eleito pelo povo com base no sufrágio universal e igual para todos, isto é, democraticamente, portanto, segundo o princípio da maioria".[574] Nota-se, portanto, que, pelo parlamentarismo, a "vontade normativa do Estado" ocorre não pela decisão de uma única autoridade que concentra em si todo o poder político

571 Cf. itens 1.2.2 e 3.1, *supra.*

572 KELSEN, Hans. *A Democracia.* 3ª ed. São Paulo: Martins Fontes, 2019, p. 46.

573 KELSEN, Hans. *A Democracia.* 3ª ed. São Paulo: Martins Fontes, 2019, p. 185.

574 KELSEN, Hans. *A Democracia.* 3ª ed. São Paulo: Martins Fontes, 2019, p. 113, itálico do autor.

– definição de *autoritarismo* segundo Bobbio e Loewenstein,[575] mas a partir de um órgão colegiado que representa a população (*princípio da maioria*) e, com isso, dilui a decisão política do Estado na pluralidade dos múltiplos interesses sociais. Nesse sentido, Conrado Hübner afirma que "a relação de legisladores e parlamentos com a democracia é tida como mais óbvia e natural. Não tem um ônus especial de justificação",[576] na medida em que, segundo o constitucionalista brasileiro:

> (...) essa instituição não só preserva, suplementa ou dinamiza a democracia. Encarnar, espelhar e representar são verbos mais adequados para as teses aqui enumeradas. O argumento em favor da supremacia legislativa soma, pelo menos, dois valores: (i) a representação eleitoral, recurso usado para replicar, em menor escala, o povo, e (ii) a regra da maioria, recurso procedimental que promove a igualdade.[577]

Desta feita, tratando-se de elemento central da democracia constitucional liberal, oriunda de suas primeiras manifestações – enquanto anteparo jurídico à concentração de poder nas mãos da uma única autoridade e, por seu turno, como meio apto a submeter e racionalizar a *decisão* política via procedimentos jurídicos – é que a violenta *oposição* de Schmitt ao parlamentarismo pode ser vista como um elemento *autoritário*. Nesse sentido, Kelsen enxerga a crítica ao parlamentarismo como elemento característico de partidos extremistas – sejam de direita ou de esquerda – cada vez mais ligados à invocação de uma ditadura.[578]

---

575 Cf. item 2.1, *supra*.

576 MENDES, Conrado Hübner. *Direitos Fundamentais, Separação de Poderes e Deliberação*. Tese (Doutorado). Departamento de Ciência Política da Universidade de São Paulo, 2008, p. 78.

577 MENDES, Conrado Hübner. *Direitos Fundamentais, Separação de Poderes e Deliberação*. Tese (Doutorado). Departamento de Ciência Política da Universidade de São Paulo, 2008, p. 78.

578 KELSEN, Hans. *A Democracia*. 3ª ed. São Paulo: Martins Fontes, 2019, p. 111.

Segundo Hans Kelsen, esse grupo de inimigos do parlamentarismo – verdadeiros radicais que anseiam por um rompimento do Estado democrático de Direito – que invoca a instauração de uma *ditadura*, "só pode ser desejada a sério (...) por quem possui a fé *metafísico-religiosa* de que seu ditador conseguiu se apossar, por um caminho misterioso, da verdade absoluta, reconhecível por algum sinal, e do valor absoluto, tangível de algum modo".[579] Da fala de Hans Kelsen, verifica-se o argumento *teológico-político*, que liga o conteúdo da *decisão* do *soberano* – isto é, do *ditador* – a uma axiologia objetiva e absoluta, exatamente como o proposto por Schmitt.

Não por outra razão, o elemento *autoritário* do *antiparlamentarismo* já se faz presente na obra schmittiana desde *Teologia Política* de 1922.[580]

Contudo, é no ano de 1923 – com a publicação de *A Crise da Democracia Parlamentar* – que o autor se debruça para tratar especificamente do tema, menos no âmbito *cultural* e *metafísico* e mais no campo do Direito. Nesse livro, Schmitt realiza um estudo em que procura demonstrar que a democracia parlamentar vivia uma crise cada vez mais evidente, em razão do surgimento da democracia de massas.[581]

---

579 KELSEN, Hans. *A Democracia*. 3ª ed. São Paulo: Martins Fontes, 2019, p. 134.

580 Nessa obra (KELSEN, Hans. *A Democracia*. 3ª ed. São Paulo: Martins Fontes, 2019, p. 54), Schmitt afirma que "segundo Dosono, está na essência do liberalismo burguês não se decidir nessa luta, mas, em vez disso, tentar o vínculo de uma discussão. A burguesia é definida por ele, justamente, como uma 'classe discutidora'. Com isso, ela se volta, pois nisso ela se baseia, para o desvio da decisão. Uma classe que remete toda atividade política ao discurso, na mídia e parlamento, não está a altura de um tempo de lutas sociais. Por toda parte se reconhece a insegurança interna e a insuficiência dessa burguesia liberal do reinado de julho. Seu constitucionalismo liberal tenta paralizar o rei através do parlamento, mas pretende que ele permaneça no trono. Comete, assim, a mesma inconsequência cometida pelo deísmo quando exclui Deus do mundo, mas se segura na sua existência (...)".

581 Explica Schmitt, no segundo prefácio dessa obra ("Situação intelectual do sistema parlamentar atual". *In*: SCHMITT, Carl. *A crise da Democracia Parlamentar*. Trad. Inês Lohbauer. São Paulo: Scritta, 1996, p. 4) que: "naturalmente as instituições e as ideias das pessoas modificam-se com o tempo, mas eu não vejo como o sistema parlamentar atual poderia encontrar suas bases se os princípios da discussão e da publicidade realmente deixassem de existir e, por que a autenticidade e a lisura do

Para Schmitt, o parlamentarismo deixou de ser um sistema de debates políticos racionalmente direcionados para uma "ação correta" – vê-se aqui novamente sua perspectiva *absoluta* dos valores políticos – para se tornar um balcão de negociações espúrias que visam interesses privados e, com isso, frustram a essência da *soberania* popular, que é a essência da democracia.[582]

Parlamento tornar-se-iam, então, mais óbvias. Como toda grande instituição, o Parlamento também pressupõe ideias especiais, singulares. Quem quiser conhecê-las terá que recorrer a Burke, Bentham, Guizot e J. S. Mill e constatará que depois deles, mais ou menos de 1848 em diante, foram apresentadas inúmeras considerações de ordem prática, mas nenhum argumento básico novo. No último século isso nem foi observado, porque o sistema parlamentar surgiu numa nova e estreita conexão com a democracia e simultaneamente a ela, sem que houvesse uma distinção clara entre ambos. Hoje, porém, depois do sucesso conjunto, o contraste tornou-se mais evidente e as diferenças entre as ideias liberal-parlamentarista e as democráticas de massa não podem mais passar despercebidas". Sobre a "democracia de massas". Schmitt afirma (SCHMITT, Carl. *A crise da Democracia Parlamentar.* Trad. Inês Lohbauer. São Paulo: Scritta, 1996, p. 16): "como democracia, a moderna democracia de massas procura concretizar uma identidade de governantes e governados e, portanto, enfrenta o Parlamento como instituição obsoleta e inconcebível. Quando se leva a sério a identidade democrática, nenhuma outra organização constitucional consegue impor diante da exclusive, determinante e irrefutável vontade do povo, expressa de uma forma qualquer. diante dela, uma instituição que se baseia principalmente na discussão entre membros independentes não tem direito a uma existência autônoma, e menos ainda quando a crença na discussão não tem fontes democráticas, mas sim liberais". Ver ainda: SCHMITT, Carl. *A crise da Democracia Parlamentar.* Trad. Inês Lohbauer. São Paulo: Scritta, 1996, p. 8. Sobre a questão da democracia das massas, cf. ORTEGA Y GASSET, José. *A rebelião das massas.* Trad. Felipe Denardi. Campinas: Vide, 2016, pp. 77-141.

582 Segundo Carl Schmitt (SCHMITT, Carl. *A crise da Democracia Parlamentar.* Trad. Inês Lohbauer. São Paulo: Scritta, 1996, pp. 6/7): "mas o que é pior, e desfaz qualquer esperança, é que em algumas nações o sistema parlamentar conseguiu transformar todas as questões públicas em objeto de cobiça e de compromisso dos partidos e dos agregados, e a política, longe de ser a ocupação de uma elite, passou a ser a desprezível negociata de uma desprezível classe de gente (...). De qualquer forma, o Parlamento só é 'autêntico' na medida em que a discussão pública é levada a sério e é efetivamente realizada. Nesse caso porém a 'discussão' tem um sentido especial e não significa simplesmente 'negociar' (...) as negociações em que não se cogita de uma busca racional da ação correta, mas sim da contabilização e da imposição de interesses e de oportunidades de ganho, e se possível, da sobreposição do interesse pessoal, são naturalmente acompanhadas de falatórios e de explanações, mas não no sentido conciso de uma discussão prolífica".

Schmitt faz a separação de liberalismo e democracia, afirmando que o parlamentarismo é um produto do primeiro, não do segundo. Para o autor, a democracia não se contrapõe à ditadura, mas ao liberalismo e ao parlamentarismo, na medida em que ela visa a identificação entre governantes e governados, base do que ele chama de *legitimidade*.[583]

Mais à frente, no ano de 1928, Carl Schmitt escreve *Teoria da Constituição,* ocasião em que seu *antiparlamentarismo* é apresentado com menos vigor e mais sistematização. Nessa obra, a ácida crítica de outros escritos é deixada de lado para uma análise mais fria e, de fato, científica. Interessante, entretanto, que ao falar sobre o parlamentarismo Schmitt o coloca como símbolo central da democracia constitucional liberal. Nesse sentido, segundo o autor, do ponto de vista do Estado democrático de Direito liberal, o parlamentarismo é um elemento admirável, na medida em que dissolve o aspecto unitário da decisão política, conforme já alertamos acima.[584]

Após, em 1929, em *O guardião da Constituição,* Schmitt critica duramente o parlamento e o interpreta como verdadeira barreira para a realização da vontade popular, cuja representação encontra fiel *legitimidade* na atuação do chefe do Poder Executivo.[585] Segundo Schmitt, por ser um elemento inerente à democracia liberal, o parlamentarismo, ao pressupor a cisão entre Estado e sociedade, perde seu sentido diante do Estado *total*, em que ocorreria – como já afirmado – uma *identidade* entre sociedade (ou povo) e o Estado, cuja representação deixa de ser feita por parlamentares e passa a se *concentrar* na figura do Presidente do *Reich*.[586]

---

583 SCHMITT, Carl. *A crise da Democracia Parlamentar*. Trad. Inês Lohbauer. São Paulo: Scritta, 1996, p. 14.

584 SCHMITT, Carl. *Teoría de la Constitución*. Trad. espanhola de Francisco Ayala. Madri: Alianza Editorial, 1996, p. 296.

585 Cf. SCHMITT, Carl. *O guardião da Constituição*. Trad. Geraldo de Carvalho. Belo Horizonte: Del Rey, 2007, pp. 105-190.

586 Cf. SCHMITT, Carl. *O guardião da Constituição*. Trad. Geraldo de Carvalho. Belo Horizonte: Del Rey, 2007, pp. 193-229.

Assim, o *antiparlamentarismo* schmittiano é elemento *autoritário jurídico* uma vez que ele se volta contra dois princípios basilares da democracia constitucional: (i) o princípio da *democracia representativa* e (ii) o princípio da *separação* e *distribuição* dos poderes. No primeiro caso, Pedro Serrano alerta que, para Schmitt, "a democracia representativa é uma forma de fortalecer as desuniões do povo e não sua união",[587] já que "é o sentimento de 'pertencimento' que torna a relação factível e fortalece os vínculos *culturais* deste povo, tornando-o forte e *homogêneo*".[588] Quanto ao segundo princípio, ocorre a evidente violação ao princípio da *separação* dos poderes, na medida em que o Presidente do *Reich* acaba por suplantar o Poder Legislativo.

Assim, com o Presidente do *Reich* à frente dos demais poderes, as *decisões* tomadas pelo Estado não são mais, como diz Serrano, decisões tomadas "por um corpo de representantes eleitos", mas decorrem a partir do desejo imediato e direto do povo, que se manifesta pela *aclamação*. Explica Serrano que, para Schmitt, "a decisão não é válida ou inválida, mas legítima ou ilegítima e, quanto mais unido for o povo, mais legítima será sua liderança".[589] Vê-se, portanto, que voltamos ao elemento *autoritário* do *decisionismo*, em que a vontade do Estado era manifestada a partir da *decisão soberana* que *suspende* a Constituição. Tal *decisão*, como já afirmado, jamais poderia ocorrer via procedimentos dialéticos de debates – como ocorre no parlamento que, segundo Schmitt, era incapaz de decidir –, mas concentrado no desejo *homogêneo* do *povo* que, via *aclamação*, identifica o Presidente do *Reich*, ou melhor, o Führer, como seu legítimo líder.

Assim, conectando os polos entre o *antiparlamentarismo*, o *decisionismo*, a *democracia* schmittiana, a *igualdade substancial* e a *aclamação*, Pedro Serrano desvenda a lógica *autoritária anticonstitucionalista* de Schmitt, ao arrematar que:

---

587 SERRANO, Pedro Estevam Alves Pinto. *Autoritarismo e golpes na América Latina*: breve ensaio sobre jurisdição e exceção. 2ª ed. São Paulo: Alameda, 2016, p. 48.

588 SERRANO, Pedro Estevam Alves Pinto. *Autoritarismo e golpes na América Latina*: breve ensaio sobre jurisdição e exceção. 2ª ed. São Paulo: Alameda, 2016, p. 49.

589 SERRANO, Pedro Estevam Alves Pinto. *Autoritarismo e golpes na América Latina*: breve ensaio sobre jurisdição e exceção. 2ª ed. São Paulo: Alameda, 2016, p. 49.

> A democracia de Carl Schmitt tem inspiração grega, pois importa em sua concepção apenas a decisão da maioria, em detrimento de qualquer minoria. Na democracia moderna, a decisão da maioria deve sempre respeitar os direitos da minoria, pela noção de liberdade em consonância com o direito individual. Nesse modelo schmittiano, no lugar da eleição há a figura da "aclamação". Se o povo não estiver satisfeito, afasta seu líder por aclamação ou lhe conduz como soberano pela mesma forma, por simples identificação carismática. O que importa para Carl Schmitt é a ideia de soberania. Soberano para Carl Schmitt é aquele que pode decretar quem é amigo e quem é inimigo e, mais do que isso, soberania só existe no Estado de exceção – em que há a suspensão dos direitos individuais -, e não no Estado de direito.[590]

Da descrição feita acima por Serrano, é possível verificar que a proposta schmittiana vai além de um regime *autocrático*, pois também tem substanciosas características claramente *totalitárias*.[591] Ora, o que se vê com o Estado *total* é uma união de sociedade e Estado, a identidade perfeita – sob os moldes da *representação* conclamada em *Catolicismo Romano e Forma Política* – entre governantes e governados, ou seja, a *homogeneização total*. Segundo as palavras de Schmitt, "se a sociedade se auto-organiza como Estado, se Estado e sociedade devem ser fundamentalmente idênticos, todos os problemas sociais e econômicos tomam-se, então, problemas diretamente estatais e não se pode mais diferenciar matérias político-estatais daquelas de cunho social e apolítico".[592]

---

590 SERRANO, Pedro Estevam Alves Pinto. *Autoritarismo e golpes na América Latina*: breve ensaio sobre jurisdição e exceção. 2ª ed. São Paulo: Alameda, 2016, p. 49.

591 Nesse sentido, interessante o estudo de Roberto Bueno que compara o pensamento de Carl Schmitt com as ideias fascistas de Benito Mussolini, cf. BUENO, Roberto. "A cultura política do fascismo: Benito Mussolini e Carl Schmitt". *Boletín Mexicano de Derecho Comparado*, nº 149, pp. 613-644, 2017.

592 SCHMITT, Carl. *O guardião da Constituição*. Trad. Geraldo de Carvalho. Belo Horizonte: Del Rey, 2007, p. 115.

Nessa esteira, sem um ordenamento jurídico que possa frear os desígnios deste tipo de movimento – que pode vir a *suspender*, pelo *estado de exceção*, quaisquer normas constitucionais, que nada mais são, como vimos, meras *leis constitucionais* formais, submetidas ao poder político *soberano* que fundamenta a Constituição material – está-se diante de um modelo de Estado *unificado*, *homogêneo*, que não mais distingue entre as esferas públicas e privadas de convivência, guiado por um líder, o Presidente do *Reich*, ligado às massas por meio de uma relação *carismática* via *aclamação popular*. Este Estado *total*, *ultrapolitizado* e *homogêneo*, vê-se desimpedido de eliminar fisicamente todo aquele que, de algum modo, coloca em risco sua unidade. Assim, este sujeito, passível de ser eliminado pelo Estado *total* schmittiano, recebe o nome de *inimigo interno* em *O Conceito do Político*, um dos elementos *autoritários políticos* que serão estudados abaixo.

3.3 Antagonismo Político (ou antiliberalismo político)

Após todo o caminho percorrido no presente livro, chega-se ao último subcapítulo do trabalho, em que será abordado o elemento *autoritário político* de Carl Schmitt. Como mencionado em mais de uma oportunidade, a obra de Carl Schmitt visava mais do que oferecer elementos para discussões no campo teórico ou acadêmico, pois, segundo Roberto Bueno, seus escritos também tinham como finalidade a apresentação de um modelo *autoritário* (e, como visto, também *totalitário*) para ser, de fato, implementado e concretizado na política da Alemanha de Weimar.[593]

Seguindo tal premissa, verifica-se a substancial importância dos elementos *políticos* na esteira dos escritos de Carl Schmitt. Com efeito, lastreado nos estudos conduzidos pela cientista política belga Chantal Mouffe, denominaremos o elemento *autoritário político*, presente na obra de Carl Schmitt, como *antagonismo político*. O *antagonismo político* – tal qual

---

593 BUENO, Roberto. "Antiliberalismo e conservadorismo teológico: de Donoso Cortés a Carl Schmitt". *In*: BUENO, Roberto; RAMIRO, Caio Henrique Lopes (Coord.). *Sonhos e pesadelos da democracia de Weimar*. São Paulo: Liber Ars, 2017, p. 84.

os demais elementos *autoritários* estudados na presente obra – também se apresenta por meio de uma *oposição* ao liberalismo, que diz respeito especificamente ao liberalismo *político*.[594]

A principal obra schmittiana a tratar do presente tema é *O Conceito do Político*, publicada, pela primeira vez, em 1927, no *Archiv für Sozialwissenschaft und Sozialpolitik*.[595] Importante ressaltar que o período que compreende os anos de 1925 até 1930 foi caracterizado como o momento de consolidação da ideologia nazista na Alemanha, fenômeno perceptível, por exemplo, quando se observa o robusto crescimento de filiados no partido NSDAP.[596] Assim, já em 1925, o *Mein Kampf* de Hitler – obra que se tornou "referência teórica do nacional socialismo"[597] –, conduziu "em muitos aspectos não apenas o processo de tomada de poder como também seu exercício após 1933".[598] Portanto, é nesse contexto, de cristalização do movimento *totalitário* nazista liderado por Adolf Hitler que o escrito *O Conceito do Político* foi publicado pela primeira vez.[599]

---

594 Cf. RAWLS, John. *Political liberalism*. Nova York: Columbia University Press, 1993.

595 BUENO, Roberto. *Uma interpretação conservadora revolucionária do político e da ditadura*: o potencial totalitário de Carl Schmitt. Tese (Doutorado). Faculdade de Direito da Universidade do Paraná, 2011, p. 1158.

596 Afirma Bueno (BUENO, Roberto. *Uma interpretação conservadora revolucionária do político e da ditadura*: o potencial totalitário de Carl Schmitt. Tese [Doutorado]. Faculdade de Direito da Universidade do Paraná, 2011, p. 1161) que "tal processo de consolidação se evidencia, por exemplo, quando se percebe que o número de filiados no partido cresce de 54.000, no ano de 1926, para 81.000, no ano de 1927, passando a 108.00 já no ano seguinte e, no ano de 1929, a 178.000. Considerável este aumento, mas marcado pelo incremento ainda maior no ano de 1930, quando o partido, em março, chegou a 210.00 e, no mesmo ano, em setembro, em 293.000, e alcançando, em dezembro do mesmo ano, a expressiva soma de 389.000 filiados".

597 BUENO, Roberto. *Uma interpretação conservadora revolucionária do político e da ditadura*: o potencial totalitário de Carl Schmitt. Tese (Doutorado). Faculdade de Direito da Universidade do Paraná, 2011, p. 1161.

598 BUENO, Roberto. *Uma interpretação conservadora revolucionária do político e da ditadura*: o potencial totalitário de Carl Schmitt. Tese (Doutorado). Faculdade de Direito da Universidade do Paraná, 2011, p. 1161.

599 Conforme aponta Roberto Bueno (BUENO, Roberto. *Uma interpretação conservadora revolucionária do político e da ditadura*: o potencial totalitário de Carl Schmitt. Tese [Doutorado]. Faculdade de Direito da Universidade do Paraná, 2011, pp.

Carl Schmitt dá início à presente obra afirmando – em mais uma das notáveis frases que iniciam seus escritos – que o conceito de Estado *pressupõe* o conceito de *político*.[600] Segundo o autor, tais conceitos seriam "equiparados" na medida em que o Estado se manifesta como algo *político* e, por seu turno, o *político* se manifesta como algo estatal.[601] Assim, enquanto Schmitt define o Estado como sendo "uma condição de características especiais de um povo, mais precisamente a condição competente dado o caso decisivo e, por isso, perante os muitos status individuais e coletivos imagináveis, pura e simplesmente o status",[602] por outro lado, ele afirma que tal condição somente adquire "seu sentido através da característica adicional do político"[603] e, dessa forma, "tornam-se incompreensíveis quando se compreende mal a essência do político".[604]

Com esses argumentos, Carl Schmitt visa estabelecer uma *relação* entre o Estado e o *político*, a fim de superar a ideia do Estado *neutro* e liberal do século XIX,[605] cujo elemento *político* estaria à deriva de outros componentes, como a economia, a moral e o Direito.[606] Assim, Schmitt reitera a superação do Estado *neutro* e *despolitizado* – ideia já

1161-1170), *O conceito do Político* foi republicado em 1932 – cuja versão foi analisada em Heinrich Meier, *Carl Schmitt and Leo Strauss. The hidden dialogue*. Chicago & Londres: The University of Chicago Press, 2006 – e em 1933, edição que contou com referências nazistas e antissemitas. Outrossim, houve ainda uma terceira edição, em 1963, intitulada *A época da neutralização e da despolitização*.

600 SCHMITT, Carl. *O conceito do Político*. Trad. Geraldo de Carvalho. Belo Horizonte: Del Rey, 2008, p. 19.

601 SCHMITT, Carl. *O conceito do Político*. Trad. Geraldo de Carvalho. Belo Horizonte: Del Rey, 2008, p. 20.

602 SCHMITT, Carl. *O conceito do Político*. Trad. Geraldo de Carvalho. Belo Horizonte: Del Rey, 2008, p. 19.

603 SCHMITT, Carl. *O conceito do Político*. Trad. Geraldo de Carvalho. Belo Horizonte: Del Rey, 2008, p. 19.

604 SCHMITT, Carl. *O conceito do Político*. Trad. Geraldo de Carvalho. Belo Horizonte: Del Rey, 2008, p. 19.

605 SCHMITT, Carl. *O conceito do Político*. Trad. Geraldo de Carvalho. Belo Horizonte: Del Rey, 2008, p. 24.

606 SCHMITT, Carl. *O conceito do Político*. Trad. Geraldo de Carvalho. Belo Horizonte: Del Rey, 2008, p. 24.

defendida em *O guardião da Constituição* – por um Estado *total*, formado a partir de uma democracia de massas, caracterizado pela *identidade* entre Estado e sociedade, *ultrapolitizado*.[607] Portanto, no Estado *total*, haveria a completa *penetração* do elemento *político* nos poros do Estado, confundindo-se com ele.[608]

O tipo de raciocínio ora empregado assemelha-se muito – e poder-se-ia dizer, inclusive, que se trata do *mesmo* raciocínio – às diversas críticas feitas por Schmitt contra o positivismo jurídico kelseniano. Para o autor, o modelo *puro* sugerido por Hans Kelsen – ao extrair do Direito substâncias econômicas, sociais e políticas – também padece de *despolitização*. Assim, de forma análoga ao que ocorre em *O Conceito do Político*, Schmitt, em *Teologia Política*, também sai em defesa do *decisionismo* como forma de injetar doses de conteúdo *político* no interior das entranhas do Estado de Direito.[609] Nesse sentido, nota-se que Carl Schmitt ratifica a *função* do *político* enquanto elemento desagregador e destruidor da *neutralidade* e *despolitização* burguesa-liberal do Estado de Direito, o que inclusive já era uma marca de seus escritos desde seu *Romantismo Político* de 1919.[610]

---

607 Cf. item 3.2, *supra*.

608 SCHMITT, Carl. *O conceito do Político*. Trad. Geraldo de Carvalho. Belo Horizonte: Del Rey, 2008, p. 24.

609 Cf. itens 1.2.2 e 2.3.2 *supra* da presente obra.

610 Percebe-se, portanto, um movimento repetitivo e até mesmo previsível do pensamento schmittiano, de constante oposição ao liberalismo – sobretudo em suas vertentes política e jurídica – bem como aos elementos da Modernidade. Essa oposição, quando se parte de um fundo *cultural* e *histórico*, pode ser verificada a partir da ideia de secularização, que esvazia o Estado de seu conteúdo religioso e, posteriormente, com o advento do liberalismo, submete-o ao racionalismo da Constituição e dos procedimentos legais, a fim de adestrá-lo aos valores burgueses. É justamente aí que se encontra o núcleo o *autoritarismo* de Schmitt, que vê na possibilidade de desamarrar o Estado – entidade que detém o monopólio da violência física – da razão jurídica, uma proposta política para a Alemanha de Weimar. Em interessante trabalho sobre o pensamento de Carl Schmitt e Hannah Arendt, a filósofa brasileira Elizabete Olinda Guerra (GUERRA, Elizabete Olinda. *Carl Schmitt and Hannah Arendt*: olhares críticos sobre a política na modernidade. São Paulo: Liber Ars, 2013, p. 42) afirma que: "o individualismo exacerbado do pensamento liberal-burguês não extrai nenhuma positividade da política e

Conforme leciona Roberto Bueno, *O Conceito do Político* apresenta uma "releitura do político"[611] enquanto "*inversão* do que aqui denominamos de entendimento clássico do político".[612] Em sentido semelhante, Chantal Mouffe faz uma discriminação precisa entre os conceitos de *política* – da qual decorreria a noção de política liberal clássica – e de *político*.[613] Para a autora, a noção de *política* pressupõe uma relação que, embora conflituosa, ainda se mantém num plano de convivência entre *adversários* políticos, mesmo que estes partilhem de ideias e valores absolutamente *heterogêneos* e *opostos*.[614] Tal noção, que muito dialoga com o

---

do Estado. Schmitt observa que o que existe é uma crítica liberal do Estado que procura limitá-lo em face dos direitos individuais, transformando-o em um 'Estado de direito'. Assim, a decisão política que antes era submetida à vontade do monarca, agora é substituída pela racionalidade da lei, e o político, constitui o campo das discussões onde o conflito é excluído de seu âmbito. É dessa forma que a política é despolitizada e neutralidade".

611 BUENO, Roberto. *Uma interpretação conservadora revolucionária do político e da ditadura*: o potencial totalitário de Carl Schmitt. Tese (Doutorado). Faculdade de Direito da Universidade do Paraná, 2011, p. 1165.

612 BUENO, Roberto. *Uma interpretação conservadora revolucionária do político e da ditadura*: o potencial totalitário de Carl Schmitt. Tese (Doutorado). Faculdade de Direito da Universidade do Paraná, 2011, itálico nosso.

613 Nas palavras de Chantal Mouffe, (MOUFFE, Chantal. "Por um modelo agonístico de democracia". Trad. Pablo Sanges. *Revista de Sociologia Política*, nº 25, Curitiba, jun. 2006, p. 174): "uma primeira distinção é necessária para esclarecer a nova perspectiva que estou formulando, a distinção entre 'política' (politics) e 'o político' (the political). Por 'o político' refiro-me à dimensão do antagonismo inerente às relações humanas, um antagonismo que pode tomar muitas formas e emergir em diferentes tipos de relações sociais. A 'política', por outro lado, indica o conjunto de práticas, discursos e instituições que procuram estabelecer uma certa ordem e organizar a coexistência humana em condições que são sempre conflituais porque são sempre afetadas pela dimensão do 'político'. Considero que é apenas quando reconhecermos a dimensão do 'político' e entendemos que a 'política' consiste em domesticar a hostilidade e em tentar conter o potencial antagonismo que existe nas relações humanas que seremos capazes de formular o que considero ser a questão central para a política democrática".

614 MOUFFE, Chantal. "Por um modelo agonístico de democracia". Trad. Pablo Sanges. *Revista de Sociologia Política*, nº 25, Curitiba, jun. 2006, p. 174.

conceito de democracia parlamentar de Hans Kelsen, pressupõe aquilo que Mouffe chama de "pluralismo agonístico".[615]

Nesse sentido, Chantal Mouffe afirma que:

> Vislumbrada a partir da óptica do *pluralismo agonístico*, o propósito da *política democrática* é construir o "eles" de tal modo que não sejam percebidos como inimigos a serem destruídos, mas como *adversários*, ou seja, pessoas cujas idéias são combatidas, mas cujo direito de defender tais idéias não é colocado em questão. Esse é o verdadeiro sentido da tolerância liberal-democrática, a qual não requer a condescendência para com idéias que opomos, ou indiferença diante de pontos de vista com os quais discordamos, mas requer, sim, que tratemos aqueles que os defendem como opositores legítimos.[616]

Significa dizer que a noção de *política* em moldes liberais – que traz consigo, como já estudado, a noção do *parlamento* enquanto local de discussões dialéticas realizadas entre representantes de ideias opostas do povo, com o objetivo de alcançar um consenso final, expresso no conteúdo de uma norma jurídica – pressupõe a possibilidade de um conflito *agonístico*, isto é, entre *adversários* que convivem num mesmo ambiente democrático, não entre *inimigos* que se aniquilam.[617] Segundo Mouffe, "um adversário é um inimigo, mas um inimigo legítimo".[618] Ou seja, o *adversário* é aquele "com quem temos alguma base comum, em virtude de termos uma adesão compartilhada aos princípios

615 MOUFFE, Chantal. "Por um modelo agonístico de democracia". Trad. Pablo Sanges. *Revista de Sociologia Política*, nº 25, Curitiba, jun. 2006, p. 174.

616 MOUFFE, Chantal. "Por um modelo agonístico de democracia". Trad. Pablo Sanges. *Revista de Sociologia Política*, nº 25, Curitiba, jun. 2006, p. 174.

617 MOUFFE, Chantal. "Por um modelo agonístico de democracia". Trad. Pablo Sanges. *Revista de Sociologia Política*, nº 25, Curitiba, jun. 2006, p .174.

618 MOUFFE, Chantal. "Por um modelo agonístico de democracia". Trad. Pablo Sanges. *Revista de Sociologia Política*, nº 25, Curitiba, jun. 2006, p .174.

ético-políticos da democracia liberal: liberdade e igualdade".[619] Essa base comum, a ser respeitada entre *adversários* políticos, também encontra respaldo na doutrina liberal de Ronald Dworkin, pelo conceito de *common ground*.[620] Vale ressaltar que, segundo Mouffe, a relação política não afasta a existência do *conflito*, mesmo entre adversários. Como ela bem afirma, a noção de conflito não apenas é inerente às democracias, como ainda é *conditio sine qua non* de sua existência.[621] Isso porque, para a autora, nenhuma democracia pode ser *completa* ou *terminada*, já que todo regime democrático se mantém em permanente construção, dia após dia.[622] Portanto, a ausência de conflito numa democracia que, como vimos, é o regime da distribuição de diversos poderes – os quais permanecem em constante atrito – aponta para uma possível supressão da *pluralidade* das forças políticas. Ou seja, a ausência de conflito em um regime democrático é sinal de que haveria uma concentração de poderes em torno de um único polo, o que caracteriza, como já analisado no segundo capítulo, regimes do tipo *autoritário*.

---

619 MOUFFE, Chantal. "Por um modelo agonístico de democracia". Trad. Pablo Sanges. *Revista de Sociologia Política*, nº 25, Curitiba, jun. 2006, p. 174.

620 Cf. DWORKIN, Ronald. *Is democracy possible here?* principles for a new political debate. Nova Jersey: Princeton University Press, 2006.

621 Nesse sentido, a autora afirma (MOUFFE, Chantal. "Por um modelo agonístico de democracia". Trad. Pablo Sanges. *Revista de Sociologia Política*, nº 25, Curitiba, jun. 2006, p. 175) que: "uma diferença importante em relação ao modelo da democracia deliberativa é que, para o 'pluralismo agonístico', a tarefa primordial da política democrática não é eliminar as paixões da esfera do público, de modo a tornar possível um consenso racional, mas mobilizar tais paixões em prol de desígnios democráticos. Uma das chaves para a tese do pluralismo agonístico é que, longe de pôr em risco a democracia, a confrontação agonística é, de fato, sua condição de existência. A especificidade da democracia moderna reside no reconhecimento e na legitimação do conflito e na recusa de suprimi-lo pela imposição de uma ordem autoritária".

622 Neste ponto, a autora afirma (MOUFFE, Chantal. *El retorno de lo político*: comunidad, ciudadanía, pluralismo, democracia radical. Trad. espanhola de Marco Aurelio Galmarini. Barcelona: Bacelona y Editorial Paidós, 1999, p. 18) que "*la democracia es frágil y algo nunca definitivamente adquirido, pues no existe 'umbral de democracia' que, una vez logrado, tenga garantizada para siempre su permanencia. Por tanto, se trata de una conquista que hay que defender constantemente*".

Entretanto, diferente é o que ocorre no âmbito do *político*. Nesse caso, o *político* pressupõe uma relação de *antagonismo político,* em que o conflito se dá entre *inimigos,* não mais entre *adversários*.[623] Nas palavras de Carl Schmitt, "em situações críticas, esta necessidade de pacificação intra-estatal leva a que o Estado, como unidade política, enquanto existir, também determine, por si mesmo, o 'inimigo interno'".[624] O *inimigo,* assim, é aquele contra quem a *decisão soberana* se volta. Para Schmitt, em *O Conceito do Político*, o Estado *soberano*, quando está diante de situações emergenciais, pode – a fim de resguardar sua unidade e a manutenção da própria ordem jurídica – declarar guerra ao *inimigo interno, suspendendo* seus direitos fundamentais a partir do *jus belli* que é a "real possibilidade de determinar o inimigo no caso dado por força de decisão própria e combatê-lo".[625] Essa qualidade do Estado em poder declarar guerra pelo *jus belli*, afirma Schmitt, traduz-se pela possibilidade de "dispor abertamente sobre a vida das pessoas".[626] Em outro trecho, Carl Schmitt afirma que o combate ao *inimigo interno* se dá pela sua eliminação física, já que a "guerra decorre da inimizade, pois esta é a negação ôntica do outro ser".[627]

Aprofundando os estudos *schmittianos* sobre o conceito de *inimigo,* Zaffaroni escreve que "a essência do tratamento diferenciado que se atribui ao *inimigo* consiste em que o direito *lhe nega sua condição de pessoa*. Ele só é considerado sob o aspecto do *ente perigoso ou daninho*".[628] Por seu turno, Giorgio Agamben afirma que a consequência da *decisão soberana*

---

623 MOUFFE, Chantal. "Por um modelo agonístico de democracia". Trad. Pablo Sanges. *Revista de Sociologia Política*, nº 25, Curitiba, jun. 2006.

624 SCHMITT, Carl. *O conceito do Político*. Trad. Geraldo de Carvalho. Belo Horizonte: Del Rey, 2008, p. 49.

625 SCHMITT, Carl. *O conceito do Político*. Trad. Geraldo de Carvalho. Belo Horizonte: Del Rey, 2008, p. 48.

626 SCHMITT, Carl. *O conceito do Político*. Trad. Geraldo de Carvalho. Belo Horizonte: Del Rey, 2008, p. 49.

627 SCHMITT, Carl. *O conceito do Político*. Trad. Geraldo de Carvalho. Belo Horizonte: Del Rey, 2008, p. 35.

628 ZAFFARONI, Eugenio Raúl. *O inimigo no Direito Penal*. Trad. Sérgio Lamarão. 3ª ed. Rio de Janeiro: Revan, 2011, p. 18.

que *suspende* a *validade* do ordenamento jurídico é reduzir a figura do *inimigo à vida biológica, isto é, sem qualquer proteção* ou amparo jurídico, tornando-o um indivíduo *matável*.[629] A razão da violência em face do *inimigo* e a razão para identificá-lo e combatê-lo residem no fato de que, para Carl Schmitt, o *inimigo é aquele que põe em risco a homogeneidade* e a *normalidade*, circunstâncias essenciais tanto para a *união* nacional como para a aplicação da própria ordem jurídica. Assim, o *inimigo é usado, como aponta* Pedro Serrano, como justificativa para que o *estado de exceção* seja implementado, por meio da eliminação física daquele que é indesejado, do *outro*, do estrangeiro.[630] O *inimigo*, em suma, é o indivíduo pertencente a um grupo que não condiz com a unidade cultural, étnica, racial, econômica e sociológica e que é preservado por determinado Estado *soberano*. Para Carl Schmitt, o que caracteriza o *soberano* é a possibilidade de implementar o *estado de exceção em* face do *inimigo*, ao passo que aquilo que caracteriza o *político é a possibilidade de distinguir quem é o amigo* e o *inimigo*.

Ora, não há como não verificar absoluta semelhança da lógica do raciocínio anterior com o que de fato ocorreu com os judeus no Terceiro Reich, a não ser pela explícita existência de elementos raciais, os quais, muito embora presentes na doutrina nazista, não foram identificados nos textos escritos por Schmitt entre 1919 e 1932. De todo modo, pela *suspensão* da Constituição de Weimar – pelo *Decreto do Incêndio do Reichstag*, pela aprovação da *Lei Plenipotenciária* e pelas *Leis de Nuremberg*[631] –, os judeus – indivíduos tidos como modernos, liberais, burgueses e cosmopolitas – foram declarados inimigos do Terceiro Reich, sendo, como infelizmente se sabe, fisicamente extirpados da sociedade alemã, sob o argumento de unir o povo pela *homogeneidade racial* ariana, com a identidade entre o *Führer* e os governados até mesmo do ponto de

---

629 AGAMBEN, Giorgio. *Homo sacer*: o poder soberano e a vida nua. Trad. Henrique Burigo. Belo Horizonte: UFMG, 2007, p. 90.

630 SERRANO, Pedro Estevam Alves Pinto. *Autoritarismo e golpes na América Latina*: breve ensaio sobre jurisdição e exceção. 2ª ed. São Paulo: Alameda, 2016, pp. 69-103.

631 Cf. item 1.4, *supra*.

vista biológico. Assim, identificando a relação entre o *inimigo* judeu e o *inimigo* schmittiano, Roberto Bueno destaca que:

> Retratar aos judeus como a encarnação da modernidade era também uma estratégia para colocá-los na posição de inimigos, posto que promotores de valores ilustrados em profunda dissonância com o irracionalismo marcante do nacional-socialismo. Esta aproximação ao antissemitismo era popular entre amplos segmentos da direita alemã e por Schmitt como os inimigos a eliminar.[632]

Por *último*, decorrente do *antagonismo político*, pode-se deduzir outro elemento *autoritário político*, também de natureza *antiliberal*, a ser denominado como *anti-humanismo*.

Nesse caso, o *anti-humanismo* manifesta-se por meio da decisão que *suspende* os direitos fundamentais do *inimigo*, de modo a possibilitar a supressão de seu *status* jurídico de *pessoa*, fazendo com que sua eliminação física não seja mais antijurídica ou ilegal. Dessa forma, a *decisão soberana* transforma o *inimigo* em simples corpo biológico e em consequência, viola toda a estrutura racional e jurídica dos direitos fundamentais, que visam, ao fim e ao cabo, proteger o ser humano do *arbítrio* da máquina punitiva estatal. Ao violar toda a estrutura jurídica de proteção ao *indivíduo*, viola-se o valor principal de toda democracia constitucional de base humanista: *a dignidade da pessoa humana*. Em profundo estudo sobre o tema, o constitucionalista brasileiro Daniel Sarmento, na obra *Dignidade da Pessoa Humana: Conteúdo, Trajetórias e Metodologia,* afirma que:

> Em síntese, o princípio da dignidade da pessoa humana veda a instrumentalização dos indivíduos em prol de metas coletivas ou

632 BUENO, Roberto. *Uma interpretação conservadora revolucionária do político e da ditadura*: o potencial totalitário de Carl Schmitt. Tese (Doutorado). Faculdade de Direito da Universidade do Paraná, 2011, p. 360. Sobre a questão, também ver, cf. ARENDT, Hannah. *Origens do Totalitarismo*. Trad. Roberto Raposo. São Paulo: Companhia das Letras, 2012, parte 3. Outrossim, vide item 1.4, *supra*.

> dos interesses das maiorias. Ele se assenta no reconhecimento do valor intrínseco da pessoa, que é incompatível com compreensões desigualitárias das relações sociais e também com o organicismo e o utilitarismo. A dignidade impõe que se trate cada pessoa como um fim em si mesmo, e nunca como apenas um meio para a realização de fins que lhe são alheios. Ela demanda que se conceba o Estado como um instrumento a serviço das pessoas, e não o contrário.[633]

Da redação apresentada pelo autor, nota-se o claro descompasso entre o tratamento recebido pelo *inimigo* schmittiano e o que ao menos se idealiza com o princípio da *dignidade da pessoa humana*. A instrumentalização do *inimigo* em prol da meta de criar uma nação homogênea, apoiada pelo interesse de maiorias que se rebelam contra o Estado de Direito, é a essência do que defende Schmitt em *O Conceito do Político*.

Com efeito, do exposto, vale a reflexão de que toda a argumentação em torno do *político* e do combate ao *inimigo* acabar por gerar uma significativa *convergência* de praticamente todos os elementos *autoritários* schmittianos estudados até o momento. Logo, pode-se sintetizar o raciocínio schmittiano exposto nesta subseção da seguinte forma: a eliminação física do inimigo (elemento *autoritário político*), decorrente do *estado de exceção* e da superação do Estado liberal parlamentarista (elemento *autoritário jurídico*), tem como finalidade *extirpar*, da unidade nacional alemã, todos os componentes modernos, liberais, burgueses que geram a *decadência* moral e espiritual (elemento *autoritário cultural*) da Alemanha de Weimar. O resultado desse processo de limpeza social dos ingredientes impuros da Modernidade culminaria em uma sociedade homogênea, com identidade entre governantes e governados e, portanto, coerente com uma democracia de massas, que dá forma ao *ultrapolítico* Estado total do século XX.

---

633 SARMENTO, Daniel. *Dignidade da Pessoa Humana: Conteúdo, Trajetórias e Metodologia*. Belo Horizonte: Fórum, 2016.

CONCLUSÕES

1. A obra de Carl Schmitt é umbilicalmente ligada a seu tempo. Sua biografia percorreu eventos históricos extremamente conturbados, como o Império de Guilherme II, a Primeira Guerra Mundial, as crises da República de Weimar, a tomada de poder pelo Terceiro Reich e a Segunda Guerra Mundial. Diante de tais quadros, o autor empenhou-se no estudo e na criação de obras jurídicas, políticas e culturais acerca das crises do Estado e do Direito, sobretudo quando ocorridas em razão de grandes instabilidades sociais.

2. Carl Schmitt foi um autor cuja formação decorreu de diferentes fontes. Embora tenha estudado Direito na universidade, teve muito contato com literatura, artes e com a religião católica. O conjunto desses fatores resultou em um tipo de obra versátil, composta por elementos de diferentes campos do saber, principalmente o *cultural*, o *jurídico* e o *político*.

3. A obra schmittiana, decorrente do período de Weimar, possui três grandes grupos de elementos *autoritários*, sendo eles, (i) a *antimodernidade*, (ii) o *antiliberalismo* e (iii) o *antagonismo político*. Esses elementos *autoritários*, em realidade, estão entrelaçados em sua obra, de modo que a sistematização proposta neste trabalho é meramente abstrata, com finalidade didática de facilitar a compreensão de seu *autoritarismo*. Não obstante, cada um desses elementos *autoritários* pode gerar elementos *autoritários* mais específicos.

4. O elemento *autoritário* da *antimodernidade* pode ser caracterizado como a *oposição* de Carl Schmitt aos valores, ideias e ideais da Modernidade. A influência católica de Schmitt, bem como a leitura de autores reacionários, como Donoso Cortés, De Bonald e De Maistre, foi fundamental para o sentimento de *aversão* aos aspectos da Modernidade. Ademais, surge de sua *oposição* à Modernidade a consequente *oposição* ao Iluminismo, ao racionalismo, ao individualismo, à secularização e ao liberalismo burguês. Com efeito, as obras do período de Weimar que marcam sua *antimodernidade* de forma mais evidente são *Romantismo Político* (1919), *Teologia Política* (1922) e *Catolicismo Romano e Forma Política* (1923). Em tais textos, surge o tema da crítica à representação feita sob moldes burguês, cuja superação ocorreria por meio do *estado de exceção*, tal qual firmado em *Teologia Política*. Nesse sentido, nota-se a defesa da *ditadura* contra o Estado liberal, como forma de reverter os valores absolutos do catolicismo e da antiga nação alemã. Essa ditadura recebe contornos reacionários, uma vez que se trata de um meio defendido por Schmitt de retorno a um passado idílico. Da *antimodernidade* decorrem outros elementos *autoritários*, como o *anti-iluminismo*, a *antissecularização* e o *antiliberalismo* (*lato sensu*).

5. O *antiliberalismo jurídico*, cujo nome é *anticonstitucionalismo*, é elemento de *oposição* às democracias constitucionais, cujo principal fator é a distribuição do poder político e a submissão das forças políticas à Constituição. Carl Schmitt se opõe ao *Constitucionalismo* de diversas formas, sendo esse o elemento *autoritário* mais significativo, na medida em que permite a construção de um Estado livre para atuar sem quaisquer limites jurídicos. Nessas obras, Schmitt acusa o Estado liberal, bem como a neutralidade do positivismo kelseniano e do Estado parlamentar de serem incapazes de *decidir* em momentos críticos. Faz ainda a importante distinção entre Constituição e *leis constitucionais*, ligando esses conceitos ao *estado de exceção*, que decorre da *decisão soberana* que *suspende* determinadas normas constitucionais. Também decorre do *anticonstitucionalismo* o posicionamento de Carl Schmitt em favor da aplicação do artigo 48 da Constituição de Weimar, que dá amplos poderes ao Presidente

da República publicar decretos com força de lei. As principais obras em que se pode verificar seu *anticonstitucionalismo* são *A Ditadura* (1921), *Teologia Política* (1922), *A Crise da Democracia Parlamentar* (1923), *Teoria da Constituição* (1926), *O guardião da Constituição* (1929) e *Legalidade e Legitimidade* (1932). Do *anticonstitucionalismo* decorrem outros elementos *autoritários* mais específicos, como o *decisionismo*, o *antipositivismo*, o *antiparlamentarismo*, a *aclamação*, a *democracia substancial*, a *igualdade substancial*, a *homogeneidade*, o *Estado total* e o *Presidente do Reich como guardião da Constituição.*

6. O *antagonismo político* é o elemento *autoritário político* da obra de Carl Schmitt. Esse elemento, que também se apresenta como *oposição* ao liberalismo – no caso, *político* – pressupõe que as relações políticas se dão no plano do *conflito* entre *inimigos*, não entre meros adversários. A diferença do *conflito* entre *inimigos* é que não há a possibilidade de convívio entre eles, de modo que o *inimigo* deve ser eliminado. Decorre do *antagonismo* o conceito de *político*, que está relacionado com a possibilidade de o Estado identificar o *inimigo* e combatê-lo, por meio de sua eliminação física. Nesse sentido, entende-se o *político* como meio de *ultrapolitização* do Estado liberal, que Schmitt critica em todas as suas obras. Essa *ultrapolitização*, que possibilita a eliminação física do *inimigo*, resulta na necessidade de o Estado tornar-se *homogêneo,* eliminando aquilo que é diferente, dissonante, heterogêneo e que possa ameaçar a unidade do povo que, a essa altura, identifica-se com o Estado, por meio do conceito do Estado *total*. Da eliminação física do *inimigo*, também decorre o *anti-humanismo*, que é a violação, por parte do Estado *total*, da dignidade da pessoa humana. A obra de Carl Schmitt caracterizada pelo *antagonismo político* é, principalmente, *O Conceito do Político* (1927). Do *antagonismo político* resultam outros elementos, como *o político*, *o inimigo* e o *anti-humanismo.* Vale ainda ressaltar que uma das características do *antagonismo político* é sua convergência aos demais elementos *autoritários* da obra de Carl Schmitt. Isso porque, pela eliminação física do *inimigo*, esteriliza-se a sociedade dos elementos morais e culturais indesejados, o que é realizado a partir da negação do Estado de Direito constitucional.

REFERÊNCIAS BIBLIOGRÁFICAS

ABBAGNANO, Nicola. *Dicionário de filosofia*. Trad. Alfredo Bosi. 5ª ed. São Paulo: Martins Fontes, 2007.

AGAMBEN, Giorgio. *Estado de exceção*. Trad. Iraci D. Poleti. 2ª ed. São Paulo: Boitempo, 2004.

AGAMBEN, Giorgio. *Homo sacer*: o poder soberano e a vida nua. Trad. Henrique Burigo. Belo Horizonte: UFMG, 2007.

ALEMANHA. Constituição da República de Weimar. Disponível em: https://www.verfassungen.de/de19-33/verf19-i.htm.

ARENDT, Hannah. *A condição humana*. Trad. Roberto Raposo. 10ª ed. Rio de Janeiro: Forense Universitária, 2007.

ARENDT, Hannah. *Origens do totalitarismo*. Trad. de Roberto Raposo. São Paulo: Companhia das Letras, 2012.

ARENDT, Hannah. *Entre o passado e o futuro*. Trad. Mauro W. Barbosa. São Paulo: Perspectiva, 2016.

AZEVEDO, Marcelo Sampaio Soares de. "Carl Schmitt e a forma política da Igreja". *Revista Internacional de História Política e Cultura Jurídica*, vol. 8, nº 1, Rio de Janeiro, jan. 2016.

BAGEHOT, Walter. *The English Constitution*. 2ª ed. Wimbledon: The Poplars, 1873.

BALL, Hugo. "Carl Schmitts Politische Theologie". *Hochland*, vol. 2, abr. 1924.

BARROSO, Luís Roberto. *Curso de Direito Constitucional Contemporâneo*: os conceitos fundamentais e a construção do novo modelo. 5ª ed. São Paulo: Saraiva, 2015.

BARROSO, Luís Roberto. *O Direito Constitucional e a efetividade de suas normas*: limites e possibilidades da Constituição brasileira. 4ª ed. Rio de Janeiro: Renovar, 2000.

BAUDELAIRE, Charles. "O pintor da vida moderna". *Poesia e prosa*. Rio de Janeiro: Nova Aguilar, 2006.

BENDERSKY, Joseph W. *Carl Schmitt*: theorist for the Reich. Nova Jersey: Princeton University Press, 1983.

BENDERSKY, Joseph W. *Carl Schmitt*: teorico del Reich. Bolonha: Il Mulino, 1989.

BENJAMIN, Walter. "Para a crítica da violência". *In*: BENJAMIN, Walter. *Escritos sobre mito e linguagem*. Trad. Susana Kampff Lages e Ernani Chaves. 2ª ed. São Paulo: Editora 34, 2013.

BERCOVICI, Gilberto. "A problemática da constituição dirigente: algumas considerações sobre o caso". *Revista de Informação Legislativa*, ano 36, nº 142, Brasília, abr. 1999.

BERCOVICI, Gilberto. "Carl Schmitt, o Estado total e o guardião da Constituição". *Revista Brasileira de Direito Constitucional*, nº 1, jan., 2003.

BERCOVICI, Gilberto. *Entre o Estado Total e o Estado Social*: atualidade do debate sobre Direito, Estado e Economia na República de Weimar. Tese (Livre-Docência). Universidade de São Paulo, 2003.

BERCOVICI, Gilberto. *Soberania e Constituição*: para uma crítica do constitucionalismo. 2ª ed. São Paulo: Quartier Latin, 2013.

BLUCHE, Frédéric. *Revolução Francesa*. Trad. Rejane Janowitzer. Porto Alegre: L&PM, 2011.

BLUMENBERG, Hans. *The legitimacy of the modern age*. Trad. inglesa de Robert M. Wallace. 7ª ed. Cambridge: MIT Press, 1999.

BOBBIO, Norberto. *O positivismo jurídico*: lições de Filosofia do Direito. Trad. e notas de Márcio Pugliesi, Edson Bini e Carlos E. Rodrigues. São Paulo: Ícone, 1995.

BOBBIO, Norberto. *Dicionário político*. Trad. de Carmen C. Varriale e João Ferreira. Brasília: UnB, 1998.

BOBBIO, Norberto. *Liberalismo e democracia*. Trad. Marco Aurélio Nogueira. São Paulo: Brasiliense, 2000.

BRASIL. Constituição da República Federativa do Brasil de 1988. Disponível em: http://www.planalto.gov.br/ccivil_03/constituicao/constituicao.htm.

BUENO, Roberto. "A aventura autoritária e o diálogo teológico: entre Donoso Cortés, Jaime Balmes e Carl Schmitt". *Revista da Faculdade de Direito*, UFPR, Curitiba, nº 47, pp. 29-64, 2008.

BUENO, Roberto. "Antiliberalismo e conservadorismo teológico: de Donoso Cortés a Carl Schmitt". *In*: BUENO, Roberto; RAMIRO, Caio Henrique Lopes (Coord.). *Sonhos e pesadelos da democracia de Weimar.* São Paulo: Liber Ars, 2017.

BUENO, Roberto. "A cultura política do fascismo: Benito Mussolini e Carl Schmitt". *Boletín Mexicano de Derecho Comparado*, nº 149, 2017.

BUENO, Roberto. "A representação em Carl Schmitt: o catolicismo romano e o caso da política". *Revista de Filosofia*, vol. 29, nº 47, pp. 455-479, Curitiba, mai. 2017. Disponível em: https://periodicos.pucpr.br/index.php/aurora/article/view/7295. Acessado em: 02.06.2020.

BUENO, Roberto. "Carl Schmitt, leitor de Donoso Cortés: ditadura e exceção em chave teológico-medieval". *Revista Brasileira de Estudos Políticos*, nº 105, pp. 453-494, Belo Horizonte, jul. 2012.

BUENO, Roberto; RAMIRO, Caio Henrique Lopes (Coord.). *Sonhos e pesadelos da democracia de Weimar*: tensões entre Carl Schmitt e Hans Kelsen. São Paulo: Liber Ars, 2017.

BUENO, Roberto. *Uma interpretação conservadora revolucionária do político e da ditadura*: o potencial totalitário de Carl Schmitt. Tese (Doutorado). Faculdade de Direito da Universidade do Paraná, 2011.

BURKE, Edmund. *Reflexões sobre a revolução na França*. Trad. Marcelo Gonzaga de Oliveira e Giovanna Louise Libralon. Campinas: Vide Editorial, 2017.

CANOTILHO, J. J. Gomes. *Direito Constitucional e Teoria da Constituição*. 7ª ed. Coimbra: Edições Almedina, 2003.

CASSIRER, Ernst. *A Filosofia do Iluminismo*. Trad. Álvaro Cabral. Campinas: Unicamp, 1992.

CATHARINO, Alex. "Fundamentos teóricos do liberalismo". *In*: PAIM, Antônio. (Coord.). *Evolução histórica do liberalismo*. 2ª ed. São Paulo: LVM Editora, 2019.

CERDEIRA, Ivo Sanches. *O debate teológico-político entre Carl Schmitt e Eric Peterson*: considerações sobre a teologia política contemporânea. Dissertação (Mestrado). Universidade da Beira Interior, 2012.

CLARK, Christopher M. *Os sonâmbulos*: como eclodiu a Primeira Guerra Mundial. 1ª ed. São Paulo: Companhia das Letras, 2014.

CORTÉS, Juan Donoso. *Ensayo sobre el catolicismo, liberalismo y socialismo*. Buenos Aires: Americalee, 1943.

CORTÉS, Juan Donoso. *Obras completas de Donoso Cortés*. tomo I, Madri: Biblioteca de Autores Cristianos, 1946.

CORTÉS, Juan Donoso. "Discurso sobre la dictadura". *In*: CORTÉS, Juan Donoso. *Textos políticos*. Madri: Rialp, 1954.

COUTINHO, João Pereira. *As ideias conservadoras*: explicadas a revolucionários e reacionários. São Paulo: Três Estrelas, 2014.

CYTRYNOWICZ, Roney. *Memórias da barbárie*: a história do genocídio dos judeus na Segunda Guerra Mundial. São Paulo: Nova Stella, 1990.

DE BONALD, Louis Ambroise. *Teoría del Poder Político y Religioso*. Madrid: Tecnos, 1988.

DE MAISTRE, Joseph. *Maistre*: considerations on France. Cambridge: Cambridge University Press, 1994.

DOTTI, Jorge E. Prólogo. "Teología política y excepción". *Daimon: Revista de Filosofia*, nº 13, 1996, pp. 129-140. Disponível em: http://revistas.um.es/daimon/article/viewFile/8351/8121. Acessado em: 21.06.2020.

DUGIN, Alexander. *A quarta Teoria Política*. Trad. Fernando Fidalgo, Gustavo Bodaneze e Raphael Machado. Curitiba: Austral, 2012.

DWORKIN, Ronald. *Is democracy possible here?* principles for a new political debate. Nova Jersey: Princeton University Press, 2006.

ELIAS, Norbert. *Os alemães*: a luta pelo poder e a evolução do habitus nos séculos XIX e XX. Rio de Janeiro: Zahar, 1996.

ENCICLOPÉDIA DO HOLOCAUSTO. Disponível em: https://encyclopedia.ushmm.org/content/pt-br/article/dachau.

ENGLUND, Peter. *A beleza e a dor*: uma história intima da Primeira Guerra Mundial. 1ª ed. São Paulo: Companhia das Letras, 2014.

EVANS, Richard. *A chegada do Terceiro Reich*. Trad. Lúcia Brito. São Paulo: Planeta, 2010.

EVANS, Richard. *O Terceiro Reich no poder*. Trad. Lúcia Brito. 2ª ed. São Paulo: Planeta, 2014.

FERRAJOLI, Luigi. *Direito e razão*: Teoria do Garantismo Penal. Trad. Ana Paula Zomer, Fauzi Hassan Choukr, Juarez Tavares e Luiz Flávio Gomes. 2ª ed. São Paulo: Revista dos Tribunais, 2012.

FERRAJOLI, Luigi. *Poderes selvagens.* Trad. Alexander Araujo de Souza. São Paulo: Saraiva, 2014.

FERRAJOLI, Luigi. *Constitucionalismo más allá del Estado.* Trad. espanhola de Perfecto Andrés Ibáñez. Madrid: Trotta, 2018.

FERRAZ JUNIOR, Tercio Sampaio. *Introdução ao estudo do Direito*: técnica, decisão e dominação. 10ª ed. São Paulo: Atlas, 2018.

FERREIRA FILHO, Manuel Gonçalves. *Curso de Direito Constitucional.* 32ª ed. São Paulo: Saraiva, 2006.

FRAENKEL, Ernst. *The dual state*: a contribution to the Theory of Dictatorship. Nova York: Oxford University Press, 1941.

FRANKL, V. E. *Em busca de sentido*: um psicólogo no campo de concentração. Petrópolis: Vozes, 1991.

FROMKIN, David. *O último verão europeu*: quem começou a Grande Guerra de 1914?. Rio de Janeiro: Objetiva, 2005.

GALLI, Carlo. *Genealogia della politica*: Carl Schmitt e la crisi del pensiero politico moderno. Bolonha: Il Mulino, 1996.

GARZILLO, Rômulo Monteiro. "Pedro Serrano e as medidas de exceção na modernidade periférica: sistematização dos elementos conceituais". *In*: LOPES, Anderson Bezerra (*et al.*). *Democracia em crise.* São Paulo: Autonomia Literária, 2019.

GAY, Peter. *A cultura de Weimar.* Rio de Janeiro: Paz e Terra, 1978.

GAZIER, Bernard. *A crise de 1929.* Trad. Julia da Rosa Simões. Porto Alegre: L&PM Pocket, 2013.

GILLET, Louis. *La bataille de Verdun.* Paris-Bruxelles: G. Van Oest, 1921.

GODOY, Paulo Véspoli. *Hans Kelsen e Carl Schmitt*: o debate entre o normativismo e o decisionismo. Dissertação (Mestrado). Faculdade de Direito da Pontifícia Universidade Católica de São Paulo, 2010.

GOYARD-FABRE. *Os fundamentos da ordem jurídica.* Trad. Claudia Berliner e Maria Ermantina Galvão. São Paulo: Martins Fontes, 2002.

GOYARD-FABRE. *O que é a Democracia?* a genealogia filosófica de uma grande aventura humana. Trad. Claudia Berliner. São Paulo: Martins Fontes, 2003.

GROSS, Raphael. "The 'true enemy': antisemitism in Carl Schmitt's Life and Work". *In*: MEIERHENRICH, Jens; SIMONS, Oliver (Coord.). *The Oxford handbook of Carl Schmitt*. Nova York: Oxford University Press, 2016.

GRUJIC, Vanja. *Jürgen Habermas and Carl Schmitt in the paradigm of modernity*: for a critique of the Modern Law. Tese (Doutorado). Faculdade de Direito da Universidade de Brasília, 2017.

GUERRA FILHO, Willis Santiago. *Processo Constitucional e Direitos Fundamentais*. 5ª ed. São Paulo: RCS, 2007.

GUERRA FILHO, Willis Santiago. *Teoria Processual da Constituição*. 3ª ed. São Paulo: RCS, 2007.

GUERRA, Elizabete Olinda. *Carl Schmitt and Hannah Arendt*: olhares críticos sobre a política na modernidade. São Paulo: Liber Ars, 2013.

HAMILTON, Alexander; MADISON, James; JAY, John. *O Federalista*. Trad. Viriato Soromenho-Marques e João C. S. Duarte. 2ª ed. Lisboa: Fundação Calouste Gulbenkian, 2011.

HELLER, Hermann. *Teoria do Estado*. Trad. Lycurgo Gomes da Motta. São Paulo: Mestre Jou, 1968.

HENIG, Ruth Beatrice. *As origens da Primeira Guerra Mundial*. São Paulo: Ática, 1991.

HESSE, Konrad. *A força normativa da constituição*. Trad. Gilmar Ferreira Mendes. Porto Alegre: Sérgio Antônio Fabris Editor, 1991.

HILL, Christopher S. *O Século das Revoluções (1603-1714)*. Trad. Alzira Vieira Allegro. São Paulo: Editora Unesp, 2012.

HOBSBAWM. Eric. *Era dos Extremos*: o breve século XX. Trad. Marcos Santarrita. 2ª ed. São Paulo: Companhia das Letras, 1995.

HOBSBAWM. Eric. *A era do Capital*. Trad. Luciano Costa Neto. 23ª ed. São Paulo: Paz e Terra, 2015.

HOBSBAWM. Eric. *A era dos Impérios*. Trad. Sieni Maria Campos e Yolanda Steidel de Toledo. Rio de Janeiro: Paz e Terra, 1988.

HOFMANN, Hasso. *Legitimität gegen Legalität*: Der Weg der politischen Philosophie Carl Schmitts. Berlim: Duncker & Humblot, 2002.

IFERGAN, Pini. "Cutting to the chase: Carl Schmitt and Hans Blumenberg on Political Theology and Secularization". *New German Critique*, vol. 37, nº 3, 2010.

JEAMMAUD, Antoine. "En torno al problema de la efectividad del Derecho". *Revista Latinoamericana de Política, Filosofia y Derecho*, Universidade Autónoma de Puebla e Universidad Autónoma de Zacotecas, 1984.

KANT, Immanuel. "Resposta à pergunta: que é 'esclarecimento' ['Aufklärung']?". *In*: KANT, Immanuel. *Textos seletos*. Trad. de Floriano de Souza Fernandes. 2ª ed. (bilíngue) Petrópolis: Vozes, 1985.

KELSEN, Hans. *Reine Rechtslehre*. Österreichische Staatsdruckerei, 1992.

KELSEN, Hans. "Quem deve ser o guardião da Constituição". *In*: KELSEN, Hans. *Jurisdição Constitucional*. Trad. Alexandre Krug. São Paulo: Martins Fontes, 2003.

KELSEN, Hans. *Teoria Pura do Direito*. Trad. João Baptista Machado. 8ª ed. São Paulo: Martins Fontes, 2009.

KELSEN, Hans. *A Democracia*. 3ª ed. São Paulo: Martins Fontes, 2019.

KENNEDY, Ellen. "Carl Schmitt und Hugo Ball: ein Beitrag zum Thema, politischer Expressionmus". *Zeitschrift für Politik*, 1988.

KENNEDY, Ellen. *Constitutional failure*: Carl Schmitt in Weimar. Londres: Duke University Press, 2004.

KIM, Ju-yeong Kim. *The influence of Carl Schmitt's Legal Philosophy thought on Fundamental Rights Theory*. Dissertação (Mestrado). Chungnam National University, 2006.

LACERDA, Fernando Hideo Iochida. *Processo penal de exceção*. Tese (Doutorado). Faculdade de Direito, Pontifícia Universidade Católica de São Paulo, 2018.

LASSALLE, Ferdinand. *Que é uma constituição?*. Trad. Walter Stönner. E-book: Edições e Publicações Brasil, 2006. Disponível em: http://bibliotecadigital.puc-campinas.edu.br/services/e-books/Ferdinand%20Lassalle-1.pdf.

LE GOFF, Jacques. "Antigo/Moderno". *In*: *Enciclopedia Einaudi*. Turim, 1977.

LEVITSKY, Steven; ZIBLATT, Daniel. *Como as democracias morrem*. Trad. Renato Aguiar. São Paulo: Zahar, 2018.

LOCKE, John. *Segundo tratado sobre o governo*. Trad. Alex Marins. São Paulo: Martin Claret, 2002.

LOEWENSTEIN, Karl. *Teoría de la Constitución*. Trad. espanhola de Alfredo Gallego Anabitarte. Barcelona: Ariel, 1975.

MACEDO JÚNIOR, Ronaldo Porto. "Constituição, Soberania e Ditadura em Carl Schmitt". *Lua Nova*, nº 42, 1997. Disponível em: https://www.scielo.br/pdf/ln/n42/a05n42.pdf/. Acessado em: 03.06.2020.

MACEDO JÚNIOR, Ronaldo Porto. *Carl Schmitt e a fundamentação do Direito.* 2ª ed. Trad. Peter Naumann. São Paulo: Saraiva, 2011.

MAIA, Paulo Sávio N. Peixoto. *O guardião da Constituição na polêmica Kelsen-Schmitt*: Rechtsstaat como referência semântica na memória de Weimar. Dissertação (Mestrado). Faculdade de Direito da Universidade de Brasília, 2007.

MAUROIS, André. *História de Inglaterra.* Trad. Maria Henriques Ossvald. São Paulo: Flamboyant, 1937.

MEHRING, Reinhard. *Auf der gefahrenvollen Straße des öffentilichen Rechts*: Briefwechsel Carl Schmitt - Rudolf Smend (1921 – 1961). Mit ergänzenden Materialien. Berlin: Duncler & Humblot, 2012.

MEHRING, Reinhard. "A 'catholic layman of german nationality and citizenship'? Carl Schmitt and the religiosity of life". *In*: MEIERHENRICH, Jens; SIMONS, Oliver (Coord.). *The Oxford handbook of Carl Schmitt.* Nova York: Oxford University Press, 2016.

MEIER, Heinrich. *Carl Schmitt, Leo Strauss und "Der Begriff des Politischen"*: zu einem Dialog unter Abswesnden. 2ª ed. Alemanha: J. B. Metzlershe und Carl Ernst Poeschel, 1998.

MEIER, Heinrich. *Carl Schmitt and Leo Strauss*: the hidden dialogue. Londres: The University of Chicago Press, 2006.

MEIERHENRICH, Jens; SIMONS, Oliver. "A fanatic of order in an epoch of confusing turmoil". *In*: MEIERHENRICH, Jens; SIMONS, Oliver (Coord.). *The Oxford handbook of Carl Schmitt.* Nova York: Oxford University Press, 2016.

MELLO E SOUZA, Laura de. "Idade Média e Época Moderna: fronteiras e problemas". *Signum - Revista da Associação Brasileira de Estudos Medievais*, nº 7, 2005.

MENDES, Conrado Hübner. *Direitos Fundamentais, separação de poderes e deliberação.* Tese (Doutorado). Departamento de Ciência Política da Universidade de São Paulo, 2008.

MENDES, Gilmar Ferreira. "Introdução". *In*: SCHMITT, Carl. *O guardião da Constituição.* Trad. Geraldo de Carvalho. Belo Horizonte: Del Rey, 2007.

MENDES, Gilmar Ferreira. *Curso de Direito Constitucional.* 10ª ed. São Paulo: Saraiva, 2015.

MERQUIOR, José Guilherme. *O liberalismo antigo e moderno.* Trad. Henrique de Araújo Mesquita. 3ª ed. São Paulo: É Realizações, 2016.

MOMMSEN, Hans. *The rise and fall of Weimar democracy*. Trad. inglesa de Elborg Forster e Larry Eugene Jones. Carolina do Norte: The University of North Carolina Press, 1996.

MOUFFE, Chantal. *Pensando a democracia com, e contra, Carl Schmitt*. Trad. Menelick de Carvalho Neto. Disponível em: https://cadernosdolegislativo.almg.gov.br/ojs/index.php/cadernos-ele/article/viewFile/353/305/. Acessado em: 09.08.2020.

MOUFFE, Chantal. *El retorno de lo político*: comunidad, ciudadanía, pluralismo, democracia radical. Trad. espanhola de Marco Aurelio Galmarini. Barcelona: Paidós, 1999.

MOUFFE, Chantal. "Por um modelo agonístico de democracia". Trad. Pablo Sanges. *Revista de Sociologia Política*, nº 25, pp. 165-175, Curitiba, jun. 2006.

NABUCO, Joaquim. *Minha formação*. Rio de Janeiro: Nova Fronteira, 2015.

NEUMANN, Franz. *Behemoth*: the structure and practice of national socialism, 1933-1944. Nova York: Oxford University Press, 1967.

NEUMANN, Franz. *Estado Democrático e Estado Totalitário*. Trad. Luiz Corção. Rio de Janeiro: Zahar, 1969.

NEUMANN, Franz. *O Império do Direito*: Teoria Política e Sistema Jurídico na sociedade moderna. São Paulo: Quartier Latin, 2013.

NEVES, Marcelo. *A constitucionalização simbólica*. 3ª ed. São Paulo: Martins Fontes, 2011.

ORTEGA Y GASSET, José. *A rebelião das massas*. Trad. Felipe Denardi. Campinas: Vide Editorial, 2016.

PANOFSKY, Erwin. *Renascimento e renascimentos na Arte Ocidental*. Lisboa: Presença, 1981.

PAULSON, Stanley. L. "Hans Kelsen and Carl Schmitt growing discord, culminating in the 'guardian' controversy of 1931". *In*: MEIERHENRICH, Jens; SIMONS, Oliver (Coord.). *The Oxford handbook of Carl Schmitt*. Nova York: Oxford University Press, 2016.

PETAIN, Philippe. *La bataille de Verdun*. Paris: Payot, 1929.

RAMIRO, Caio Henrique Lopes; BELTRAM, Fernanda Ewelyn. "Os primeiros passos rumo ao autoritarismo: aproximação da Crítica de Carl Schmitt a democracia weimariana". *In*: BUENO, Roberto; RAMIRO, Caio Henrique Lopes (Coord.). *Sonhos e pesadelos da democracia de Weimar*. São Paulo: Liber Ars, 2017.

RAWLS, John. *Political liberalism*. Nova York: Columbia University Press, 1993.

REALE, Giovanni; ANTISERI, Dario. *História da Filosofia*: do humanismo a Descartes. Trad. Ivo Storniolo. vol. 3, São Paulo: Paulus, 2004.

REALE, Miguel. *Teoria do Direito e do Estado.* 5ª ed. São Paulo: Saraiva, 2000.

REALE, Miguel. *Filosofia do Direito.* 20ª ed. São Paulo: Saraiva, 2002.

REALE, Miguel. *Lições preliminares de Direito.* 27ª ed. São Paulo: Saraiva, 2002.

RESENDE JUNIOR, José. "A crítica metodológica das ciências de Wilhelm Windelband". *Problemata: Revista Internacional de Filosofia*, vol. 6, nº 2, 2015.

ROUSSEAU, Jean-Jacques. *O Contrato Social*: princípios do Direito Político. Trad. Edson Bini. São Paulo: Edipro, 2013.

SÁ, Alexandre Franco de. "O ficcionalismo na emergência do decisionismo schmittiano". *In*: MORAIS, Carlos Blanco de; COUTINHO, Luís Pereira (Coord.). *Carl Schmitt Revisitado.* Lisboa: Instituto de Ciências Jurídico-Políticas da Faculdade de Direito da Universidade de Lisboa, 2014.

SALDANHA, Nelson. *O poder constituinte.* São Paulo: Revista dos Tribunais, 1983.

SCHIOPPA, Antonio Padoa. *História do Direito na Europa*: da Idade Média à Idade Contemporânea. Trad. Marcos Marcionilo. São Paulo: Martins Fontes, 2014.

SCHMITT, Carl. *A crise da democracia parlamentar.* Trad. Inês Lohbauer. São Paulo: Scritta, 1996.

SCHMITT, Carl. "Diktatur und Belagerungszustand. Eine staatsrechtlicheStudie". *In*: MASCHKE, Günter (Coord.). *Staat, ro raum, Nomos*: Arbeitenaus den Jahren 1916-1969. Berlim: Duncker & Humblot, 1995.

SCHMITT, Carl. *État, mouvement, peuple*: l'organisation triadique de l'unité politique. Paris: Kimé, 1997.

SCHMITT, Carl. *Ex captivitate salus*: experiências de los años 1945/1946. Trad. Anima Schmitt de Otero. Argentina: Struhart & Cia, 1950.

SCHMITT, Carl. *Gesetz und Urteil*: eine Untersuchungzum Problem der Rechtspraxis. Berlim: Otto Liebmann, 1912.

SCHMITT, Carl. *Interpretación europea de Donoso Cortés.* Buenos Aires: Struhart, 2006.

SCHMITT, Carl. *La Dictadura.* Trad. espanhola de José Díaz García. Madri: Revista de Occidente, 1968.

SCHMITT, Carl. *Legalidade e legitimidade.* Trad. Tito Lívio Cruz Romão. Belo Horizonte: Del Rey, 2007.

SCHMITT, Carl. *O conceito do Político*. Trad. Geraldo de Carvalho. Belo Horizonte: Del Rey, 2008.

SCHMITT, Carl. "O Führer protege o Direito". *In*: MACEDO JÚNIOR, Ronaldo Porto. *Carl Schmitt e a fundamentação do Direito*. 2ª ed. Trad. Peter Naumann. São Paulo: Saraiva, 2011.

SCHMITT, Carl. *O guardião da Constituição*. Trad. Geraldo de Carvalho. Belo Horizonte: Del Rey, 2007.

SCHMITT, Carl. *Political romanticism*. Trad. inglesa de Guy Oakes. Massachusetts: MIT Press, 1986.

SCHMITT, Carl. *Political theology*: four chapters on the concept of sovereignty. Chicago: University of Chicago Press, 2006.

SCHMITT, Carl. *Politische Theologie*: Vier Kapitel zur Lehre von der Souveränität. München: Dunker & Humblot, 1934.

SCHMITT, Carl. *Roman Catholicism and Political Form*. Trad. inglesa e notas de G. L. Ulmen. Londres: Greenwood Press, 1996.

SCHMITT, Carl. "Sobre os três tipos do pensamento jurídico". *In*: MACEDO JÚNIOR, Ronaldo Porto. *Carl Schmitt e a fundamentação do Direito*. 2ª ed. Trad. Peter Naumann. São Paulo: Saraiva, 2011.

SCHMITT, Carl. *Teoría de la Constitución*. Trad. espanhola de Francisco Ayala. Madri: Alianza Editorial, 1996.

SCHMITT, Carl. *Teologia Política*. Trad. Elisete Antoniuk. Belo Horizonte: Del Rey, 2006.

SCHMITT, Carl. *Teologia Política*. Trad. espanhola de Francisco Javier Conde y Jorge Navarro Pérez. Madri: Editorial Trotta, 2009.

SCHMITT, Carl. *The concept of the political*. Chicago & Londres: The University of Chicago Press, 2007.

SCHWAB, George. "Introduction". *In*: SCHMITT, Carl. *Political Theology*: four chapters on the concept of sovereignty. Chicago: University of Chicago Press, 2006.

SCHWAB, George. "Introduction and translation". *In*: SCHMITT, Carl. *The concept of the Political*. Chicago & Londres: The University of Chicago Press, 2007.

SERRANO, Pedro Estevam Alves Pinto. *Autoritarismo e golpes na América Latina*: breve ensaio sobre jurisdição e exceção. 2ª ed. São Paulo: Alameda, 2016.

SILVA, Felipe Alves da; LOPES, Paulo Cézar Leal. "'E tudo que era efêmero se desfez': uma leitura do colapso econômico e social da República de Weimar". *In*: BUENO, Roberto (Coord.). *Sonhos e pesadelos da democracia de Weimar*: tensões entre Carl Schmitt e Hans Kelsen. São Paulo: Liber Ars, 2017.

SILVA, José Afonso da. *Aplicabilidade das normas constitucionais.* 8ª ed. São Paulo: Malheiros, 2012.

SILVA, José Afonso da. *Teoria do Conhecimento Constitucional.* São Paulo: Malheiros, 2014.

SILVA, Luís Virgílio Afonso da. *O conteúdo essencial dos Direitos Fundamentais e a eficácia das normas constitucionais.* Tese apresentada para o concurso de provas e títulos para provimento do cargo de Professor Titular da Faculdade de Direito da Universidade de São Paulo (USP). São Paulo, 2005.

SPENGLER, Oswald. *A decadência do Ocidente.* 3ª ed. Rio de Janeiro: Zahar, 1982.

STF, ADPF 347 MC/DF. Rel. Min. Marco Aurélio. Plenário. DJE 19.02.2016.

STRAUSS, Leo. "Notes on Carl Schmitt, The concept of the Political". *In*: SCHMITT, Carl. *The concept of the Political.* Chicago: The University of Chicago Press, 2007.

STRAUSS, Leo. *Direito Natural e História.* Trad. Miguel Morgado. Lisboa: Edições 70, 2009.

STEINBERG, Jonathan. *Bismarck*: uma vida. Trad. Mauricio Tamboni. Barueri: Amarilys, 2015.

STRECK, Lenio Luiz. *Jurisdição constitucional e decisão jurídica.* 4ª ed. São Paulo: Revista dos Tribunais, 2014.

TENBROCK, Robert-Hermann. *Historia de Alemania.* Trad. espanhola de Francisco Equiagaray Bohigas. Munich: Max Hueber, 1968.

TOCQUEVILLE, Alexis de. *A democracia na América.* Trad. Julia Rosa Simões. São Paulo: Edipro, 2019.

TRATADO DE VERSALHES. Disponível em: https://avalon.law.yale.edu/. Acessado em: 22.06.2020.

TROTSKY, Leon. *The permanent revolution and results and prospects.* Seattle: Red Letter Press, 2010.

ULMEN, Gary L. "American Imperialism and International Law: Carl Schmitt on the US in world affairs". *Telos*, nº 72, Summer, 1987.

ULMEN, Gary L. "Introduction". *In*: SCHMITT, Carl. *Roman Catholicism and Political Form*. Trad. inglesa e notas de G. L. Ulmen. Londres: Greenwood Press, 1996.

VATTER, Miguel. "The Political Theology of Carl Schmitt". *In*: MEIERHENRICH, Jens; SIMONS, Oliver (Coord.). *The Oxford handbook of Carl Schmitt*. Nova York: Oxford University Press, 2016.

VECCHIO, Giorgio Del. *Lições de Filosofia do Direito*. Trad. Antônio José Brandão. vol. 1, 3ª ed. Coimbra: Arménio Amado, 1959.

VECCHIO, Giorgio Del. *Lições de Filosofia do Direito*. Trad. Antônio José Brandão. vol. 2, 3ª ed. Coimbra: Arménio Amado, 1959.

VEGA, Facundo. "On the tragedy of the Modern Condition: the 'Theologico-Political Problem' in Carl Schmitt, Leo Strauss, and Hannah Arendt". *The European Legacy*, Nova York: College of Arts & Sciences of Cornell University, 2017. Disponível em: http://dx.doi.org/10.1080/10848770.2017.1334987/. Acessado em: 02.06.2020.

VERDÚ, Pablo Lucas. "Carl Schmitt, intérprete singular y máximo debelador de la cultura Político-Constitucional Demoliberal". *Revista de Estudos Políticos*, nº 64, Madri: Nueva Época, abr. 1989.

VILE, M. J. C. *Constitutionalism and separation of powers*. 2ª ed. Indianapolis: Liberty Fund, 1998.

VILLEY, Michel. *Questões de Tomás de Aquino sobre Direito e Política*. Trad. Ivone C. Benedetti. São Paulo: Martins Fontes, 2014.

VIZENTINI, Paulo G. Fagundes. *Primeira Guerra Mundial*: relações internacionais do século 20. 2ª ed. Porto Alegre: Editora da UFRGS, 2006.

WEBER, Max. *Ciência e Política*: duas vocações. Trad. Jean Malville. 3ª ed. São Paulo: Martin Claret, 2012.

WINTER, Jay M. *The experience of World War I*. Londres: Papermac, 1989.

YANG, Chun-soo. "Legality and Legitimacy: the example of the Theory of Carl Schmitt". *Yeung Nam Law Journal*, vol. 25, 2007.

YANG, Yong. *A study on the reception of Carl Schmitt's Constitutional Theory in Korea*. Dissertação (Mestrado). Chungnam National University, 1991.

ZAFFARONI, Eugenio Raúl. *O inimigo no Direito Penal*. Trad. Sérgio Lamarão. 3ª ed. Rio de Janeiro: Revan, 2011.

A Editora Contracorrente se preocupa com todos os detalhes de suas obras! Aos curiosos, informamos que este livro foi impresso no mês de fevereiro de 2022, em papel Pólen Soft 80g, pela Gráfica Grafilar.